수학, 과학이 더 재미있어지는 엔트리 코딩

문택주, 김미의, 정동임 공저

수학, 과학이 더 재미있어지는 엔트리 코딩

Copyright © 2017 by Youngjin.com Inc.
1016, 10F. Worldmerdian Venture Center 2nd, 123, Gasan digital 2-ro, Geumcheon-gu, Seoul, Korea 08505
All rights reserved. No part of this book may be reproduced or transmitted in any form or by any means, electronic or mechanical, including photocopying, recording or by any information storage retrieval system, without permission from Youngjin.com Inc.

ISBN 978-89-314-5647-9

독자님의 의견을 받습니다.
이 책을 구입한 독자님은 영진닷컴의 가장 중요한 비평가이자 조언가입니다. 저희 책의 장점과 문제점이 무엇인지, 어떤 책이 출판되기를 바라는지, 책을 더욱 알차게 꾸밀 수 있는 아이디어가 있으면 팩스나 이메일, 또는 우편으로 연락주시기 바랍니다. 의견을 주실 때에는 책 제목 및 독자님의 성함과 연락처(전화번호나 이메일)를 꼭 남겨 주시기 바랍니다. 독자님의 의견에 대해 바로 답변을 드리고, 또 독자님의 의견을 다음 책에 충분히 반영하도록 늘 노력하겠습니다.

이메일 : support@youngjin.com
주 소 : (우)08505 서울시 금천구 가산디지털2로 123 월드메르디앙벤처센터2차 10층 1016호 (주)영진닷컴 기획1팀
파본이나 잘못된 도서는 구입하신 곳에서 교환해 드립니다.

STAFF
저자 문택주, 김미의, 정동임 | **총괄** 김태경 | **진행** 정소현, 김민경 | **표지 · 내지 디자인** 고은애 | **편집** 이경숙 | **인쇄** 서정바인텍
영업 박준용, 임용수 | **마케팅** 이승희, 김다혜, 김근주, 조민영

머리말

IT기술의 발전으로 일상 생활 어디에서든지 소프트웨어가 폭 넓게 활용되고 있습니다. 이젠 컴퓨터 과학에 대한 이해는 필수가 되었고, 이를 아이들에게 얼마나 잘 가르칠 수 있느냐가 경쟁력이 되었습니다.

이를 뒷받침하듯 교육 선진국들은 4차 산업혁명 시대에 대비해 빠르게 소프트웨어 교육 개혁을 진행하고 있습니다. 그러나 우리 학생들은 아직까지도 책 속의 지식을 암기하고, 객관식 문제를 얼마나 맞히는지에만 관심을 두고 있습니다. 많은 학부모들 또한 이 같은 사회 변화에 불안해하면서도 혹여나 뒤처지지 않을까하는 염려와 우려 속에 더욱 학원에만 의존하고 있습니다. 목적은 아이들을 좋은 대학에 보내 좋은 직장을 잡게 하려는 것이나 이젠 이 공식도 점차 깨지고 있습니다.

기술 변화 속도는 빠르고 인간 수명이 늘기 때문에 평생직장은 없어지고, 프리랜서를 쓰는 고용 형태로 변화될 것입니다. 우리 학생들은 살면서 단순 암기 지식은 쓸모가 없게 되고, 계속 새 기술을 배우고 인공지능과 경쟁해서 일을 찾아가며 살아가야 하는 4차 산업혁명 시대를 살아가게 될 것입니다.

기존의 일자리 정책은 양적으로 일자리를 확대하는데 초점이 맞춰져 있었으나, 4차 산업혁명 시대에는 예상치 못한 새로운 직업이 나타날 것입니다. 미래에는 세상의 문제들을 포착하고, 해결해서 새로운 가치를 창출하는 직업만이 살아남을 수 있습니다. 그래서 프로그래밍을 배우는 것이 중요하다고 스티브 잡스, 빌게이츠 등의 인물들이 그 중요성을 강조하여 말하고 있습니다.

프로그래밍에 대한 기본적인 이해는 문제 해결력과 창의성 향상으로 미래 사회를 이끌어 나갈 인재의 학문과 지식이 되었습니다. 이제 세상을 살아가는데 필수품인 프로그래밍을 가르치는 소프트웨어 교육은 사고력과 논리력, 문제 해결력을 발달시키며 변화와 혁신을 가져다주는 도구가 될 것입니다.

이 책이 많은 분들에게 프로그래밍에 대한 이해를 쉽게 도와주며 호기심과 흥미를 이끌어내는 즐거운 경험의 기회가 되었으면 좋겠습니다.

저자 김미의

교과 연계 소프트웨어 교육은 주로 교과와 관련된 주제를 가지고 애니메이션이나 시뮬레이션의 형태로 자유롭게 표현하고, 소프트웨어를 만들어봄으로써 학습 내용을 적용하여 교과 지식을 더 깊이 내재화하고 심화하는데 초점을 맞추고, 이로 인해 컴퓨터 과학적 지식을 바탕으로 컴퓨팅 사고력로 실생활 문제를 해결할 수 있도록 하는 것에 중점을 둡니다. 다시 말해 컴퓨팅 사고력 향상을 위한 소프트웨어 교육에서 가장 중요한 부분은 여러 가지 교과에서 이러한 주제들을 찾는 것입니다.

실제 2년간의 SW선도학교와 6개월간의 SW연구학교 운영 경험을 통해, 학생들에게 생활 속 문제 상황을 도입할 때 그 문제들이 사람이 해결하는 것보다 컴퓨터로 해결할 때 '반복성, 활용성, 재사용성'에 있어 더 효율적으로 사용할 수 있는, 즉 컴퓨팅 사고력 중심으로 학습할 수 있는 1순위의 교과는 수학과 과학이라는 결론을 얻게 되었습니다.

첫 번째로, 엔트리와 과학 교과를 연계하여 지도한다면, 식물의 한살이 표현해보기 단원을 시뮬레이션의 형태로 표현을 반복할 수 있으며, 속력을 계산하도록 하는 알고리즘을 구상하고, 이를 직접 구현하여 자동화함으로서 다양한 상황에 적용, 변형해보는 과정을 통해 컴퓨팅 사고력을 기르고 재사용할 수 있습니다.

두 번째로, 수학 교과를 연계하여 지도한다면, 육각형 도형을 이용하여 스피로그래프를 만들어 도형을 통해 패턴을 만들 수 있는 지식을 습득한 후 이해한 것을 적용한 소프트웨어를 만들어봄으로써 교과 지식을 심화하고 활용할 수 있습니다.

이렇게 생활 속에서 우리가 쉽게 접할 수 있고, 다룰 수 있는 많은 문제들이 수학, 과학 교과에 많이 포함되어 있습니다. 이에 이 책에서는 우리에게 친숙한 수학과 과학 교과서 단원의 내용과 프로그래밍의 가장 기본 개념인 순차, 반복, 조건, 복제, 연산, 신호, 변수, 리스트 등의 원리를 이해하기 쉽게 설명하고, 따라하며 익히기 과정을 통해 직관적인 이해가 가능하도록 구성하였습니다. 또한 수학, 과학 교과서의 단원들과 프로그래밍 개념에 대한 원리를 연계하여 프로그래밍 시작하기 과정을 통해 자연스럽게 코딩의 기초를 학습할 수 있습니다.

소프트웨어 교육의 궁극적인 목표는 컴퓨팅 사고력의 향상이며, 이를 위해서는 컴퓨팅 사고력 중심의 교과 연계 교육이 필요하다는 점에서는 의견을 같이 하고 있으나, 아직 관련 연구나 자료들이 아직 부족한 실정에서 현장의 선생님들께서 수업 설계에 있어 가장 어려워하고 고민하는 부분이 바로 이 부분일 것입니다. 이 책에서는 컴퓨팅 사고력을 중심으로 교과 연계 소프트웨어 교육 주제를 수학, 과학 교과 위주로 선정하여 이러한 고민들의 실마리를 찾고 모델을 제시하고자 노력하였습니다. 이 책을 통해 수학, 과학이 더 재미있어지는 수업이 가능해지는 교실이 되시기를 간절히 기원드립니다. 감사합니다.

저자 문택주, 정동임

문택주

(현) 서울진관초등학교 교사
서울, 경기, 인천, 대전, 충북, 울산, 제주 교육 연수원 강의
교육부&케리스 'SW교육 우수사례 공모전' [우수상] 수상
교육부 SW연구학교 주무교사
서울시교육청 정보교육 우수교사 선발

김미의

곤지암초등학교 특기적성 강사(2007-2017)
곤지암초등학교 SW동아리 강사(2016)
용인대학교 OA자격증 강사(2010-2011)
광주하남 교육청교육장 우수강사(2011~2012)
※대표 저서
스크래치야! 과학이랑 놀자 시리즈, 엔트리 코딩 도서 집필

정동임

※ 대표 저서
스마트한 생활을 위한 스마트폰 고급 활용 테크닉
돈시아 파워포인트 2016
스마트한 생활을 위한 엑셀 2010활용
학교에서 통하는 엔트리 프로그래밍
스마트한 생활을 위한 모바일 정보 검색

이 책의 구성

"수학, 과학이 더 재미있어지는 엔트리 코딩"은 각 Chapter마다 엔트리와 수학, 과학을 연계한 내용을 바탕으로 체계적으로 엔트리를 이해하도록 도와줍니다. Section마다 요점정리, 퀴즈 풀어보기, 실습 문제를 통해 교과 과목에 대한 깊은 이해와 엔트리 활용에 대해 배울 수 있도록 구성하였습니다.

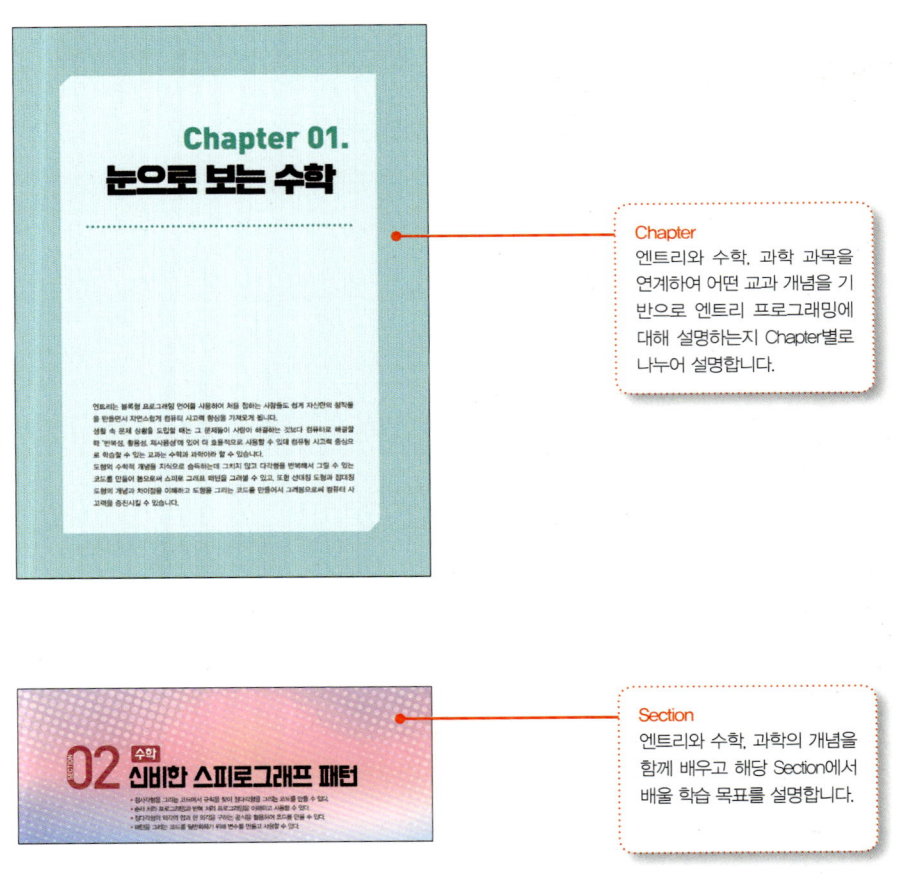

Chapter
엔트리와 수학, 과학 과목을 연계하여 어떤 교과 개념을 기반으로 엔트리 프로그래밍에 대해 설명하는지 Chapter별로 나누어 설명합니다.

Section
엔트리와 수학, 과학의 개념을 함께 배우고 해당 Section에서 배울 학습 목표를 설명합니다.

01 식물의 한살이

식물의 한살이란 씨가 싹트고 자라 꽃을 피우고 열매를 맺어 다시 씨를 만들고 죽기까지의 과정을 말합니다.

한살이는 한해살이 식물과 여러해살이 식물로 나뉘는데 한해살이 식물은 한 해 동안 씨가 싹트고 자라 꽃을 피우고 열매를 맺어 대를 잇고 죽는 식물로 강낭콩, 옥수수, 벼, 해바라기 등이 있으며, 여러해살이 식물은 한살이 기간이 여러 해 동안 죽지 않고 새순이 자라 꽃을 피우고 열매를 맺는 과정을 반복하는 식물로 감나무, 복숭아나무, 사과나무, 무궁화 등이 있습니다.

교과 개념 설명하기
엔트리 프로그래밍을 시작하기 전에 해당 교과 내용의 개념을 이해해봅니다.

02 프로그래밍 개념

1. 순차 처리
순차 처리란 여러 명령어를 시간의 흐름에 따라 순서대로 처리하는 방식입니다.

2. 반복 처리
반복 처리란 순차 처리 방식에서 반복되는 명령어들을 묶어 처리하는 방식입니다.

3. 순차 처리와 반복 처리 비교하기

프로그래밍 개념 설명하기
엔트리 프로그래밍에 활용되는 프로그래밍 개념을 설명하고 이해해봅니다.

03 따라하며 익히기

1. 단순 조건 처리 프로그래밍

(1) 만일 참이라면

만일 참이라면 블록으로 엔트리봇이 마우스포인터에 닿았다면 계속해서 크기를 1만큼씩 크게 만들어 봅니다.

 →

따라하며 익히기
엔트리 프로그래밍의 특성을 배우고 직접 따라하면서 이해해봅니다.

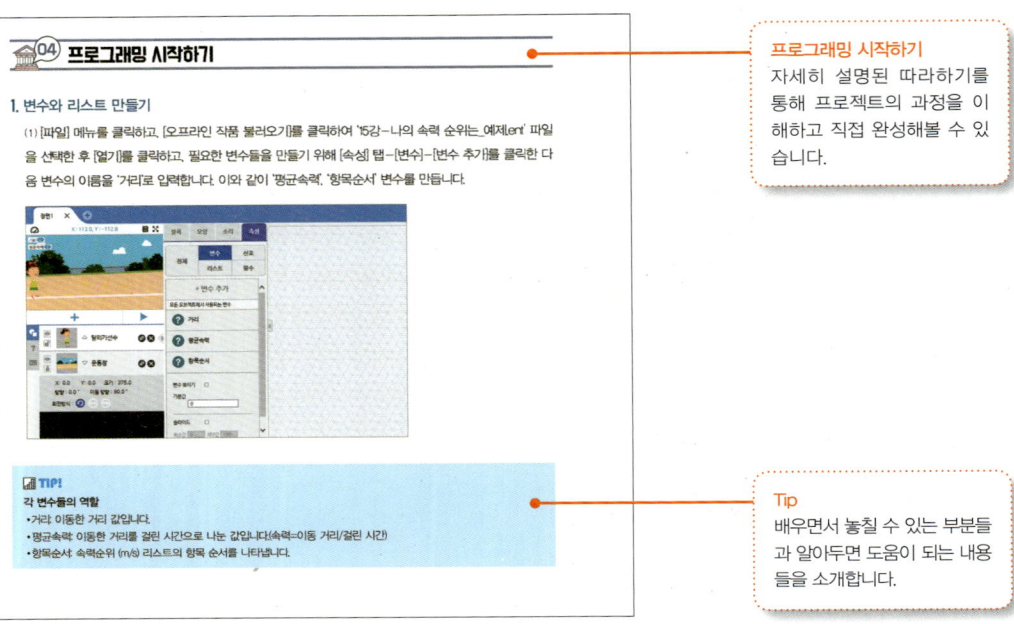

프로그래밍 시작하기
자세히 설명된 따라하기를 통해 프로젝트의 과정을 이해하고 직접 완성해볼 수 있습니다.

Tip
배우면서 놓칠 수 있는 부분들과 알아두면 도움이 되는 내용들을 소개합니다.

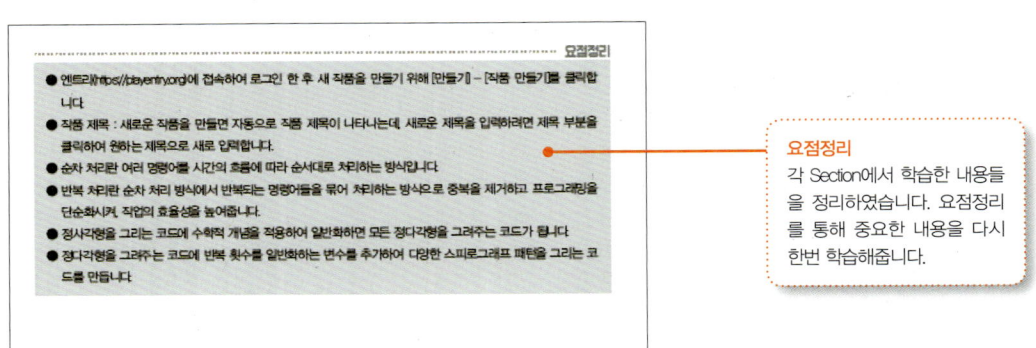

요점정리
각 Section에서 학습한 내용들을 정리하였습니다. 요점정리를 통해 중요한 내용을 다시 한번 학습해줍니다.

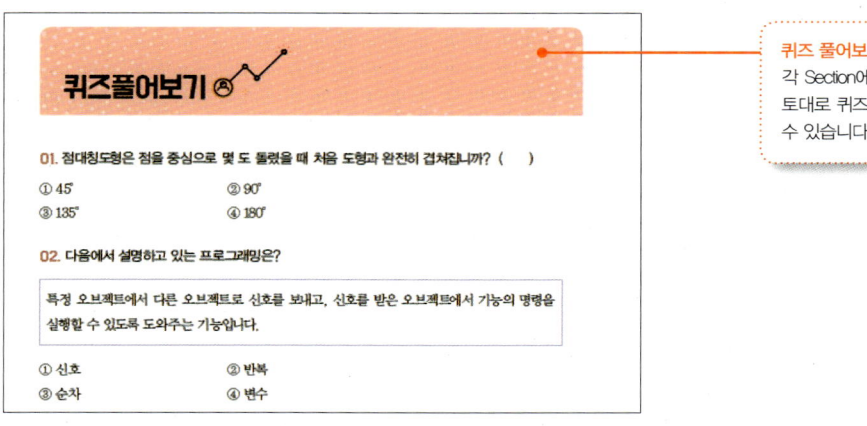

퀴즈 풀어보기
각 Section에서 학습한 내용을 토대로 퀴즈를 풀어 복습해 볼 수 있습니다.

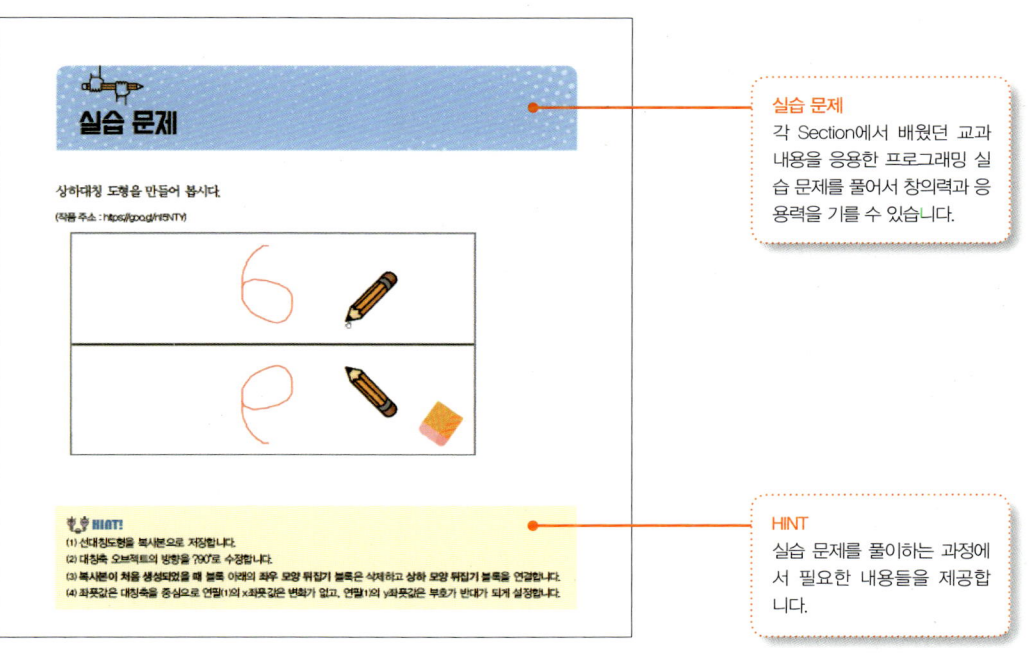

실습 문제
각 Section에서 배웠던 교과 내용을 응용한 프로그래밍 실습 문제를 풀어서 창의력과 응용력을 기를 수 있습니다.

HINT
실습 문제를 풀이하는 과정에서 필요한 내용들을 제공합니다.

이 책의 차례

Chapter 1. 눈으로 보는 수학

SECTION 1. 왜 엔트리와 수학, 과학인가? 16
  01. 소프트웨어 교육의 필요성과 정책   16
  02. 소프트웨어 교육의 목표와 내용   20
  03. 소프트웨어 교육의 방법, 엔트리   22
  04. 교과 연계 소프트웨어 교육의 필요성   25
  05. 엔트리와 수학, 과학 연계 소프트웨어 교육의 강점   26

SECTION 2. [수학] 신비한 스피로그래프 패턴 34
  • 정다각형 그리기   40
  01. 복사본 저장하고 변수 추가하기   40
  02. 정다각형 코드 만들기   42
  • 스피로그래프 패턴 그리기   44
  01. 특정 반복 횟수로 패턴 그리기   44
  02. 반복 횟수를 변수 'a'로 일반화하여 패턴 그리기   47

SECTION 3. [수학] 대칭 도형 그리기 53
  • 선대칭 도형 그리기   58
  01. 오브젝트 추가하기   58
  02. 연필 오브젝트 블록 조립하기   59
  03. 지우개 오브젝트 블록 조립과 신호 보내기   61
  • 점대칭 도형 그리기   62
  01. 복사본 저장하고 오브젝트 이름 변경하기   62
  02. 점대칭 도형의 좌푯값 수정하기   65

Chapter 2. 원리를 이해해보는 수학

SECTION 4. [수학] 원주율의 비밀 · 72
- 원주율 구하기 · 75
  - 01. 변수 추가하고 원주, y좌표1, y좌표2 구하기 · 75
  - 02. 지름과 원주율 구하기 · 79
  - 03. 입력한 길이의 원 그리고 원주율 구하기 · 81
- 원의 둘레와 넓이 구하기 · 84
  - 01. 원주 구하기 · 84
  - 02. 원의 넓이 구하기 · 86

SECTION 5. [수학] 일차 함수 그래프 그리기 · 90
- 일차 함수 그래프 그리기 · 93
  - 01. 기울기, y절편 설정하기 · 93
  - 02. x 범위 설정하고 그래프 그리기 · 95
  - 03. 신호를 사용하여 그래프 그리기 · 98

SECTION 6. [수학] 생활 속 확률 이야기 · 105
- 룰렛판 만들기 · 109
  - 01. 오브젝트 추가하고 룰렛판 모양 변경하기 · 109
  - 02. 변수 추가하기 · 111
- 룰렛 확률 게임 만들기 · 112
  - 01. 룰렛판 돌리기 · 112
  - 02. 비교 연산, 논리 연산 블록 사용하기 · 113
  - 03. 확률 개념을 이해하고 코드 만들기 · 115

SECTION 7 [수학] 소수를 걸러내는 체 만들기 · 121
- 소수 판별기 만들기 · 125
  - 01. 소수 판별기에 필요한 변수 추가하기 · 125
  - 02. 수학적 개념 활용하여 코드 만들기 · 126
- 소수 걸러내는 체 만들기 · 129
  - 01. 배경과 리스트 추가하기 · 129
  - 02. 소수를 구하는 개념을 이해하고 코드 만들기 · 131

SECTION 8. [수학] 공학용 계산기 만들기	138
• 공학용 계산기 만들기	142
01. 계산기에 필요한 오브젝트 추가하기	142
02. 변수와 신호 추가하기	145
03. 시작하기 버튼과 오브젝트를 클릭했을 때 이벤트 설정하기	145
04. 거듭제곱의 수학적 개념을 이해하고 코드 만들기	147
05. 계산기 기능의 0 오브젝트와 AC 오브젝트 코드 만들기	149

Chapter 3. 눈으로 보는 과학

SECTION 9. [과학] 식물의 한 살이는?	156
01. 오브젝트 삭제 / 추가 / 이름 수정하기	160
02. 오브젝트 모양 삭제 이름 수정하기	162
03. 반복하기로 모양 바꾸고 말하기	163

SECTION 10. [과학] 인체 모형 맞추기	169
01. 기본 예제 파일 열기	173
02. 머리에 닿을 때 이동하고 멈추기	174
03. 복사하고 수정하기	176

SECTION 11. [과학] 세균의 비밀	184
01. 크기 바꾸고, 조건 만족 시 코드 멈추기	189
02. 복제본 만들고 삭제하기	190
03. 아래로 이동하는 복제본 만들고 삭제하기	191

SECTION 12. [과학] 태양계 골든벨	197
01. 시작을 알리는 말을 하고 회전하기	202
02. 지정된 영역만큼 움직이기	203
03. 문제를 내고 대답하기	204

Chapter 4. 원리를 이해해보는 과학

SECTION 13. [과학] 구름의 신호 214
01. 시작을 알리는 말을 하고, 날씨 신호 보내기   217
02. 신호를 받아 움직이고, 구름, 높은 기온 신호 보내기   218
03. 오브젝트 복사하고, 수정하기   221
04. 신호 받았을 때 보이고, 말하기   222
05. 신호 받았을 때 이동하기   223

SECTION 14. [과학] 용액을 찾아라 227
01. 변수 추가하고 정답 나타내기   230
02. 사이다 오브젝트 복사하여 수정하기   232
03. 오답 나타내기   233
04. 물 오브젝트 복사하여 수정하기   234
05. 정해진 시간에 신호 보내기   234
06. 글상자 오브젝트 나타내기   236

SECTION 15. [과학] 나의 속력 순위는 241
01. 변수와 리스트 만들기   244
02. 평균속력 구하기   245
03. 리스트 항목 지정하기   248
04. 속력 값 비교하기   249

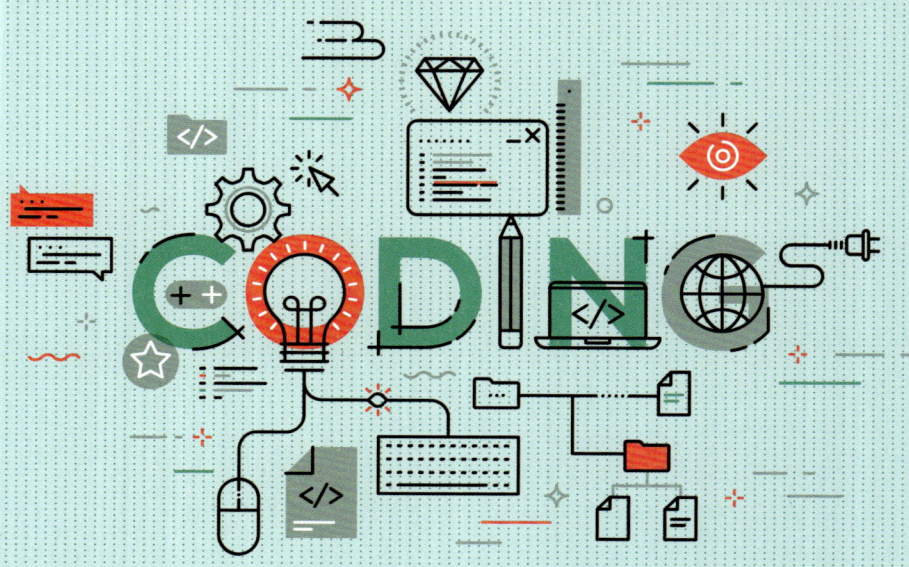

Chapter 01.
눈으로 보는 수학

생활 속 문제 상황을 도입할 때는 사람이 해결하는 것보다 컴퓨터로 해결할 때 '반복성, 활용성, 재사용성'에 있어 더 효율적으로 사용할 수 있고, 컴퓨팅 사고력 중심으로 학습할 수 있는 교과는 수학과 과학이라 할 수 있습니다. 도형의 수학적 개념을 지식으로 습득하는데 그치지 않고 다각형을 반복해서 그릴 수 있는 코드를 만들어 봄으로써 스피로그래프 패턴을 그려볼 수 있고, 또한 선대칭 도형과 점대칭 도형의 개념과 차이점을 이해하고 도형을 그리는 코드를 만들어서 그려봄으로써 컴퓨터 사고력을 증진시킬 수 있습니다.

SECTION 01 왜 엔트리와 수학, 과학인가?

- 소프트웨어 교육의 필요성과 정책을 알 수 있다.
- 소프트웨어 교육의 목표와 내용을 알 수 있다.
- 소프트웨어 교육의 방법인 엔트리를 알 수 있다.
- 교과 연계 소프트웨어 교육의 필요성을 알 수 있다.
- 엔트리와 수학, 과학을 연계한 소프트웨어 교육의 강점을 알 수 있다.

01 소프트웨어 교육의 필요성과 정책

과거에는 '제조, 유통, 건설, 단순 서비스'와 같은 산업이 주가 된 시대였으나 다가오는 미래엔 소프트웨어를 중심으로 한 융합기술이 산업을 주도하게 될 것입니다. 다음 그림에서는 전 세계 10대 브랜드 가치를 지닌 기업을 보여주고 있으며, 10개 중 반 이상이 소프트웨어 관련 기업입니다.

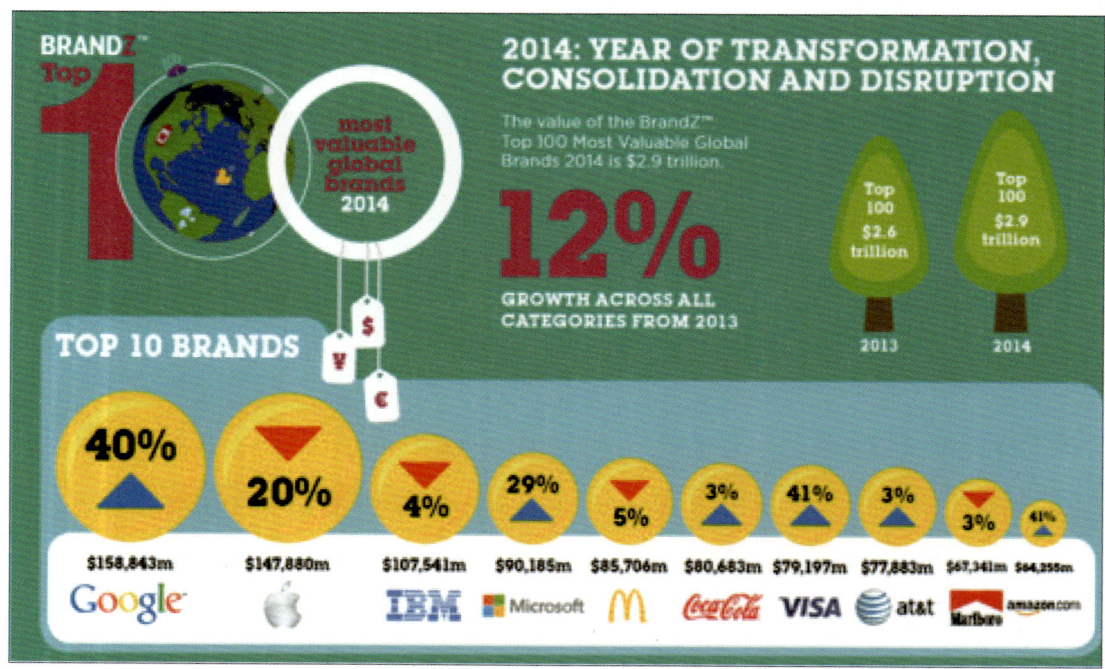

소프트웨어와 관련된 기업들이 전 세계 경제구조를 지배하고 있는데, 이런 사회를 소프트웨어 중심 사회라 합니다. 소프트웨어 중심사회는 소프트웨어가 혁신과 성장, 가치 창출의 중심이 되는 사회이자 소프트웨어가 개인, 기업, 국가의 경쟁력을 좌우하는 사회를 말합니다.

이런 시대적 변화로 인해서 소프트웨어(Software) 교육이 대두되면서 3가지 관점이 필요합니다.

첫 번째는 변화되는 요구 역량입니다. 여러 국가의 연구진들이 모여서 '시대의 변화에 다라 학생들에게 필요한 역량은 무엇인가?'를 연구했는데, '정보 소양/정보통신기술 소양'이 미래 학생들에게 중요한 일의 도구가 될 것이라고 말하고 있습니다.

사고의 방식 (Ways of Thinking)	1. 창의력과 혁신 능력
	2. 비판적 사고력, 문제 해결력, 의사 결정 능력
	3. 학습을 위한 학습능력(Learning to learn), 상위 인지력
일의 방식 (Ways of Working)	4. 의사 소통 능력
	5. 협업 능력(Collaboration/teamwork)
일의 도구 (Tools for Working)	6. 정보 소양(Information literacy)
	7. 정보통신기술 소양(ICT literacy)
삶의 세계 (Living in the World)	8. 지역 및 세계 시민의식(Citizenship-local and global)
	9. 직업진로의식(Life and career)
	10. 개인적, 사회적 책무성(Personal & social responsibility)

ATC21S (Assessment and Teaching of Twenty-First Century Skills Project)

그 뿐만 아니라 '21세기 학습자가 가져야 할 역량' 보고서에서도 '정보/ICT' 리터러시를 필수 역량으로 보고 있으며, 시대가 소프트웨어를 중심으로 변화되다 보니 그 시대를 살아갈 학생들에게는 소프트웨어가 기초 역량으로 필요하게 되었습니다.

두 번째는 학생들의 사고력을 향상시켜 줍니다. 다양한 연구 결과에서 소프트웨어 교육이 '논리적 사고력, 창의력, 문제 해결 능력, 문제 분석 능력'을 향상시켜준다고 말하고 있습니다. 어렸을 때부터 소프트웨어 교육을 받은 학생은 문제 해결력과 논리적 사고력이 향상되며 관련 전공으로 진로를 결정하는데도 영향을 미친다는 것입니다.

> **SW교육 받은 초중생 문제 해결력 20% 향상 논리적 사고력 37%**
>
> 이우상 동아사이언스 기자 | 입력 2015-04-03 03:00:00 수정 2015-04-03 08:34:42
>
> "중고등학교에서 컴퓨터 수업을 들으면 향후 컴퓨터 관련 전공으로 진로를 결정하는 데 영향을 미친다는 조사 결과가 나왔습니다."
>
> 김현철 고려대 컴퓨터학과 교수는 신입생 129명을 대상으로 설문조사를 진행한 결과, 중고교에서 컴퓨터 수업을 받은 학생들이 컴퓨터 관련 학과로 진학하는 비율이 높은 것으로 나타났다고 1일 밝혔다.
>
> 고려대 컴퓨터학과 신입생 129명 중 64명(49.6%)이 중고교 시절 컴퓨터 활용 관련 수업인 '정보' 과목을 들었다고 응답했다. 이는 전국 중고교에서 정보 과목 이수율이 평균 20% 수준임을 고려할 때 상대적으로 높은 수치다.
>
> 김 교수는 "고등학교 시절 스스로 프로그래밍하는 과정에서 소프트웨어에 대한 흥미를 느끼게 되고 대학 진학에도 영향을 미치는 것으로 보인다"고 말했다.

세 번째는 직업 선택의 폭을 확장시켜줍니다. 여러 미래학자들의 보고서에 따르면 20년 내 50%에 달하는 직업이 사라진다고 합니다. 소프트웨어가 대신할 수 있는 직업은 사라지고, 소프트웨어와 잘 융합하는 직업은 더 부상하고, 소프트웨어가 절대 대체할 수 없는 직업은 살아남게 될 것입니다. 자라나는 학생들이 성인이 되었을 때 현존하는 많은 직업들이 사라지고 그 빈자리를 소프트웨어와 관련된 직종이 차지하게 될 것입니다.

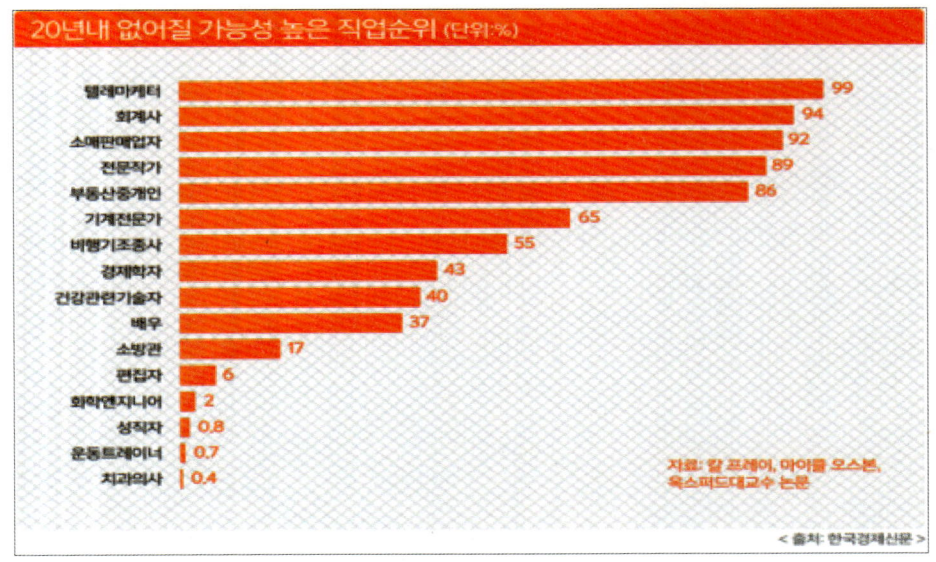

이러한 시대의 변화를 준비하기 위해서는 과학자, 경제 전문가, 판사, 홍보 마케팅 등 어떤 직업을 갖더라도 소프트웨어 역량이 기본적으로 필요하게 됩니다.

그로 인해 전 세계에서는 현재 소프트웨어 교육을 의무화 하고 있는 추세입니다. 영국, 프랑스, 인도, 중국, 에스토니아, 미국, 이스라엘 등 각국이 소프트웨어 교육을 의무화하고 있는 실정입니다.

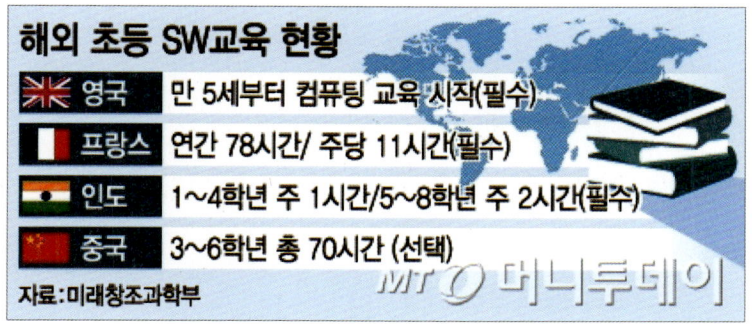

한국도 이러한 흐름 속에서 소프트웨어 교육을 의무화 하기로 결정하였고, 2015 개정 교육과정에서는 '창의 융합형 인재'를 인재상으로 설정하였습니다. 이런 인재는 '인문학'과 '과학 기술'에 대한 이해 속에서 길러질 수 있다고 보았고, 2015 교육과정에서 '인문학'의 강조와 '과학 기술'의 강조로 나타나게 되었습니다. 그중 '과학 기술'의 강조에서 바로 소프트웨어 교육 의무화가 등장하게 된 것이며, 구체적인 내용은 다음과 같습니다.

2018년부터 중학교 입학생들은 3년 중 1년 동안 1주일에 1시간씩 정보 과목을 이수하게 되고, 2019년부터 초등학교 5~6학년 학생들은 실과 시간에서 1학기 동안 1주일에 1시간씩 소프트웨어 기초 소양을 학습하게 됩니다. 고등학교에서는 심화 선택으로 존재하였던 정보 과목이 일반 선택으로 많은 학교에서 선택할 수 있게 하였습니다.

2015년 통합형 교육 과정 중 'SW교육 강화 방안'

	기존 교육 과정	개편 교육 과정
초등학교	실과 과목의 ICT활용 단원으로 존재	실과 ICT 활용 단원을 소프트웨어 기초소양 단원으로 확대 구성
중학교	선택 과목으로 정보 교과 존재	• '과학 / 기술, 가정 / 정보' 교과군 신설 • 정보 과목을 소프트웨어 교육 중심으로 개편 • 정보 과목을 필수과정으로 34시간 이상 교육
고등학교	심화 선택 과목으로 정보 교과 존재	• 정보 과목을 일반 선택으로 전환하여 운영

초등학교, 중학교 전체 학생을 '정규 교육과정' 내에 소프트웨어(SW) 교육 실시

02 소프트웨어 교육의 목표와 내용

소프트웨어 교육의 목표는 '컴퓨팅 사고력을 가진 창의·융합 인재' 양성입니다. 그렇다면 컴퓨팅 사고력이란 무엇일까요? 윙(Wing)교수가 촉발시킨 컴퓨팅 사고력(Computational Thinking)은 해결해야 하는 문제를 만났을 때 컴퓨터 과학자처럼 사고한다는 개념에서 출발하였습니다.

교육부 운영지침에서 밝힌 컴퓨팅 사고력의 정의와 구성요소는 다음과 같습니다.

- 컴퓨팅 사고력
  컴퓨팅의 기본적인 개념과 원리를 기반으로 문제를 효율적으로 해결할 수 있는 사고 능력

- 컴퓨팅 사고력의 구성 요소
  - 문제를 컴퓨터로 해결할 수 있는 형태로 <u>구조화</u>하기
  - 자료를 분석하고 논리적으로 <u>조직</u>하기
  - 모델링이나 시뮬레이션 등의 <u>추상화</u>를 통해 자료를 표현하기
  - 알고리즘적 사고를 통하여 해결 방법 <u>자동화</u>하기
  - 효율적인 해결 방법을 <u>수행</u>하고 <u>검증</u>하기
  - 문제 해결 과정을 다른 문제에 적용하고 <u>일반화</u>하기

*출처: 교육부 운영지침(2015. 2.)

컴퓨터가 문제를 해결하는 방식을 이해하고, 이를 현실 문제 해결에 적용하는 것이 컴퓨팅 사고력인 것입니다. 컴퓨팅 사고력의 요소를 나누는 기준은 학자마다 다르지만 '추상화'와 '자동화'라는 2가지 큰 축에 대해 의견을 일치합니다. 사람이 추상적으로 갖고 있는 생각을 컴퓨터가 자동적으로 처리하게 하는 과정을 생각해보면 추상화와 자동화의 개념을 좀 더 쉽게 이해할 수 있습니다. **추상화**는 실제 세계의 문제를 해결 가능한 형태로 표현하기 위한 사고 과정이며, 이러한 추상화 과정에서 만들어진 해결 모델을 컴퓨터가 이해할 수 있는 프로그래밍 언어로 표현하는 것을 **자동화**라고 합니다. 컴퓨팅 사고력은 인간의 사고력으로 처리하기에 어렵거나 시간이 걸리는 작업을 대신해줌으로써 인간의 문제 해결 능력을 확장시켜주는 역할을 합니다.

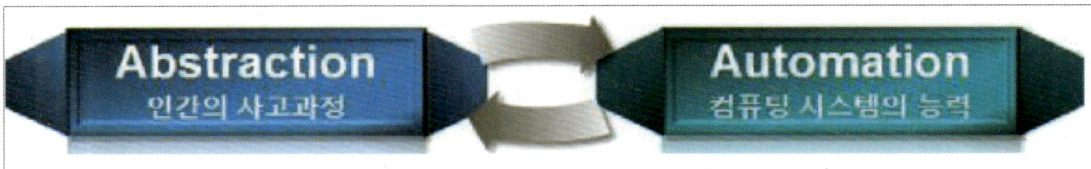

*출처: 초중등 단계 Computational Thinking 도입을 위한 기초 연구, 한국과학창의재단(2014. 6.)

미국의 컴퓨터 과학 교사 협회(CSTA)는 컴퓨팅 사고력을 9가지의 세부 요소로 나누어 제시하였습니다. 단, 다음 요소에서 제시하는 '추상화'와 '자동화'는 먼저 다룬 추상화와 자동화에 비해 협의의 의미를 가지고 있습니다.

컴퓨팅 사고력	정의
자료 수집	해결해야 하는 문제와 관련된 알맞은 자료를 모으는 과정
자료 분석	자료를 이해하고, 패턴을 찾아 결론을 도출
자료 표현	적절한 그래프, 차트, 글, 그림 등으로 자료 정리
문제 분해	문제를 해결 가능한 수준의 작은 문제로 나누기
추상화	문제 해결을 위해 반드시 필요한 핵심 요소를 파악하고, 복잡함을 단순화
알고리즘과 절차	문제를 해결하거나 어떤 목표를 달성하기 위해 수행되는 일련의 단계
자동화	컴퓨팅 시스템이 수행할 수 있는 형태로 해결책 나타내기
시뮬레이션	자동화의 결과이며, 문제 해결하기 위하여 만든 모델을 실행시켜 결과 파악하기
병렬화	목표를 달성하기 위한 작업을 동시에 수행하도록 자원을 구성

또한 MIT 미디어랩에서 출판한 Creative Computing(Brennen 외, 2011)에서는 컴퓨팅 사고력의 요소를 개념, 연습, 관점의 측면에서 3가지로 나누고 그 세부사항을 다음과 같이 제시하였습니다.

개념(Concepts)	연습(Practices)	관점(Perspectives)
시퀀스 반복 병렬처리 이벤트 조건 연산 데이터	점진적인 시도와 개발 테스팅과 디버깅 재사용과 재조합 추상화와 모듈화	표현하기 연결하기 질문하기

이와 같이 소프트웨어 교육의 핵심은 프로그래머를 양성하는 것이 아니라 컴퓨팅 사고력 향상에 있습니다. 그렇다면 실제로 컴퓨팅 사고력을 향상시키기 위해 소프트웨어 교육은 어떤 것을 가르칠 수 있는지 살펴봅시다.

소프트웨어 교육은 '문제가 생기면, 컴퓨터에게 일을 시켜서 효율적으로 해결 할 수 있는 사고력(Computational Thinking)을 키워주는 교육'이라 할 수 있습니다. 소프트웨어 교육은 단순히 프로그래밍 문법이나, 응용프로그램 사용법(엑셀, 워드, ppt)을 가르치는 것이 아니라 문제 해결 능력과 사고력에 초점을 두고 있습니다.

이 교육에서 가르쳐야 할 내용은 크게 3가지로 정보 윤리, 알고리즘/프로그래밍, 컴퓨터 과학의 원리가 그 큰 축입니다.

정보 윤리에서는 저작권, 개인정보 보호, 사이버상의 예절 등을 학습하며, 알고리즘과 프로그래밍에서는 컴퓨터에게 어떻게 일을 시킬 수 있을 것인지 그 근본적인 원리(순차, 반복, 조건)등을 학습하고, 컴퓨터 과학의 원리에서는 컴퓨터가 정보와 자료를 어떻게 표현하고(이진수, 이미지 표현 등), 저장/관리하는지 학습하게 됩니다.

03 소프트웨어 교육의 방법, 엔트리

이제 이 내용들을 어떻게 가르칠 것인지 그 방법들에 대해 살펴봅시다.

전 세계적으로 이루어지고 있는 소프트웨어 교육의 방법을 크게 4가지로 나누어볼 수 있는데, 언플러그드 활동, 기초 알고리즘 활동, 교육용 프로그래밍 언어, 피지컬 컴퓨팅입니다.

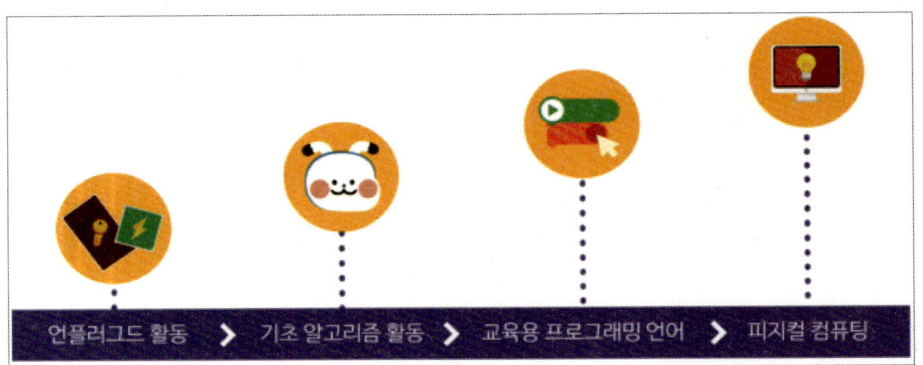

이 4가지 방법이 반드시 순서대로 이루어져야 하는 것은 아니며, 필요와 상황에 따라 적절히 운영하시면 됩니다.

첫 번째 방법은 '언플러그드 활동' 입니다. 언플러그드 활동은 컴퓨터 없이 컴퓨터 과학의 원리와 알고리즘을 학습할 수 있는 놀이 활동을 말하는데, 어떤 컴퓨터 기기를 사용하지 않고 몸, 학습지, 교구들을 이용하여 활동하는 것을 말합니다.

언플러그드 활동과 관련하여 엔트리에서는 2가지 언플러그드 게임을 개발하여 제공하고 있습니다. 앞으로 가기, 오른쪽으로 가기와 같은 명령 카드들을 사용하여 엔트리봇을 이동시켜 자연스럽게 실제 컴퓨터에게 명령하는 과정을 체험할 수 있고, 더 효율적으로 명령할 수 있을지도 생각하면서 문제를 파악하고, 이를 해결하기 위한 전략을 짜는 과정에서 자연스럽게 프로그래밍의 기본 원리를 익히고 문제 해결 능력도 향상 됩니다.

두 번째는 기초 알고리즘 활동입니다. 보드게임을 통해 배웠던 것을 확장하여 컴퓨터에서 제시하는 미션을 블록 형태의 명령어로 해결해나가는데, 레고 블록을 조립하듯 저학년도 쉽게 이해할 수 있는 일상 언어로 표현되어 쉽고 직관적으로 조립하여 바로 실행 결과를 볼 수 있어 기초 알고리즘을 습득하는데 효율적입니다.

세 번째 방법은 '교육용 프로그래밍 언어'를 활용한 창작 활동을 할 수 있습니다. 교육용 프로그래밍 언어는 '학생들이 손쉽게 소프트웨어 만들 수 있도록 개발된 프로그래밍 언어'이며, 엔트리가 대표적인 예입니다.

엔트리에서는 원하는 블록을 레고 조립하듯이 쌓고, 값을 수정하여 시작하기를 클릭하면 블록을 쌓아 명령한 대로 프로그램이 동작하게 됩니다. 이런 원리로 학생들은 게임, 애니메이션, 미디어 아트, 응용프로그램들을 만들 수 있습니다. 또한 학생들은 내가 만든 작품을 공개하고, 또 공개된 다른 사람의 작품을 들여다봄으로써 공유와 협업을 통해 스스로 발전하는 모습을 보여줍니다.

네 번째 방법은 '피지컬 컴퓨팅'입니다. 피지컬 컴퓨팅이란 '컴퓨터 프로그램과 현실세계가 서로 상호작용 할 수 있게 하는 것'을 말합니다. 예를 들어 현실세계로부터 센서를 통해 빛의 세기, 온도, 기울기 등의 정보를 받아서 컴퓨터 프로그램을 통해 명령에 대한 처리를 거치고 그 결과를 모니터, LED 등의 출력장치로 보여주는 것처럼 우리 주변의 환경이 소프트웨어에 영향을 주고, 소프트웨어를 통해 우리 주변의 물건들을 제어할 수 있다는 것을 체험하는 것입니다.

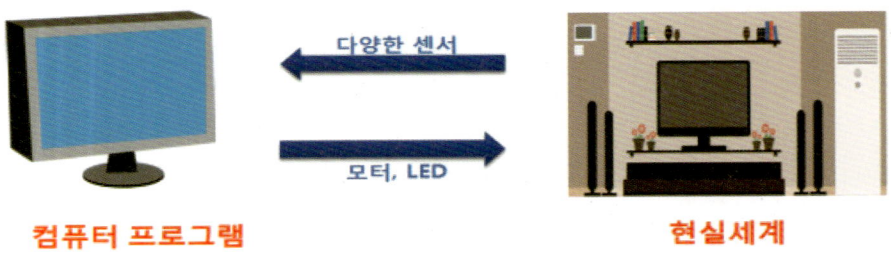

피지컬 컴퓨팅 도구는 크게 로봇형, 모듈형, 보드형으로 나누어볼 수 있습니다.

초등 단계에서는 특별한 회로지식 없이 활용할 수 있는 로봇형이나 완성된 보드형태의 피지컬 컴퓨팅 도구가 가장 적합하고, 중등 단계에서는 원하는 센서들을 골라 조립해서 쓸 수 있는 로봇형이나 직접 회로를 구성하여 쓰는 보드형 피지컬 컴퓨팅 도구가 적합합니다.

엔트리는 현재 20여 가지가 넘는 다양한 피지컬 컴퓨팅 도구들과의 연결을 지원합니다.

엔트리에서는 처음 시작하는 모든 사람들을 위해 이 4가지 교육방법을 모두 지원합니다.

04 교과 연계 소프트웨어 교육의 필요성

운동 선수는 자신의 운동 스케줄과 신체 상태를 분석하기 위해 컴퓨팅 사고력을 필요로 하고, 판사는 수많은 판례들을 빠르게 분석하기 위해 컴퓨팅 사고력을 필요로 할 것이며, 컴퓨터 과학자는 전산 이론 및 전산 시스템 설계를 다루기 위해 컴퓨팅 사고력을 필요로 할 것입니다.

다양한 학문과 소프트웨어를 융합하여 컴퓨터가 더 잘하는 일은 컴퓨터에게 시키고, 컴퓨터와의 협업을 통해 사람이 할 수 있는 더 큰 가치를 찾을 수 있는 힘을 기를 수 있도록 교과와 융합한 소프트웨어 교육은 중요합니다.

교과 연계 소프트웨어 교육은 크게 표현 중심, 교과 중심, 컴퓨팅 사고력 중심의 3가지로 나누어 볼 수 있습니다.

첫 번째 표현 중심은 엔트리와 같은 툴을 표현의 도구로써 사용하는 것입니다. 주로 교과와 관련된 주제를 가지고 애니메이션, 시뮬레이션 형태로 자유롭게 표현합니다.

두 번째 교과 중심은 교과의 내용을 적용하여 소프트웨어를 만들어봄으로써 학습 내용을 적용 및 교과 지식을 더 깊이 내재화하고 심화하는데 초점을 맞춥니다.

세 번째는 컴퓨팅 사고력 중심은 소프트웨어 교육에서 가장 추구하는 방향입니다. 학생들이 컴퓨터 과학적 지식을 바탕으로 실생활 문제를 해결할 수 있도록 하는 것에 중점을 둡니다.

하나의 콘텐츠는 한 가지 분류에만 종속되는 것이 아니라, 콘텐츠의 성격과 수업 방법에 따라 여러 분류에 속할 수 있습니다.

컴퓨팅 사고력 중심 연계 수업에서는 실생활의 문제로부터 이를 컴퓨팅을 활용하여 어떻게 해결할 수 있을지 추상화하고, 자동화하는 과정에 초점을 두어 학생들에게 적절한 문제를 제시하고 동기를 유발시키는 것이 매우 중요합니다.

이 3가지 방법은 학습의 목표와 교과 내용의 특성에 따라 교과 연계 소프트웨어 교육에서 의미 있게 다루어질 수 있습니다. 그러나 소프트웨어 교육의 궁극적 목표는 컴퓨팅 사고력 향상이며 이를 위해서는 컴퓨팅 사고력 중심의 교과 연계 교육이 필요합니다.

05 엔트리와 수학, 과학 연계 소프트웨어 교육의 강점

컴퓨팅 사고력 향상을 위한 소프트웨어 교육에서 가장 중요한 부분은 여러 가지 교과에서 이러한 주제들을 찾는 것입니다.

생활 속 문제 상황을 도입할 때는 그 문제들이 사람이 해결하는 것보다 컴퓨터로 해결할 때 '반복성, 활용성, 재사용성'에 있어 더 효율적으로 사용할 수 있는, 즉 컴퓨팅 사고력 중심으로 학습할 수 있는 교과는 수학과 과학입니다. 그 예로, 엔트리와 과학 교과를 연계하여 식물의 한살이 표현해보기, 인체 모형 표현해보기 등으로 시뮬레이션의 형태로 표현을 반복할 수 있습니다.

 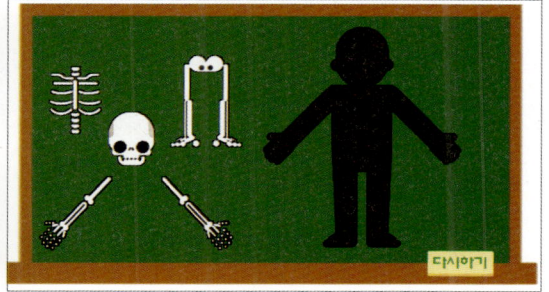

그리고 엔트리와 수학 교과를 연계하여 육각형 도형을 이용하여 스피로그래프를 만들어 도형을 통해 패턴을 만들 수 있는 지식을 습득한 후 이해한 것을 적용한 소프트웨어를 만들어봄으로써 교과 지식을 심화하고 활용할 수 있습니다.

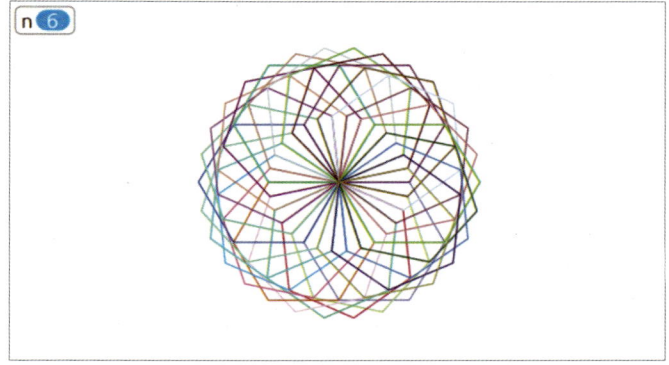

또한 엔트리와 과학 교과를 연계하여 학교에서 달리기를 할 때 이를 어떻게 하면 자동으로 측정할 수 있을지 고민해보도록 하고, 수동으로 할 때의 과정들을 떠올리며 이를 자동으로 하려면 필수적인 부분과 필수적이지 않은 부분을 나누어 생각해 보도록 하고, 출발점에서 종료점을 지날 때 시간 측정을 종료하여 거리를 시간으로 나누어 속력을 계산하도록 하는 알고리즘을 구상하고, 이를 직접 구현하여 자동화함으로서 다양한 상황에 적용, 변형 해보는 과정을 통해 컴퓨팅 사고력을 기르고 재사용성 할 수 있습니다.

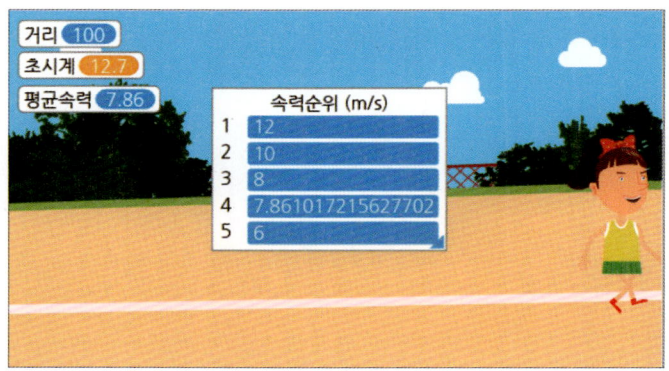

이렇게 생활 속에서 우리가 쉽게 접할 수 있고, 다룰 수 있는 많은 문제들이 수학, 과학 교과에 있습니다. 이러한 관점에서 다음과 같이 수학, 과학 교과에서 주제를 선정하여 예시와 연계 가능한 교과서 단원을 소개합니다.

수학, 과학 주제

Section	과목	주제
2	수학	신비한 스피로그래프 패턴
3	수학	대칭 도형 그리기
4	수학	원주율의 비밀
5	수학	일차 함수 그래프 그리기
6	수학	생활 속 확률 이야기
7	수학	소수를 걸러내는 체 만들기
8	수학	공학용 계산기 만들기
9	과학	식물의 한살이는?
10	과학	인체 모형 맞추기
11	과학	세균의 비밀
12	과학	태양계 골든벨
13	과학	구름의 신호
14	과학	용액을 찾아라
15	과학	나의 속력 순위는

수학 연계 프로그램 예시

과 목	수학	학 년		4학년
단 원	다각형을 알 수 있어요.	차 시		1/7
주 제	스피로그래프 패턴			
학습 목표	다각형의 개념을 이해하고, 스피로그래프 패턴을 그릴 수 있다.			
학습 요소	그리기 시작하기 / 반복하기 / 움직이기 / 회전하기 / 그리기 멈추기			
주 소	https://goo.gl/a2VT3c			

과학 연계 프로그램 예시

과 목	과학	학 년		4학년
단 원	식물의 자람	차 시		1/7
주 제	식물의 한살이는?			
학습 목표	식물의 한살이를 이해하고, 모양을 바꾸어 말하게 표현할 수 있다.			
학습 요소	번 반복하기 / 기다리기 / 모양으로 바꾸기 / 말하기			
주 소	https://goo.gl/XlgkTF			

수학, 과학과 연계 가능한 교과서 단원 소개

	수학	과학
3-1	1_만능 계산기 만들기(덧셈, 뺄셈) 2_도형 그리기(사각형) 2_규칙적인 무늬 만들기	1_물질 분류 시뮬레이션 만들기 2_자석에 붙는 물질 시뮬레이션 만들기 3_동물의 한살이 나타내기
3-2	1_만능 계산기 만들기(곱셈) 2_만능 계산기 만들기(나눗셈) 3_원 그리기 6_그림 그래프 그리는 소프트웨어 만들기 6_패턴 인식(규칙 찾기)	1_동물이 사는 곳과 생김새 2_동물의 생활에서 공통점과 차이점 찾아내기(추상화) 4_물체의 상태 분류 퀴즈게임 만들기
4-1	1_큰 수 읽기 소프트웨어 만들기 3_도형 그리기(삼각형) 6_막대그래프 그리는 소프트웨어 만들기	2_식물의 한살이 나타내기 2_식물 키우기 시뮬레이션 만들기 3_화산 활동 시뮬레이션 만들기 4_혼합물 분리하는 시뮬레이션 만들기
4-2	1_만능 계산기 만들기(소수의 덧, 뺄셈) 3_정다각형 그리기 4_수의 범위(이상/이하, 초과/미만)와 조건문 학습하기 6_패턴 인식(대응관계 찾기, 규칙식으로 나타내기)	2_식물 분류하기 4_빛의 성질을 이용한 레이저 게임 만들기 4_그림자 시뮬레이션 만들기
5-1	1_공약수와 최대 공약수 2_최소 공배수 구하는 계산기 만들기 3_분수 크기 비교하기 퀴즈 만들기 4_연산 속도, 정확성 관련 게임 만들기 5_다각형 둘레, 넓이 구하고 비교하는 게임, 시뮬레이션 만들기	1_장소와 온도에 따라 색이 변하는 종이 시뮬레이션 만들기 1_열의 이동 시뮬레이션 만들기 2_태양계 행성 퀴즈 게임 만들기 3_식물 구조 퀴즈 게임 만들기 4_물질 빨리 녹이기 게임 만들기
5-2	3_선대칭 도형 그리기 시뮬레이션 3_점대칭 도형 그리기 시뮬레이션 6_자료를 그래프로 나타내주는 소프트웨어 7_백분율 계산해주는 소프트웨어 만들기	
6-1	2_연산 레이스 게임 만들기 4_비와 백분율 계산 소프트웨어 만들기 4_확률 시뮬레이션 만들기 5_원주율 구하는 시뮬레이션 만들기 5_원 넓이 어림해보는 시뮬레이션 만들기 6_전개도로 겉넓이 구하는 소프트웨어 만들기 6_직육면체 부피 구하는 소프트웨어 만들기	1_지구와 달의 자전, 공전 시뮬레이션 만들기 2_생태계 시뮬레이션 만들기 2_생물 키우기 게임 만들기 3_렌즈로 보는 세상 게임 만들기 3_빛을 모아서 불붙이기 게임 만들기 4_풍선 불기 시뮬레이션 만들기 4_온도에 따른 기체 변화 시뮬레이션 만들기

이와 같이 컴퓨팅 사고력은 앞으로 우리가 만날 문제들을 다루는 미래사회에 필요한 필수 능력인 만큼 수학적 개념으로 알고리즘과 자료구조의 개념을 더 쉽게 접하고, 이해하며 과학적 개념으로 모형화를 시켜 경험하여 컴퓨터시스템과 프로그램을 설계하는데 있어서 발생되는 제반 문제를 해결하는 기반을 제공함으로 소프트웨어 교육은 엔트리와 수학, 과학 교과와 연계되어 이루어져야 합니다.

요점정리

소프트웨어 교육의 핵심은 프로그래머를 양성하는 것이 아니라 컴퓨팅 사고력 향상에 있습니다. 컴퓨터가 문제를 해결하는 방식을 이해하고 이를 현실 문제 해결에 적용하는 것이 컴퓨팅 사고력인 것입니다.

소프트웨어 교육은 크게 3가지로 나눌 수 있습니다.

- 첫 번째 방법은 '언플러그드 활동'입니다.
- 두 번째 방법은 '교육용 프로그래밍 언어'를 활용한 창작 활동을 할 수 있습니다.
- 세 번째 방법은 '피지컬 컴퓨팅'을 할 수 있습니다.

교과 연계 소프트웨어 교육은 크게 표현 중심, 교과 중심, 컴퓨팅 사고력 중심의 3가지로 나누어 볼 수 있습니다.

- 첫 번째 표현 중심은 엔트리와 같은 툴을 표현의 도구로써 사용하는 것입니다. 주로 교과와 관련된 주제를 가지고 애니메이션, 시뮬레이션 형태로 자유롭게 표현합니다.
- 두 번째 교과 중심은 교과의 내용을 적용하여 소프트웨어를 만들어봄으로써 학습 내용을 적용 및 교과 지식을 더 깊이 내재화하고 심화하는데 초점을 맞춥니다.
- 세 번째는 컴퓨팅 사고력 중심은 소프트웨어 교육에서 가장 추구하는 방향입니다.

생활 속 문제 상황을 도입할 때는 그 문제들이 사람이 해결하는 것보다 컴퓨터로 해결할 때 '반복성, 활용성, 재사용성'에 있어 더 효율적으로 사용할 수 있는 과목이 수학과 과학입니다. 앞으로 우리가 만날 문제들을 다루는 미래사회에 필요한 필수 능력인 만큼 수학, 과학 과목과 연계되어 이루어져야 합니다.

퀴즈 풀어보기

01. 컴퓨팅 사고력의 구성 요소가 아닌 것은? (　　　)

① 문제를 컴퓨터로 해결할 수 있는 형태로 구조화하기
② 자료를 분석하고 논리적으로 조직하기
③ 알고리즘적 사고를 통하여 해결방법을 수동화하기
④ 모델링이나 시뮬레이션 등의 추상화를 통해 자료를 표현하기

02. 소프트웨어 교육에서 중점적으로 가르쳐야 할 내용이 아닌 것은? (　　　)

① 정보 윤리
② 알고리즘
③ 컴퓨터 과학원리
④ 응용프로그램 사용법

03. 소프트웨어 교육의 3가지 관점이 아닌 것은? (　　　)

① 표현 중심
② 교과 중심
③ 사용법 중심
④ 컴퓨팅 사고력 중심

정답 해설

01. ③
③번은 알고리즘적 사고는 수동화를 위한 것이 아니라 자동화하기 위한 것입니다.
컴퓨팅 사고력의 구성 요소는 아래와 같습니다.
- 문제를 컴퓨터로 해결할 수 있는 형태로 구조화하기
- 자료를 분석하고 논리적으로 조직하기
- 모델링이나 시뮬레이션 등의 추상화를 통해 자료를 표현하기
- 효율적인 해결 방법을 수행하고 검증하기
- 문제 해결 과정을 다른 문제에 적용하고 일반화하기

02. ④
④번은 기존의 컴퓨터수업 방식입니다.
소프트웨어 교육은 문제 해결 능력 / 사고력에 초점을 두고 있습니다.
소프트웨어 교육에서 중점적으로 가르쳐야 할 내용은 정보 윤리, 알고리즘/프로그래밍, 컴퓨터 과학의 원리입니다.
정보 윤리에서는 저작권, 개인정보 보호, 사이버상의 예절을 교육합니다.
알고리즘과 프로그래밍에서는 컴퓨터에게 어떻게 일을 시킬 수 있을 것인지 그 근본적인 원리(순차, 반복, 조건)들을 교육합니다.
컴퓨터 과학의 원리에서는 컴퓨터가 정보와 자료를 어떻게 표현/저장/관리하는지 (이진수, 이미지 표현 등)을 교육합니다.

03. ④
①번 표현 중심은 엔트리와 같은 툴을 표현의 도구로써 사용하는 것이며, 주로 교과와 관련된 주제를 가지고 애니메이션, 시뮬레이션 형태로 자유롭게 표현합니다.
②번 교과 중심은 교과의 내용을 적용하여 소프트웨어를 만들어봄으로써 학습내용을 적용 및 교과 지식을 더 깊이 내재화하고 심화하는데 초점을 맞춥니다.
③번은 기존의 컴퓨터수업 방식이므로 사고보다는 사용법 위주에 수업입니다.
④번 컴퓨팅 사고력 중심은 학생들이 컴퓨터 과학적 지식을 바탕으로 실생활 문제를 해결할 수 있도록 하는 것에 중점을 둡니다.

SECTION 02 수학
신비한 스피로그래프 패턴

- 정사각형을 그리는 코드에서 규칙을 찾아 정다각형을 그리는 코드를 만들 수 있다.
- 순차 처리 프로그래밍과 반복 처리 프로그래밍을 이해하고 사용할 수 있다.
- 정다각형의 외각의 합과 한 외각을 구하는 공식을 활용하여 코드를 만들 수 있다.
- 패턴을 그리는 코드를 일반화하기 위해 변수를 만들고 사용할 수 있다.

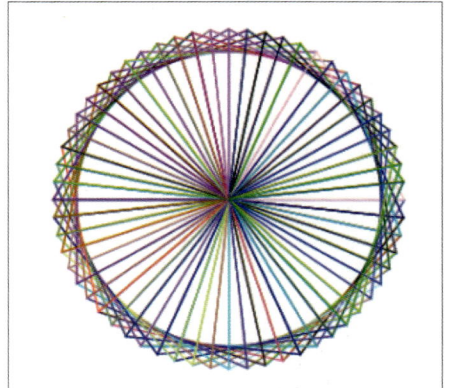 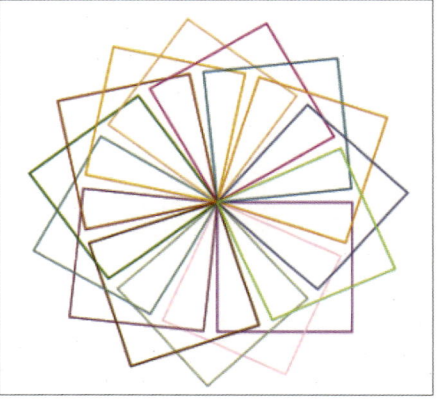
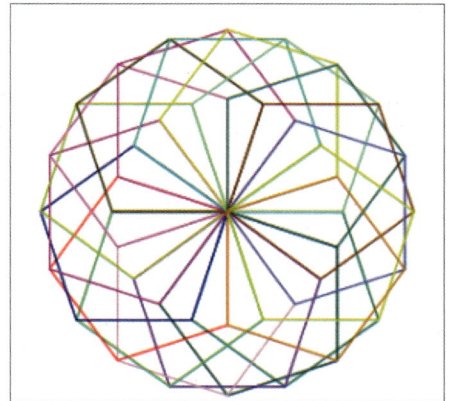 

작품 주소 :
정다각형 - https://goo.gl/5pbA5P
스피로그래프 - https://goo.gl/YRh0hr

01 스피로그래프 패턴

1. 스피로그래프

스피로그래프란 톱니바퀴와 구멍을 이용하여 복잡하고 다양한 기하학적 패턴을 그리는 장난감입니다. 다각형을 일정하게 회전하면서 반복해서 그리면 스피로그래프와 비슷한 패턴을 그릴 수 있습니다. 다각형을 그리려면 외각의 합과 한 외각의 크기를 알아야 합니다.

2. 다각형의 외각의 합과 한 외각의 크기

삼각형, 사각형, 오각형에는 각각 3개, 4개, 5개의 외각이 있습니다. 도형의 모양에 따라 외각의 크기는 항상 변할 수 있습니다. 외각을 떼어내어 원 위에 올려놓을 수 있도록 한 후 삼각형의 외각 3개를 떼어 원 위에 올려놓으면 완전한 원을 이루어 외각의 크기의 합이 360°인 것을 확인할 수 있습니다. 사각형, 오각형도 마찬가지입니다. 따라서 다각형의 외각의 합은 항상 360°로 다각형의 한 외각을 구하는 공식은 외각의 합에서 해당 다각형의 외각의 수만큼 나누면 한 외각의 크기를 알 수 있습니다.

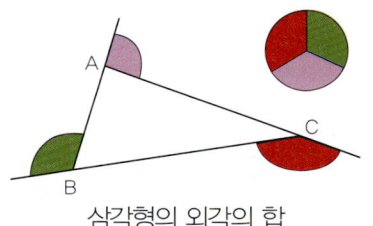

삼각형의 외각의 합

삼각형 : 360° / 3
사각형 : 360° / 4
오각형 : 360° / 5
·
·
·
n각형 : 360° / n

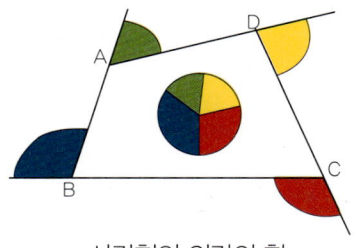

사각형의 외각의 합

⇒ 외각의 합 = 360° / 한 외각의 크기 = 360° / n

프로그래밍 개념

1. 순차 처리
순차 처리란 여러 명령어를 시간의 흐름에 따라 순서대로 처리하는 방식입니다.

2. 반복 처리
반복 처리란 순차 처리 방식에서 반복되는 명령어들을 묶어 처리하는 방식으로 중복을 제거하고 프로그래밍을 단순화시켜 작업의 효율성을 높여줍니다.

 ## 따라하며 익히기

1. 순차 처리
순차 처리 프로그래밍으로 엔트리봇이 이동 방향으로 100만큼 움직이고, 90°만큼 회전하기를 4번 반복하여 정사각형을 그립니다.

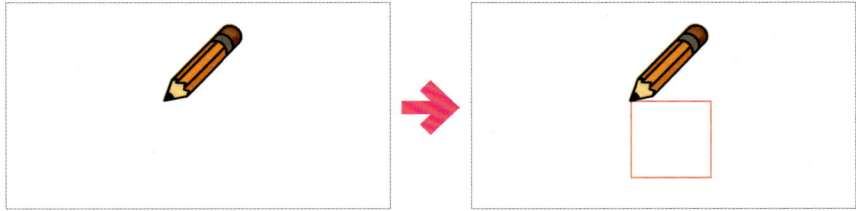

(1) 오브젝트 목록에서 엔트리봇 오브젝트를 삭제하기 위해 삭제(✕)를 클릭합니다.

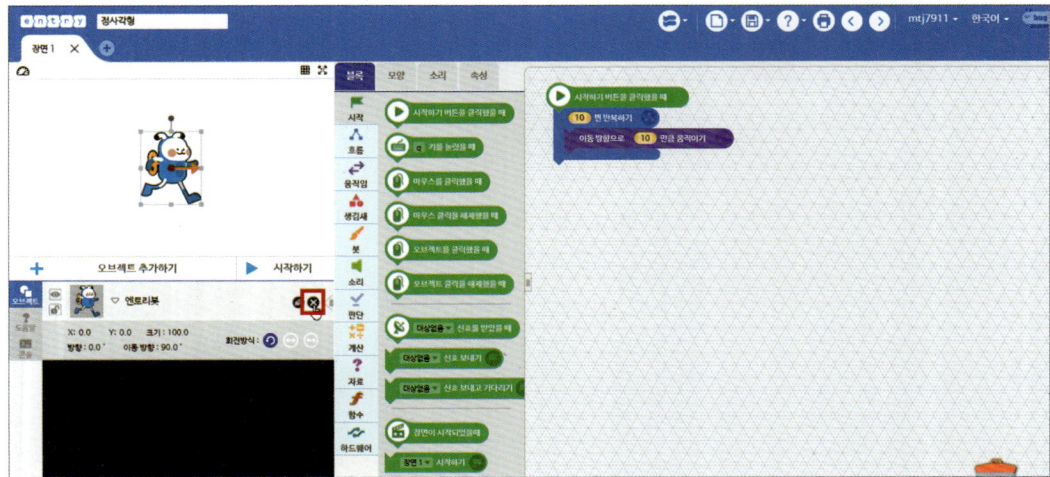

TIP!

오브젝트란?
명령어를 통해 움직일 수 있는 것들로 캐릭터, 사물, 글상자, 배경 등이 있습니다.

(2) 오브젝트를 추가하기 위해 [➕ 오브젝트 추가하기] 버튼을 클릭해서 연필을 검색하고 연필(1) 오브젝트를 선택한 후 [적용하기] 버튼을 클릭합니다.

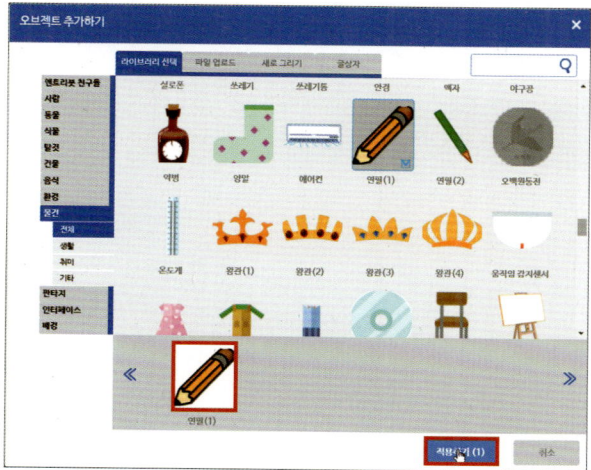

(3) 연필(1) 오브젝트를 드래그하여 위쪽으로 옮기고, 중심점을 드래그하여 연필심 쪽으로 이동시킵니다.

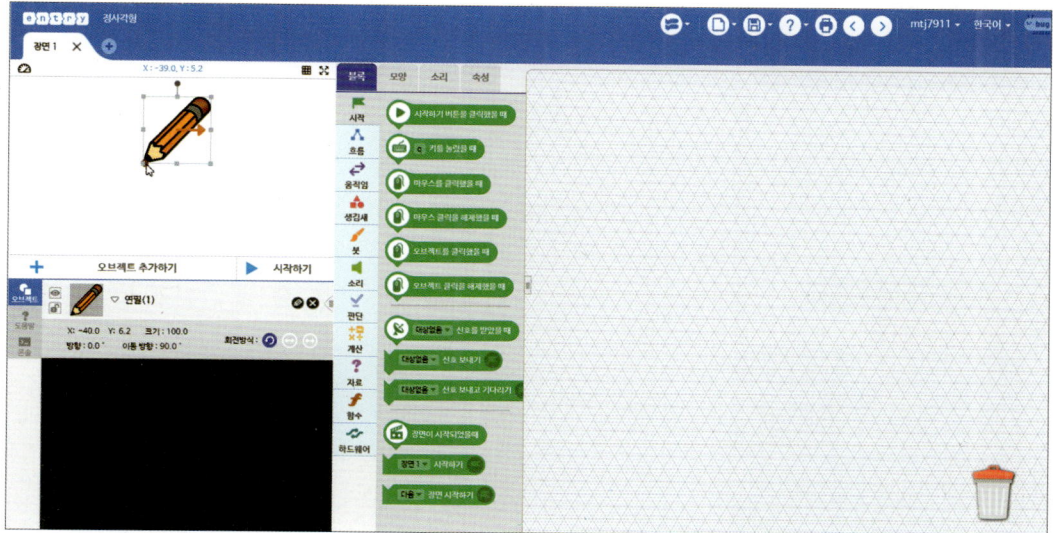

SECTION 02 신비한 스피로그래프 패턴 • 37

(4) [시작] 꾸러미에서 **시작하기 버튼을 클릭했을 때** 블록을 드래그하고, 선분을 그리기 위해 [붓] 꾸러미의 **그리기 시작하기** 블록을 드래그하여 연결합니다.

(5) [움직임] 꾸러미에서 **이동 방향으로 10만큼 움직이기** 블록을 드래그하여 연결하고, 선분의 길이를 100으로 하기 위해 '10'을 '100'으로 입력합니다. 90°로 회전하여 선분을 그리기 위해 [움직임] 꾸러미에서 **이동 방향을 90°만큼 회전하기** 블록을 드래그하여 연결합니다.

(6) 100 크기의 선분을 그리고 방향을 90° 만큼 바꾸는 코드를 3번 더 만들면 정사각형이 되므로 총 4번 반복해야 합니다. 마지막으로 [붓] 꾸러미의 **그리기 멈추기** 블록을 연결하여 그리기를 멈춥니다.

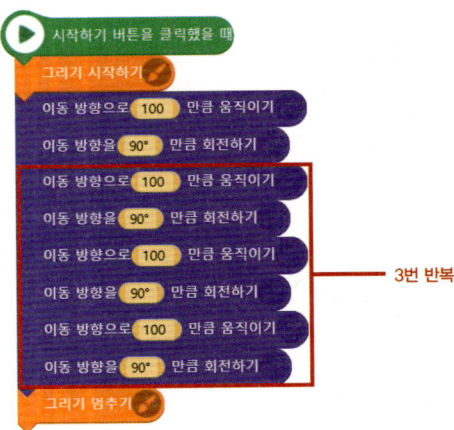

(7) [▶ 시작하기] 버튼을 클릭하면 정사각형이 그려집니다.

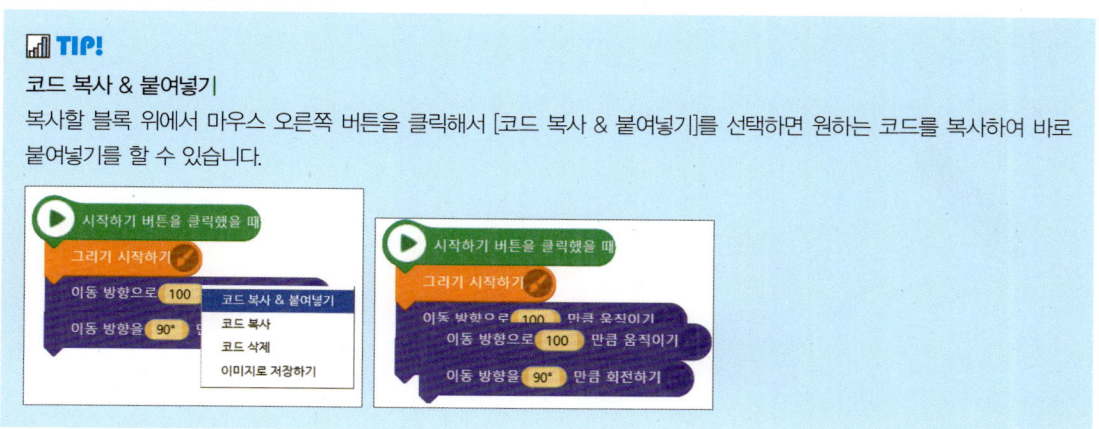

2. 반복 처리

(1) 순차 처리 프로그래밍을 반복 처리 프로그래밍으로 변경하면 반복되는 명령어들을 묶어 처리하여 중복을 제거하고 프로그래밍을 단순화시켜 작업의 효율성을 높일 수 있습니다. [흐름] 꾸러미에서 **10번 반복하기** 블록을 드래그하여 연결한 후 '4'라고 입력하고 중복 블록을 제거합니다.

순차 처리 프로그래밍   반복 처리 프로그래밍

(2) [▶ 시작하기] 버튼을 클릭하여 반복 처리 프로그래밍으로 정사각형이 그려지는 것을 확인합니다.

TIP!

정사각형을 그리는 코드의 의미

다각형의 한 변과 그 이웃한 변의 연장선을 외각이라고 합니다. 다음 그림을 통해 내각과 외각의 크기를 알 수 있습니다. 정사각형을 그리는 코드에서 각각의 의미를 알면 다른 다각형도 쉽게 그릴 수 있습니다.

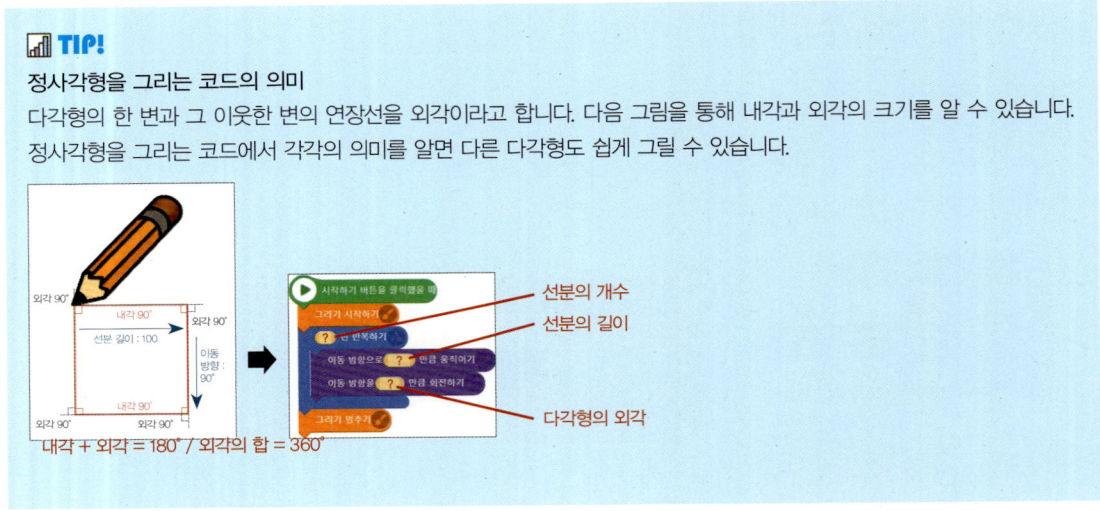

---

04 프로그래밍 시작하기

🎯 정다각형 그리기

1. 복사본 저장하고 변수 추가하기

(1) 상단 우측의 메뉴 중 []-[복사본으로 저장하기]를 클릭합니다. 정사각형을 복사한 새로운 작품이 나타나면 제목 부분을 클릭하여 '정다각형'으로 변경합니다.

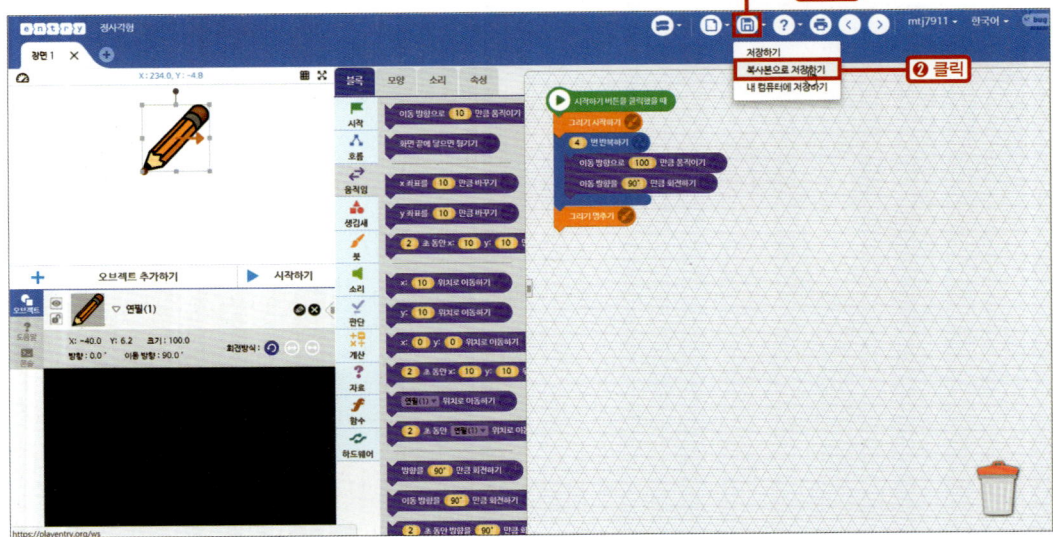

(2) 정사각형을 그리는 코드를 변형하여 모든 다각형을 그리는 코드로 일반화하기 위해 먼저 [속성] 탭-[변수]-[변수 추가]를 클릭합니다.

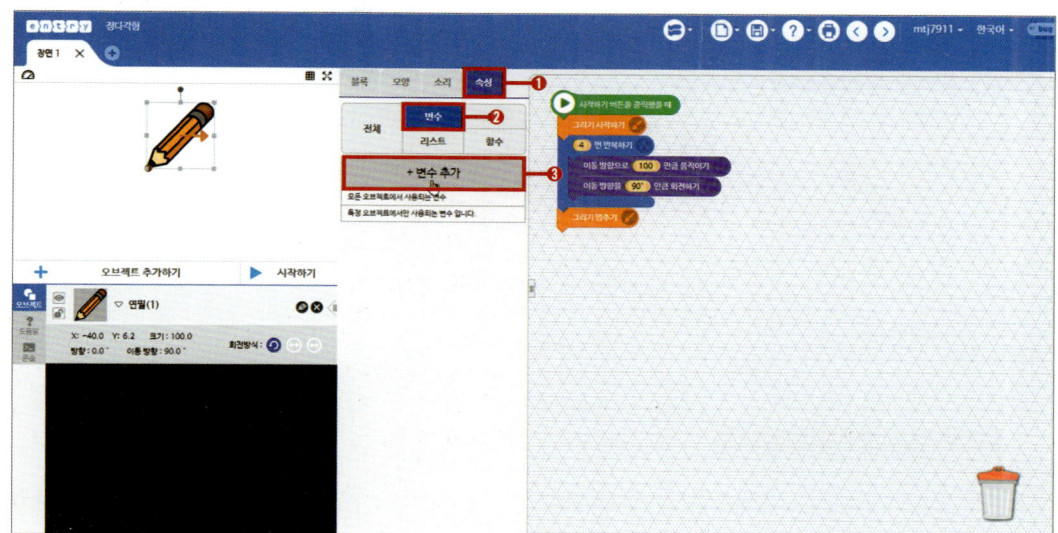

(3) 'n'이라고 입력하고 [확인] 버튼을 클릭합니다.

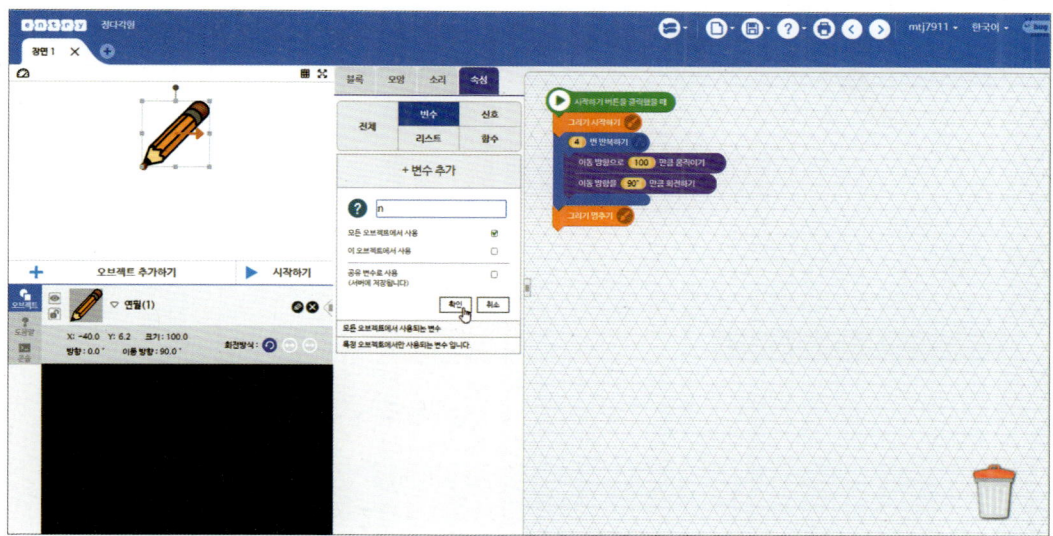

TIP!

변수

게임에서의 점수, 내 이름과 같은 정보들을 컴퓨터에서 기억하게 하려면 변수가 필요합니다. '변수'는 이러한 정보들을 저장할 수 있는 공간입니다. 모든 다각형을 그리는 코드로 일반화하기 위해 변수로 'n'을 추가해야 합니다.

2. 정다각형 코드 만들기

(1) n각형을 그려야 하므로 [블록] 탭을 클릭하여 [자료] 꾸러미에서 **n값** 블록을 드래그하여 반복 블록의 횟수에 해당하는 곳에 연결합니다.

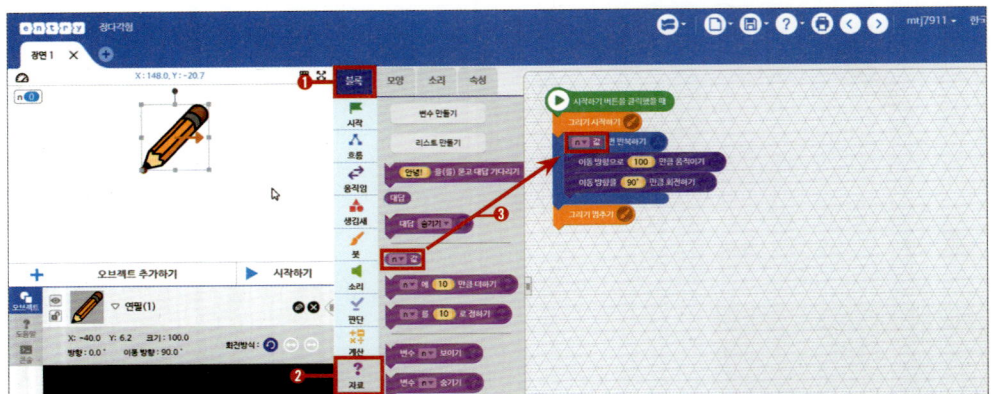

(2) 이동 방향은 다각형의 외각만큼 회전해야 하므로, [계산] 꾸러미의 **10/10** 블록을 **이동 방향을 90°만큼 회전하기** 블록의 '90' 위로 연결합니다.

(3) 앞쪽 '10'은 '360'으로 수정하고, 뒤쪽 '10'은 [자료] 꾸러미에서 **n값** 블록을 드래그하여 연결합니다.

📊 **TIP!**
한 외각의 크기 = 360°/n이므로, **이동 방향을 90°만큼 회전하기** 블록에 한 외각의 크기만큼 회전할 수 있도록 코드를 만듭니다.

(4) [자료] 꾸러미에서 **안녕! 을(를) 묻고 대답 기다리기** 블록을 **시작하기 버튼을 클릭했을 때** 블록 아래에 연결하고, '몇 각형을 그리겠습니까?'를 입력합니다. **n를 10로 정하기** 블록을 연결한 후 '10' 위로 **대답** 블록을 드래그하여 몇 각형을 그릴 것인지 답한대로 다각형을 그려주는 프로그램을 완성합니다.

(5) [▶ 시작하기] 버튼을 클릭하고 몇 각형을 그리겠습니까?라는 물음이 나타나면 그릴 정다각형의 숫자를 입력하고 ✓를 클릭하면 해당 정다각형이 그려집니다.

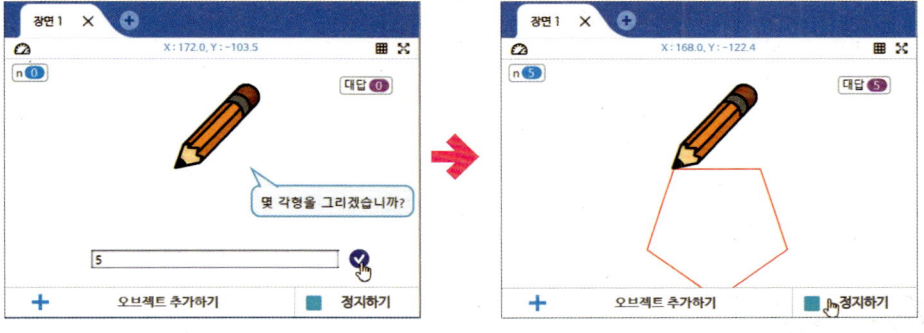

📊 **TIP!**
n값이 커지면 도형이 너무 커서 화면을 벗어나게 됩니다. n값이 커질수록 점점 한 변의 길이가 작아지도록 코드를 바꿔야 합니다. 한 변의 길이를 일정 크기로 설정한 후 n으로 나누게 되면 점점 한 변의 길이가 작아집니다.

(6) [계산] 꾸러미의 10/10 블록을 이동 방향으로 100만큼 움직이기 블록의 '100' 위로 연결한 후 앞쪽 '10'은 '300'으로, 뒤쪽 '10'에는 [자료] 꾸러미의 n값 블록으로 연결합니다. 다시 정다각형을 그리는 프로그램을 실행하면 n값이 커져도 화면을 벗어나지 않습니다.

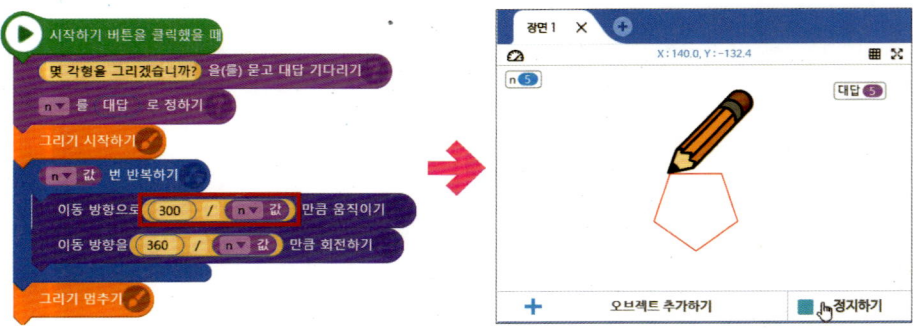

🌀 스피로그래프 패턴 그리기

1. 특정 반복 횟수로 패턴 그리기

(1) 상단 우측의 메뉴 중 [💾]–[복사본으로 저장하기]를 클릭합니다. 정다각형을 복사한 새로운 작품이 나타나면 작품 이름 부분을 클릭하여 '스피로그래프'라고 입력합니다.

(2) 정다각형을 그리는 코드를 36번 반복하여 패턴을 그리는 코드로 변경하기 위해 [흐름] 꾸러미의 **10번 반복하기** 블록을 드래그하여 **그리기 시작하기** 블록 아래로 정다각형을 그리는 코드를 모두 포함하여 연결하고, '10'을 '36'으로 변경합니다.

(3) 정다각형이 10°씩 회전하며 36번씩 반복해서 그려질 수 있게 [움직임] 꾸러미에서 **이동 방향을 90°만큼 회전하기** 블록을 드래그하여 **n값번 반복하기** 블록 아래에 연결하고, '90°'를 '10°'로 변경합니다.

(4) 1가지 색으로만 그리는 것이 아니라 36번 반복하면서 여러 가지 색으로 그리기 위해 [붓] 꾸러미에서 **붓의 색을 무작위로 정하기** 블록을 **n값번 반복하기** 블록 바로 위로 연결합니다.

(5) 10°만큼 회전하면서 36번 반복해서 패턴을 그린 후 연필 모양을 숨기기 위해 [생김새] 꾸러미에서 **모양 숨기기** 블록을 드래그하여 연결합니다.

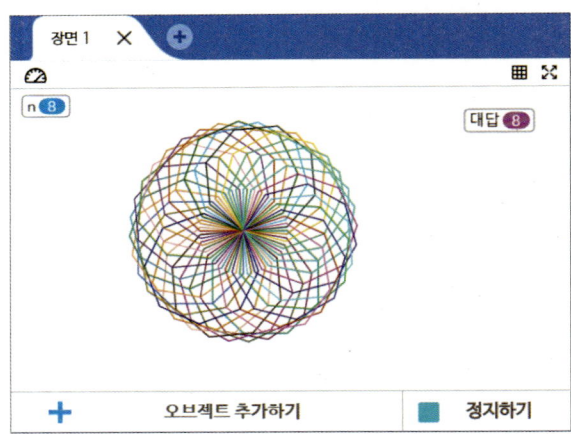

(6) [▶시작하기] 버튼을 클릭하여 그릴 정다각형을 설정하면 예쁜 패턴이 그려지는 것을 확인할 수 있습니다.

2. 반복 횟수를 변수 'a'로 일반화하여 패턴 그리기

(1) 반복 횟수를 코드로 일반화하기 위해 [속성] 탭-[변수]-[변수 추가]를 클릭합니다. 'a'라고 입력하고 [확인] 버튼을 클릭합니다.

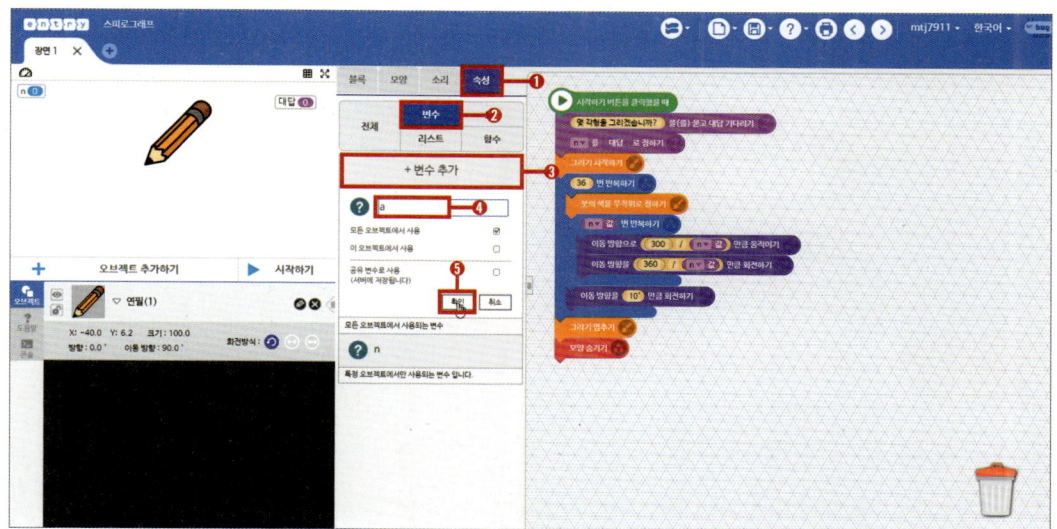

(2) [자료] 꾸러미의 **a값** 블록을 **36번 반복하기** 블록의 '36' 위로 가져가서 연결합니다.

(3) [계산] 꾸러미의 **10/10** 블록을 **이동 방향을 10°만큼 회전하기** 블록의 '10°' 위로 연결한 후 앞쪽 '10'은 '360'으로, 뒤쪽 '10'에는 [자료] 꾸러미의 **a값** 블록을 연결합니다.

(4) 반복 횟수도 묻고 대답하기로 설정하기 위해 [자료] 꾸러미에서 **안녕! 을(를) 묻고 대답 기다리기** 블록을 드래그하여 **n를 대답으로 정하기** 블록 아래로 연결하고, '몇 번 반복해서 패턴을 그리겠습니까?'를 입력합니다. **a를 10로 정하기** 블록을 연결한 후 '10' 위로 **대답** 블록을 드래그합니다.

(5) [▶시작하기] 버튼을 클릭하여 정다각형과 반복 횟수를 설정한 후 ✓를 클릭하면 설정한 패턴이 그려집니다. 설정을 변경하면서 여러 패턴을 그려봅니다.

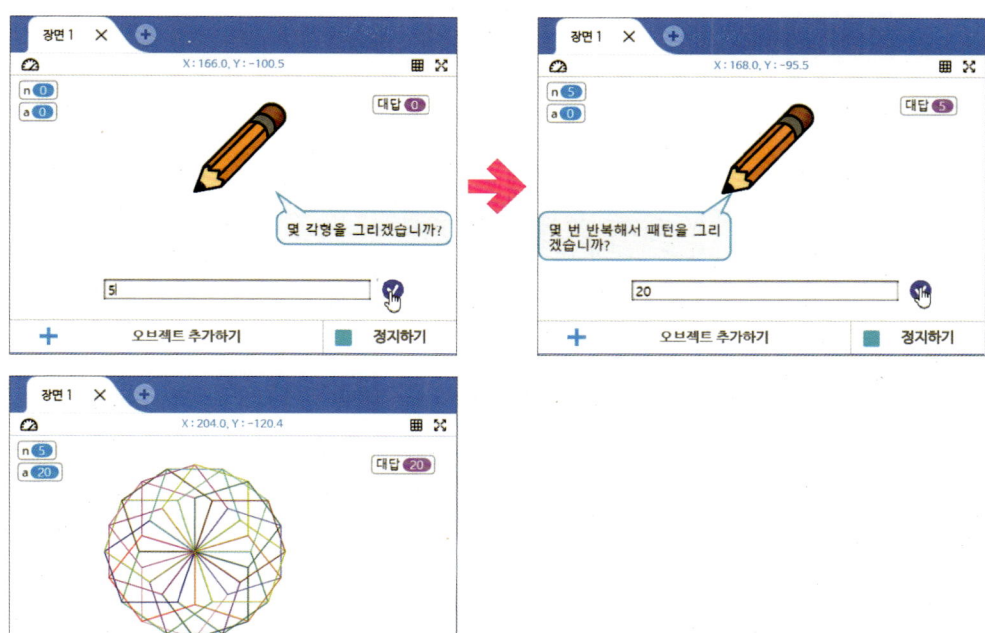

요점정리

❶ 엔트리(https://playentry.org)에 접속하여 로그인한 후 새 작품을 만들기 위해 [만들기]-[작품 만들기]를 클릭합니다.

❷ 새로운 작품을 만들면 자동으로 작품 제목이 나타나는데, 새로운 제목을 입력하려면 제목 부분을 클릭하여 원하는 제목으로 새로 입력합니다.

❸ 순차 처리란 여러 명령어를 시간의 흐름에 따라 순서대로 처리하는 방식입니다.

❹ 반복 처리란 순차 처리 방식에서 반복되는 명령어들을 묶어 처리하는 방식으로 중복을 제거하고 프로그래밍을 단순화시켜, 작업의 효율성을 높여줍니다.

❺ 정사각형을 그리는 코드에 수학적 개념을 적용하여 일반화하면 모든 정다각형을 그려주는 코드가 됩니다.

❻ 정다각형을 그려주는 코드에 반복 횟수를 일반화하는 변수를 추가하여 다양한 스피로그래프 패턴을 그리는 코드를 만듭니다.

퀴즈 풀어보기

01. 정다각형의 외각의 합은? (   )

① 180°   ② 360°
③ 540°   ④ 720°

02. 설정한 횟수만큼 감싸고 있는 블록들을 반복 실행하는 블록은? (   )

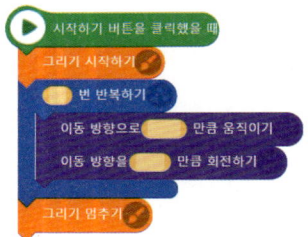

03. 선분의 길이가 100인 정오각형을 그리는 코드를 만들려고 할 때 노란색 부분에 들어갈 수가 차례로 짝지어진 것은? (   )

① 5, 100, 72°   ② 100, 5, 72°
③ 5, 100, 60°   ④ 5, 60°, 100

정답 해설

01. ②

삼각형, 사각형, 오각형에는 각각 3개, 4개, 5개의 외각이 있습니다. 외각을 떼어내어 원 위에 올려놓을 수 있도록 한 후 삼각형의 외각 3개를 떼어 원 위에 올려놓으면 완전한 원을 이루어 외각의 크기의 합이 360°인 것을 확인할 수 있습니다. 사각형, 오각형도 마찬가지입니다. 따라서 다각형의 외각의 합은 항상 360°입니다.

02. ③

①번은 감싸고 있는 블록들을 계속해서 반복 실행합니다.
②번은 반복을 중단합니다.
④번은 만일 판단이 참이면, 감싸고 있는 블록들을 실행합니다.

03. ①

선분의 개수:5, 선분의 길이:100, 오각형의 외각:72°

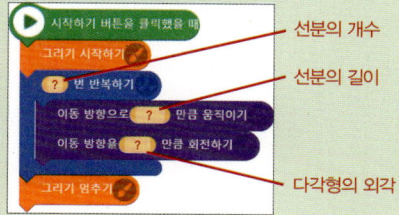

실습 문제

연필로 별그리기를 만들어 봅시다.

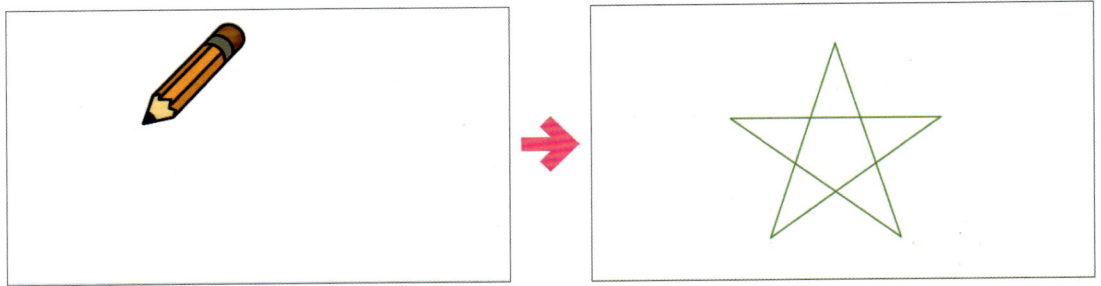

작품 주소 : https://goo.gl/GOja3d

HINT!
(1) [붓] 꾸러미에서 붓의 색을 녹색(으)로 정하기 블록을 연결하고, 10번 반복하기 블록은 반복 횟수를 별의 선분이 5이므로, '5'로 설정합니다.
(2) 이동 방향으로 10만큼 움직이기 블록은 선분 길이가 200이 되게 설정합니다.
(3) 이동방향은 90°만큼 회전하기 블록은 외각이 144°이므로, '144°'로 설정합니다.

SECTION 03 수학 대칭 도형 그리기

- 복제 처리 프로그래밍을 이해하고 자신의 복제본을 생성할 수 있다.
- 신호 처리 프로그래밍을 이해하고 신호를 보내고 받는 오브젝트로 명령을 실행할 수 있다.
- 선대칭 도형의 특성을 활용하여 코드로 만들 수 있다.
- 점대칭 도형의 특성을 활용하여 코드로 만들 수 있다.

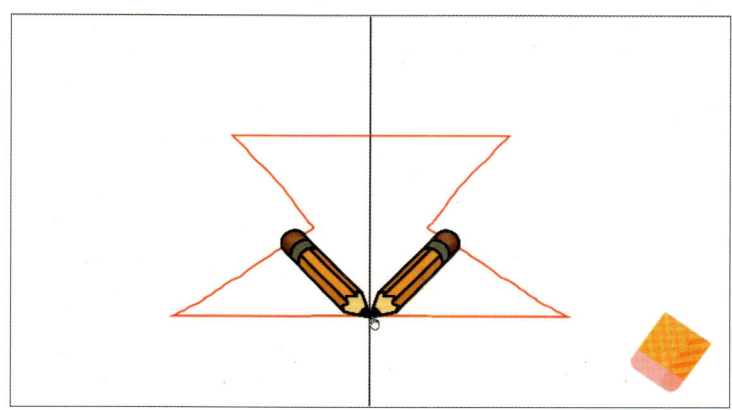

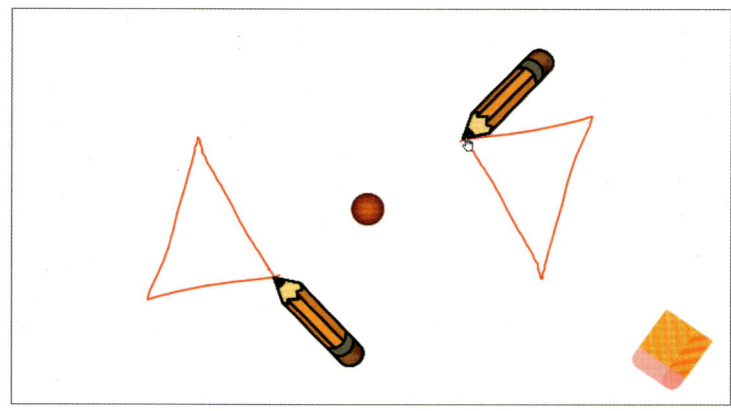

작품 주소 :
선대칭 도형 – https://goo.gl/KcdzlW
점대칭 도형 – https://goo.gl/MDdzTT

01 선대칭 도형과 점대칭 도형

1. 선대칭 도형

한 직선을 따라 접어서 완전히 겹쳐지는 도형을 선대칭 도형이라고 합니다. 이때 그 직선을 대칭축이라 하고, 대칭축이 도형 안에 있으면 선대칭 도형, 도형 밖에 있으면 선대칭 위치에 있는 도형이라 합니다.

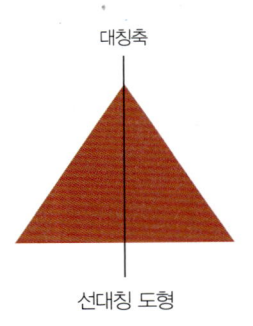
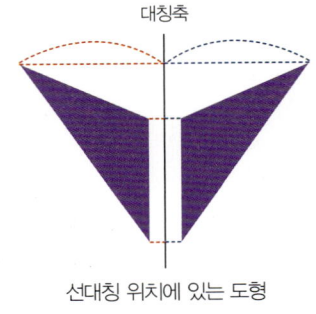

각 대응점은 대칭축에서 같은 거리에 있다.

2. 점대칭 도형

한 도형을 어떤 점을 중심으로 180° 돌렸을 때 처음 도형과 완전히 겹쳐지면 이 도형을 점대칭 도형이라고 합니다. 이때 그 점을 대칭의 중심이라고 합니다. 대칭의 중심이 도형 안에 있는 경우 점대칭 도형, 도형 밖에 있으면 점대칭의 위치에 있는 도형이라 합니다.

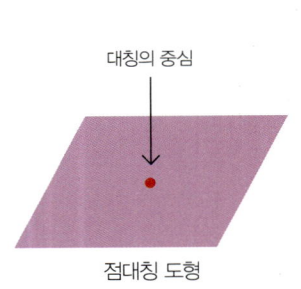
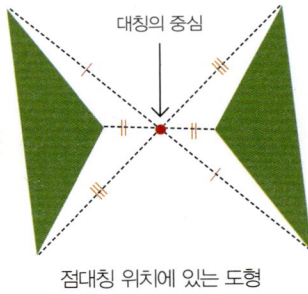

대응점에서 대칭의 중심까지의 거리는 각각 같고, 위치는 서로 반대 방향에 있다.

02 프로그래밍 개념

1. 복제 처리

오브젝트를 복제하여 복제본을 만드는 방식으로 300여 개 정도가 되면 더 이상 복제본을 만들지 않습니다. 복제본 또한 하나의 오브젝트처럼 동작하므로 복제본이 많을 경우 사용 시에 느려질 수 있습니다. 대칭 도형을 만들 때는 복제본을 만들어 활용합니다.

2. 신호 처리

신호 처리란 특정 오브젝트에서 다른 오브젝트로 신호를 보내고, 신호를 받은 오브젝트에서 기능의 명령을 실행할 수 있도록 도와주는 기능입니다.

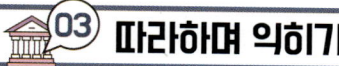

1. 복제 처리 프로그래밍

2초마다 복제된 엔트리봇이 화면 밖으로 나가게 만들고, 복제된 엔트리봇의 개수를 세어 봅니다.

(1) 복제된 개수를 세기 위해 [속성] 탭–[변수]–[변수 추가]를 클릭하여 '개수' 입력하고 [확인] 버튼을 클릭합니다.

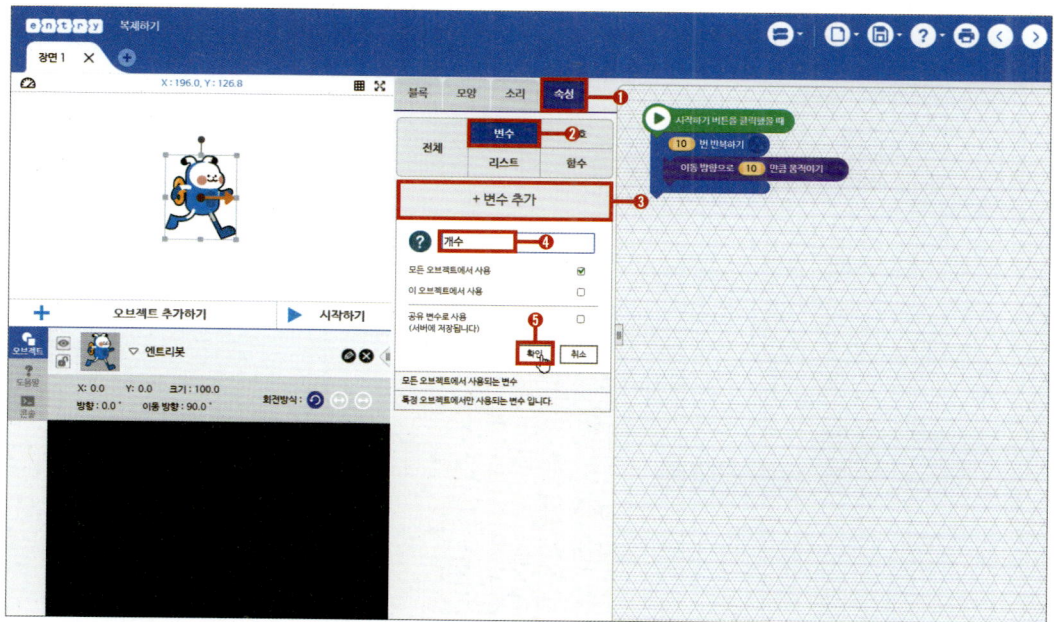

(2) 블록 조립소에서 엔트리봇의 코드를 삭제하기 위해 **10번 반복하기** 블록 위에 마우스 오른쪽 버튼을 클릭해 [코드 삭제]를 선택합니다.

TIP!
삭제할 블록에 연결된 블록까지 삭제되기 때문에 **이동 방향으로 10만큼 움직이기** 블록까지 삭제됩니다.

(3) 계속 복제하기 위해 [흐름] 꾸러미에서 **계속 반복하기** 블록을 연결한 후 **자신의 복제본 만들기** 블록과 **2초 기다리기** 블록도 드래그하여 연결합니다.

(4) 복제본의 개수를 세기 위해 [자료] 꾸러미의 **개수에 10만큼 더하기** 블록을 드래그하여 연결 후 '1'로 변경합니다.

(5) 복제된 엔트리봇을 화면 밖으로 이동시키기 위해 [흐름] 꾸러미의 **복제본이 처음 생성되었을 때** 블록을 드래그한 후 [움직임] 꾸러미에서 **2초 동안 x: 0, y: 0 위치로 이동하기** 블록을 연결합니다. '2초'는 '1초'로, 'x:'는 '320'으로 변경합니다.

(6) [▶시작하기] 클릭하면 엔트리봇의 복제 개수는 계속 표시되어도, 360개 이상 되면 더 이상 엔트리봇이 복제되지 않는 것을 확인할 수 있습니다.

실행 화면의 좌표 확인하기
장면1 창의 ⊞(모눈종이)를 클릭하면 좌표를 확인할 수 있습니다. 좌표의 x축은 가로 방향으로 '-240(왼쪽 끝)~240(오른쪽 끝)'이며, y축은 세로 방향으로 '-135(아래쪽 끝)~135(위쪽 끝)'을 나타냅니다. 따라서 오른쪽 끝 밖으로 엔트리봇을 나가게 하려면 '240'이상으로 변경해야 하지만 엔트리봇 크기도 있기 때문에 '320'으로 설정하였습니다.

2. 신호 처리 프로그래밍

엔트리봇 오브젝트 클릭 시 소리내기 신호를 보내면 소리가 재생됩니다.

오브젝트 클릭하지 않으면 소리나지 않음   **오브젝트 클릭 시 소리남**

(1) 신호를 추가하기 위해 [속성] 탭-[신호]-[신호 추가]를 클릭하여 '소리내기'를 입력하고 [Enter]를 누릅니다.

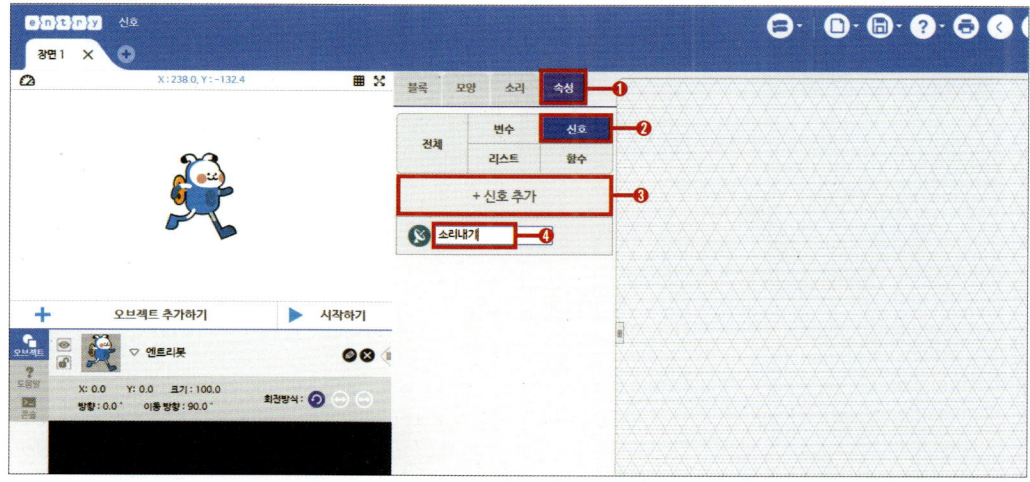

(2) [시작] 꾸러미에서 **오브젝트를 클릭했을 때** 블록을 드래그한 후 **소리내기 신호 보내기** 블록을 연결합니다.

(3) [시작] 꾸러미에서 **소리내기 신호를 받았을 때** 블록을 드래그한 후 [소리] 꾸러미에서 **소리 강아지 짖는소리 재생하기** 블록을 연결합니다. [▶시작하기] 버튼을 클릭하고 엔트리봇 오브젝트를 클릭하면 강아지 짖는소리가 들립니다.

04 프로그래밍 시작하기

🎯 선대칭 도형 그리기

1. 오브젝트 추가하기

(1) 새 작품을 만들고 '선대칭 도형'이라고 제목을 변경한 후 엔트리봇 오브젝트를 삭제합니다. [➕오브젝트 추가하기] 버튼을 클릭하여 대칭축, 연필(1), 지우개 오브젝트를 추가한 후 [적용하기] 버튼을 클릭합니다.

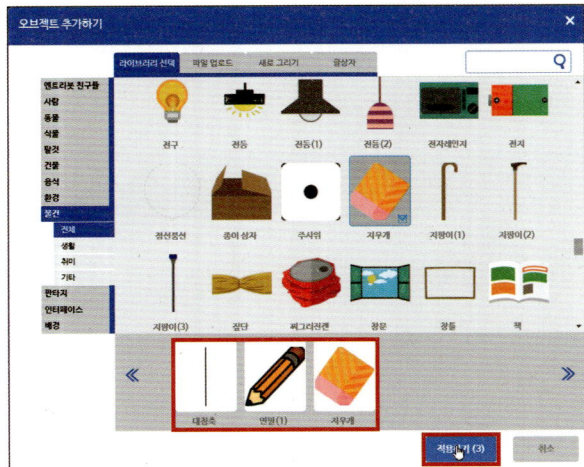

(2) 실행 화면에서 지우개 오브젝트는 드래그하여 오른쪽 아래로 이동시키고, 대칭축 오브젝트는 상하 길이를 화면에 맞게 조절합니다. 마지막으로 연필(1) 오브젝트의 크기와 위치를 조절하고, 중심점 위치도 연필심 쪽으로 이동해줍니다.

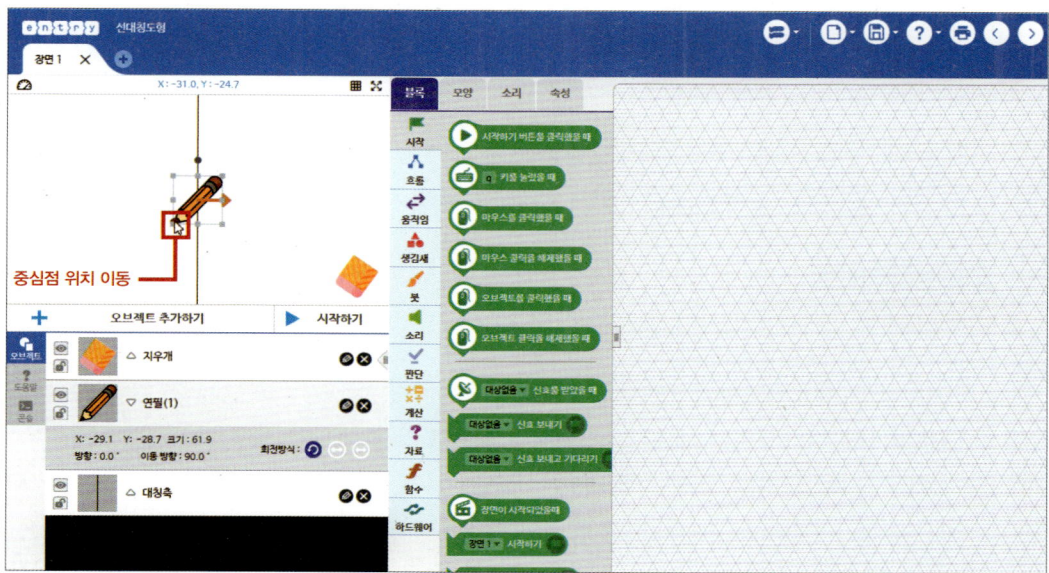

2. 연필 오브젝트 블록 조립하기

(1) [시작] 꾸러미에서 **시작하기 버튼을 클릭했을 때** 블록을 가져온 후 선대칭 도형을 그릴 연필을 복제하기 위해 [흐름] 꾸러미의 **자신의 복제본 만들기** 블록을 연결합니다.

(2) **자신의 복제본 만들기** 블록 아래에 [흐름] 꾸러미의 **계속 반복하기** 블록을 연결한 후 복제한 연필이 계속 마우스포인터를 따라다닐 수 있게 [움직임] 꾸러미에서 **지우개 위치로 이동하기** 블록을 연결하여 '마우스포인터'로 설정합니다.

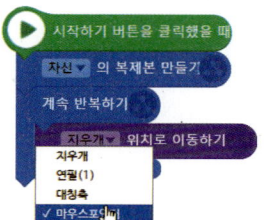

(3) [시작] 꾸러미에서 마우스 클릭 시 그리기를 시작할 수 있게 **마우스를 클릭했을 때** 블록에 [붓] 꾸러미의 **그리기 시작하기** 블록을 연결합니다. 반대로 마우스 클릭을 해제하면 그리기를 멈출 수 있게 [시작] 꾸러미의 **마우스 클릭을 해제했을 때** 블록과 [붓] 꾸러미의 **그리기 멈추기** 블록을 연결합니다.

(4) 복제본이 생성되면 모양이 좌우 대칭될 수 있게 [흐름] 꾸러미의 **복제본이 처음 생성되었을 때** 블록을 가져온 후 [생김새] 꾸러미의 **좌우 모양 뒤집기** 블록을 연결합니다.

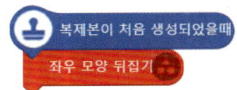

(5) [흐름] 꾸러미의 **계속 반복하기** 블록을 연결하고 대칭 도형의 위치를 설정하기 위해 [움직임] 꾸러미의 **x:0 y:0 위치로 이동하기** 블록을 드래그하여 **계속 반복하기** 블록에 연결합니다. x값에는 [계산] 꾸러미의 **10-10** 블록을 연결하고, 앞쪽 '10'은 **대칭축의 x좌푯값** 블록을 뒤쪽 '10'에는 **연필(1)의 x좌푯값** 블록을 연결합니다. y값에는 **연필(1)의 y좌푯값** 블록을 연결합니다.

> **TIP!**
>
> **대칭 도형의 좌푯값**
>
> 좌우대칭 되는 두 도형은 대칭축으로부터 같은 거리에 있지만 부호는 항상 반대여야만 하므로, 대칭축의 x좌푯값으로부터 연필(1)의 x좌푯값을 빼주어야 합니다.
>
> 좌우대칭 되는 두 도형의 y좌표는 동일하므로, 연필(1)의 y좌푯값으로 설정해야 합니다.

3. 지우개 오브젝트 블록 조립과 신호 보내기

(1) 대칭 도형을 그린 후에는 지워야 다시 그릴 수 있으므로, [속성] 탭-[신호]-[신호 추가]를 클릭하여 '지우개'를 입력하고 Enter 를 누릅니다.

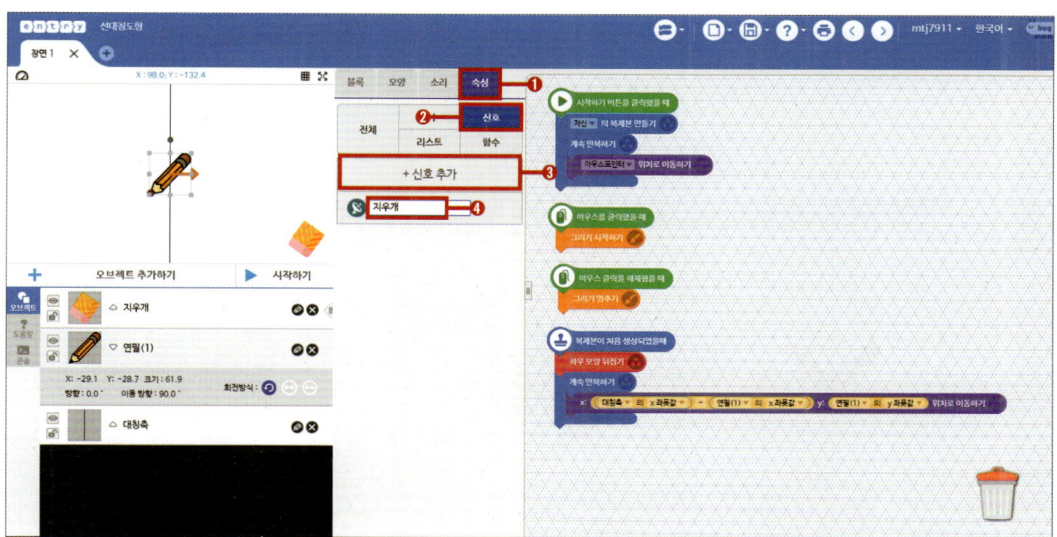

(2) [블록] 탭을 클릭하고 오브젝트 목록에서 지우개 오브젝트를 클릭합니다. [시작] 꾸러미에서 **오브젝트를 클릭했을 때** 블록을 드래그한 후 **지우개 신호 보내기** 블록을 연결합니다.

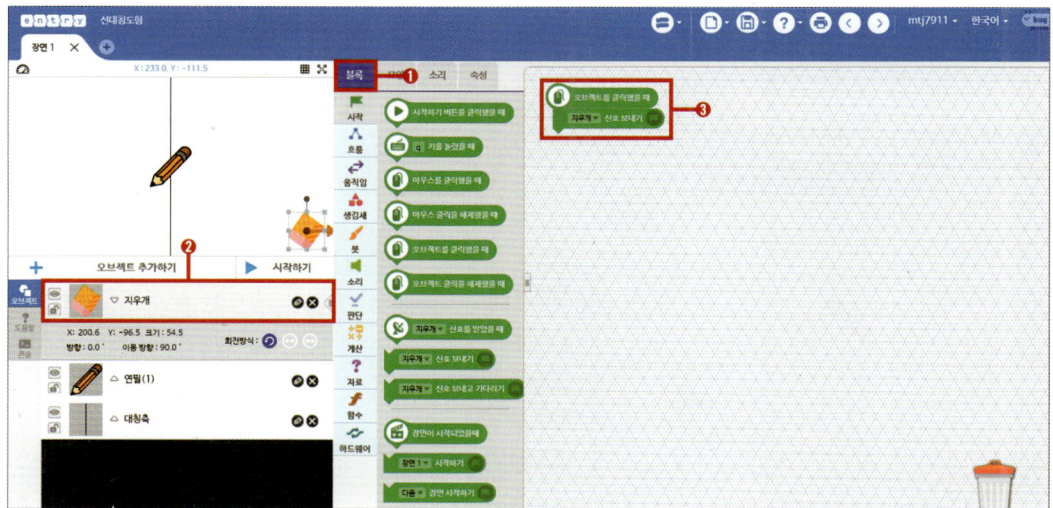

TIP!
지우개 오브젝트를 클릭했을 때 신호를 보낼 수 있도록 코드를 만듭니다.

(3) 오브젝트 목록에서 연필(1) 오브젝트를 클릭한 후 [시작] 꾸러미에서 **지우개 신호를 받았을 때** 블록을 드래그한 후 [붓] 꾸러미에서 **모든 붓 지우기** 블록을 연결합니다.

(4) [▶시작하기] 버튼을 클릭하여 선대칭 도형을 그리고, 지우개 오브젝트를 클릭하여 그린 그림을 지워 봅니다.

🔴 점대칭 도형 그리기

1. 복사본 저장하고 오브젝트 이름 변경하기

(1) 상단 우측의 메뉴 중 [📋]-[복사본으로 저장하기]를 클릭합니다. 선대칭 도형을 복사한 새로운 작품이 나타나면 작품 이름을 클릭하여 '점대칭 도형'으로 변경합니다.

(2) 오브젝트 목록에서 대칭축 오브젝트를 삭제하기 위해 삭제(❌)를 클릭합니다.

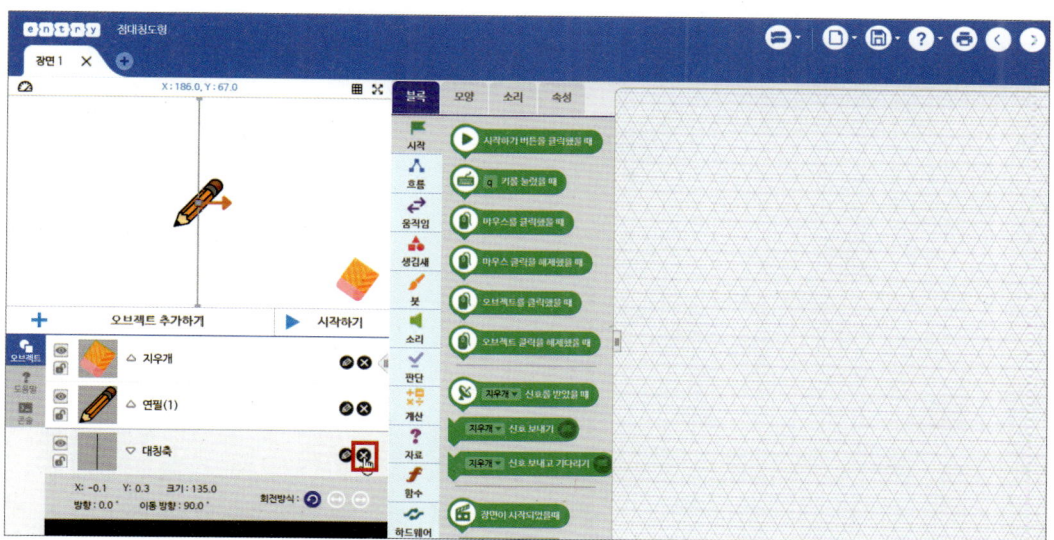

(3) 오브젝트를 추가하기 위해 [➕ 오브젝트 추가하기] 버튼을 클릭하여 [라이브러리 선택] 탭에서 [인터페이스] 그룹의 '동그란 버튼'을 선택하고 [적용하기] 버튼을 클릭합니다.

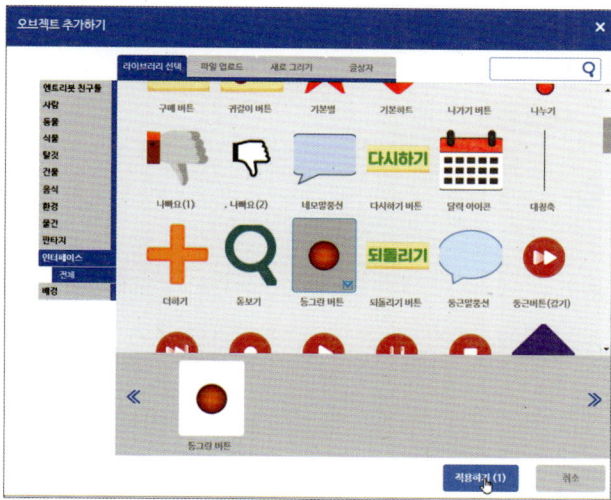

(4) 실행 화면의 동그란 버튼의 크기 조절점을 드래그하여 크기를 다음처럼 조절합니다. 오브젝트 목록의 동그란 버튼 오브젝트 수정(✏)을 클릭하여 이름을 '점'으로 변경합니다.

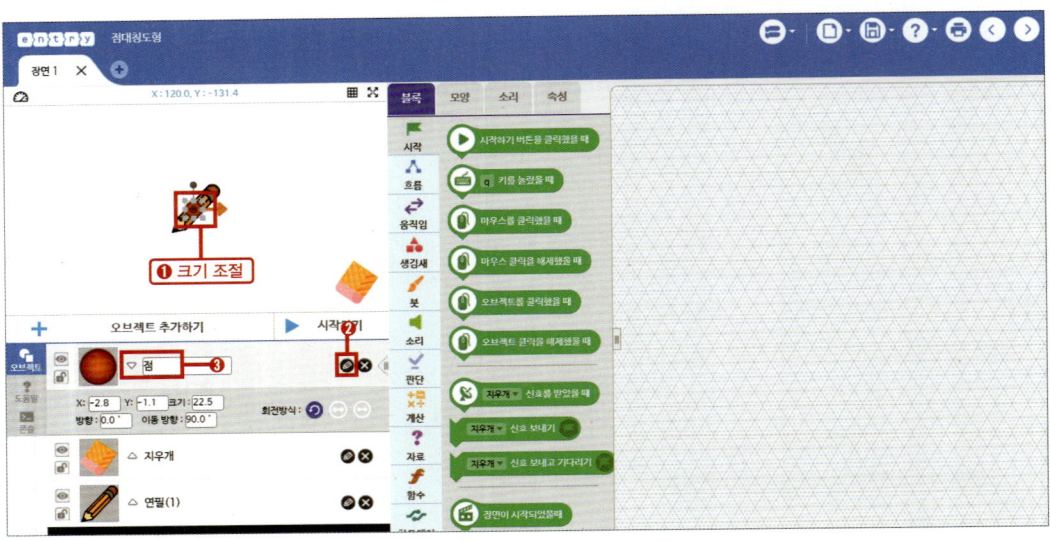

TIP!

오브젝트 창

오브젝트 목록에서 ✏ 클릭하면 오브젝트의 이름, 오브젝트의 정보들을 직접 입력하고 수정할 수 있습니다.

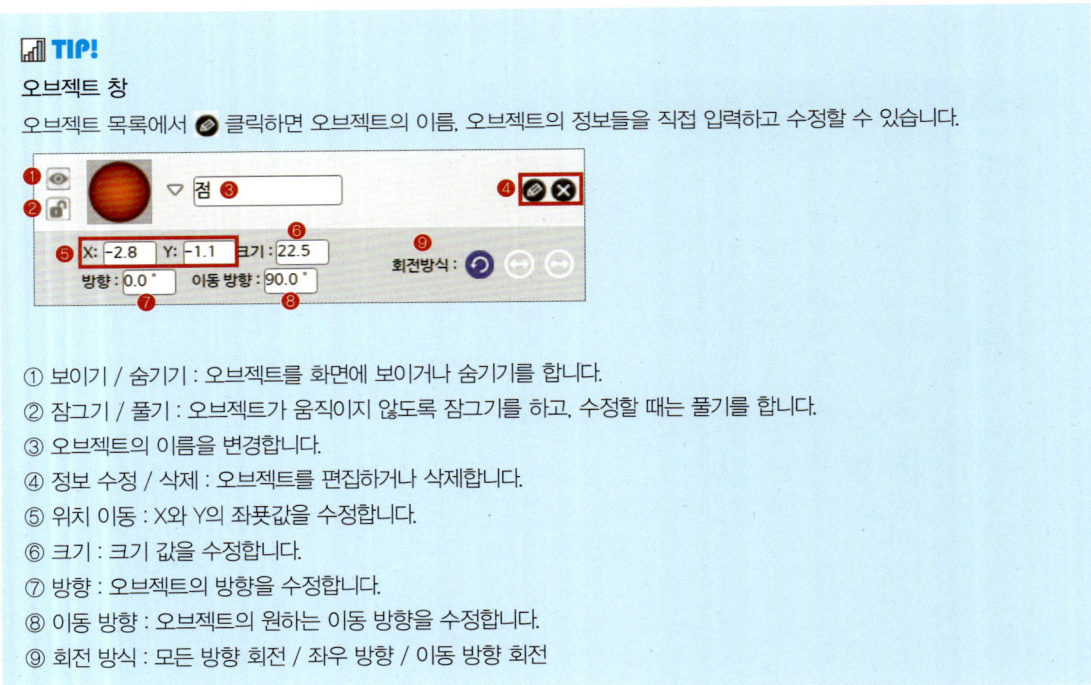

① 보이기 / 숨기기 : 오브젝트를 화면에 보이거나 숨기기를 합니다.
② 잠그기 / 풀기 : 오브젝트가 움직이지 않도록 잠그기를 하고, 수정할 때는 풀기를 합니다.
③ 오브젝트의 이름을 변경합니다.
④ 정보 수정 / 삭제 : 오브젝트를 편집하거나 삭제합니다.
⑤ 위치 이동 : X와 Y의 좌푯값을 수정합니다.
⑥ 크기 : 크기 값을 수정합니다.
⑦ 방향 : 오브젝트의 방향을 수정합니다.
⑧ 이동 방향 : 오브젝트의 원하는 이동 방향을 수정합니다.
⑨ 회전 방식 : 모든 방향 회전 / 좌우 방향 / 이동 방향 회전

2. 점대칭 도형의 좌푯값 수정하기

(1) 오브젝트 목록에서 연필(1) 오브젝트를 클릭한 후 좌푯값을 수정하기 위해 **복제본이 처음 생성되었을 때** 블록과 연결된 블록 중 **x: y: 위치로 이동하기** 블록의 x좌푯값의 앞쪽 블록을 **점의 x좌푯값** 블록으로 설정을 변경합니다.

(2) y좌푯값은 [계산] 꾸러미에서 **10-10** 블록을 드래그하여 **연필(1)의 y좌푯값** 위로 연결합니다. [계산] 꾸러미의 **점의 x좌푯값** 블록을 앞뒤 '10' 위로 드래그하여 연결합니다. y좌푯값이므로 앞쪽은 **점의 y좌푯값**으로 설정하고, 뒤쪽은 **연필(1)의 y좌푯값**으로 설정합니다.

> **TIP!**
> 점대칭 도형은 점을 중심으로 180° 돌렸을 때 처음 도형과 완전히 겹쳐져야 하므로, y좌표의 부호도 반대여야 합니다. 따라서 점의 y좌푯값에서 연필(1)의 y좌푯값을 빼주어야 합니다.

(3) [▶시작하기] 버튼을 클릭하여 점대칭 도형을 그리고, 지우개 오브젝트를 클릭하여 그린 그림을 지워 봅니다.

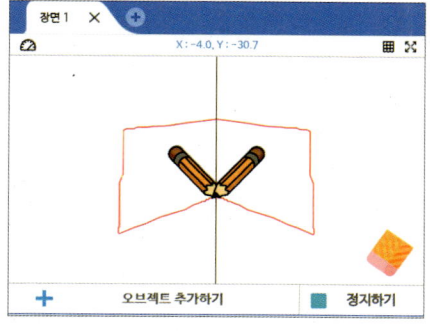 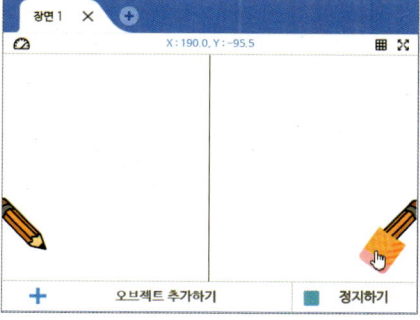

요점정리

❶ 복제 처리는 오브젝트를 복제하여 복제본을 만드는 방식으로 300여 개 정도가 되면 더 이상 복제본을 만들지 않습니다.
❷ 신호 처리는 특정 오브젝트에서 다른 오브젝트로 신호를 보내고, 신호를 받은 오브젝트에서 기능의 명령을 실행할 수 있도록 도와주는 기능으로 [속성] 탭-[신호]-[신호 추가]에서 특정 신호를 추가할 수 있습니다.
❸ 선대칭 도형은 한 직선을 따라 접어서 완전히 겹쳐지는 도형으로 대응점은 대칭축으로부터 같은 거리에 있다는 것을 활용하여 코드를 만들 수 있습니다.
❹ 점대칭 도형은 한 도형을 어떤 점을 중심으로 180° 돌렸을 때 처음 도형과 완전히 겹쳐진다는 것을 활용하여 코드를 만들 수 있습니다.
❺ 복제 블록의 종류

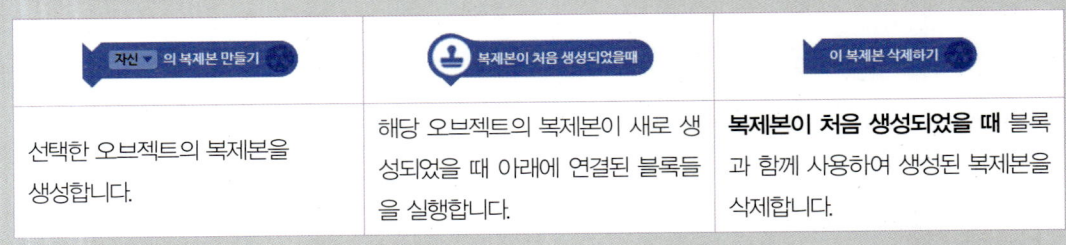

자신의 복제본 만들기	복제본이 처음 생성되었을때	이 복제본 삭제하기
선택한 오브젝트의 복제본을 생성합니다.	해당 오브젝트의 복제본이 새로 생성되었을 때 아래에 연결된 블록들을 실행합니다.	**복제본이 처음 생성되었을 때** 블록과 함께 사용하여 생성된 복제본을 삭제합니다.

퀴즈 풀어보기

01. 점대칭 도형은 점을 중심으로 몇 ° 돌렸을 때 처음 도형과 완전히 겹쳐집니까? (   )

① 45°   ② 90°
③ 135°   ④ 180°

02. 다음에서 설명하고 있는 프로그래밍은? (   )

> 특정 오브젝트에서 다른 오브젝트로 신호를 보내고, 신호를 받은 오브젝트에서 기능의 명령을 실행할 수 있도록 도와주는 기능입니다.

① 신호   ② 반복
③ 순차   ④ 변수

03. 다음 코드처럼 자신의 복제본이 처음 생성되었을 때 1초 동안 x는 150, y는 -50 위치로 이동한 코드는? (   )

① 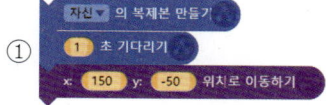   ②

③ 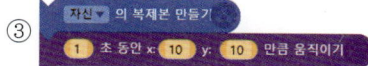   ④

정답 해설

01. ④
한 도형을 어떤 점을 중심으로 180° 돌렸을 때 처음 도형과 완전히 겹쳐지면 이 도형을 점대칭 도형이라고 합니다. 이때 그 점을 대칭의 중심이라고 합니다.

02. ①
신호 처리란 특정 오브젝트에서 다른 오브젝트로 신호를 보내고, 신호를 받은 오브젝트에서 기능의 명령을 실행할 수 있도록 도와주는 기능입니다.
②번 반복 처리란 순차 처리 방식에서 반복되는 명령어들을 묶어 처리하는 방식입니다.
③번 순차 처리란 여러 명령어를 시간의 흐름에 따라 순서대로 처리하는 방식입니다.
④번 변수는 프로그램에 필요한 자료를 담을 수 있는 공간을 말합니다.

03. ④
[흐름] 꾸러미의 **복제본이 처음 생성되었을 때** 블록을 드래그한 후 [움직임] 꾸러미에서 **2초 동안 x: 0, y: 0 위치로 이동하기** 블록을 연결합니다. '2초'는 '1초' 동안으로, 'x:'는 '150', 'y:'는 '-50'로 변경합니다.

실습 문제

상하대칭 도형을 만들어 봅시다.

작품 주소 : https://goo.gl/n15NTY

HINT!
(1) 선대칭 도형을 복사본으로 저장합니다.
(2) 대칭축 오브젝트의 방향을 -90°로 수정합니다.
(3) **복사본이 처음 생성되었을 때** 블록 아래의 **좌우 모양 뒤집기** 블록은 삭제하고 **상하 모양 뒤집기** 블록을 연결합니다.
(4) 좌푯값은 대칭축을 중심으로 **연필(1)의 x좌푯값**은 변화가 없고, **연필(1)의 y좌푯값**은 부호가 반대가 되도록 설정합니다.

Chapter 02.
원리를 이해해보는 수학

······································

수학을 공부할 때 공식만 외워서 풀면 빠르게 풀 수는 있지만, 공식을 잊어버리면 문제를 해결할 수 없게 됩니다. 쉽게 외운 공식은 쉽게 잊어버리기 때문에 원리를 이해하는 것이 중요합니다. 예를 들어 원주율과 원주, 지름의 관계를 이해하고, 원주와 지름의 변화에도 원주율이 일정하다는 것을 알 수 있게 코드를 작성하고 직접 만든 프로그램을 통해 원주와 지름의 변화에도 원주율이 3.14임을 알게 되면 원리를 이해하게 되어서 쉽게 원의 넓이까지 구할 수 있습니다. 순차, 반복, 조건, 이벤트, 리스트 등의 프로그래밍과 신호, 변수를 추가하여 다양한 수학적 개념을 이해할 수 있는 프로그램을 직접 만들 수 있습니다.

SECTION 04 원주율의 비밀

수학

- 원주율을 구하는 데 필요한 변수를 추가하여 활용할 수 있다.
- 원주와 지름의 비가 원주율이라는 사실을 활용하여 코드를 만들 수 있다.
- 원주를 입력하여 지름과 원주율을 구할 수 있다.
- 원의 넓이를 구하는 공식을 활용하여 코드를 만들 수 있다.

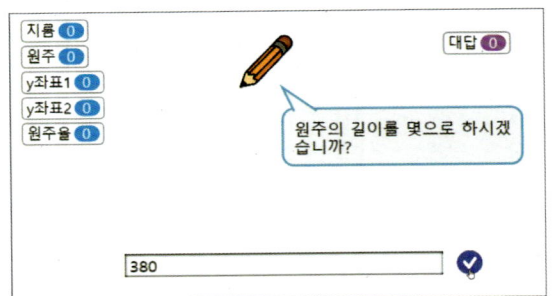
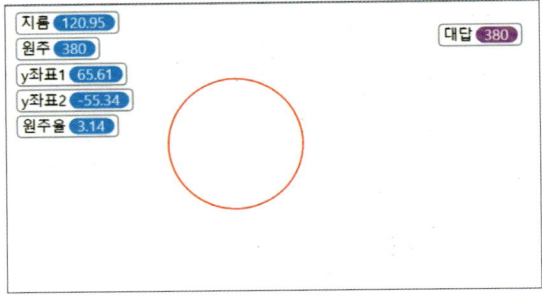
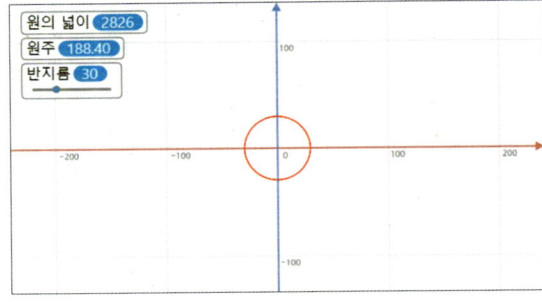
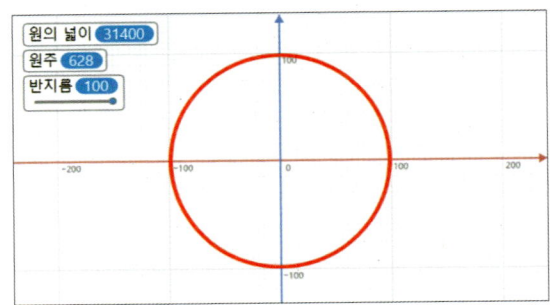

작품 주소 :

원주율 – https://goo.gl/6oHEhR

원의 넓이 – https://goo.gl/ePiKOk

01 원주율

1. 원

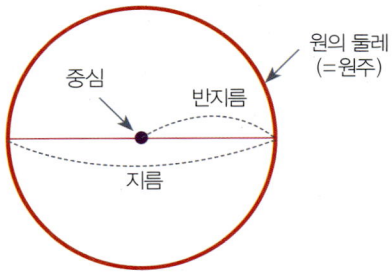

2. 원주와 지름 사이의 관계

(1) 지름이 커지면 원주도 커집니다.

(2) (원주) ÷ (지름)의 값을 원주율이라고 하고, 원주율의 값은 약 3.14입니다.

(3) 지름에 대한 원주의 비는 약 3.14로 일정합니다.

3. 원주 구하는 공식

원주 = 지름 × 3.14

4. 원의 넓이 공식

원의 넓이 = 반지름 × 반지름 × 3.14

02 프로그래밍 개념

변수

본래 변수는 특정 지어지지 않아 임의의 값을 가질 수 있는 수로, 프로그램에 필요한 자료를 담을 수 있는 공간을 변수라고 합니다. 즉, 개발자가 원하는 데이터를 담고 필요할 때 다시 꺼내 쓸 수 있는 공간입니다.

03 따라하며 익히기

변수

한 변의 길이에 따라 계속 크기가 변하는 정사각형을 그릴 수 있습니다.

 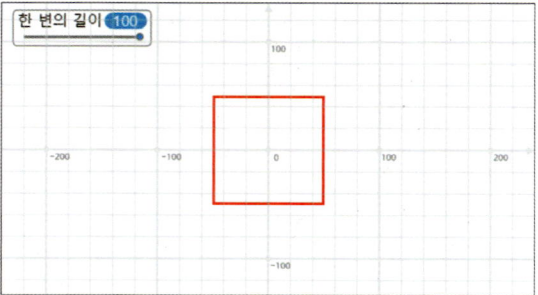

(1) 엔트리봇 오브젝트는 삭제하고, 속이빈정사각형 오브젝트를 추가합니다. [속성] 탭-[변수]-[변수 추가]를 클릭하여 '한 변의 길이'를 입력한 후 [확인] 버튼을 클릭합니다.

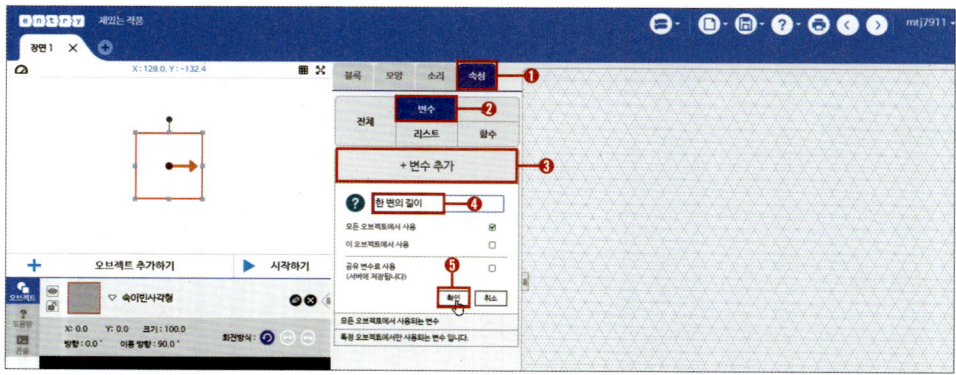

(2) 변수의 기본값을 '30'이라고 입력하고, 슬라이드에 체크 표시한 후 최솟값은 '0', 최댓값은 '100'으로 설정합니다.

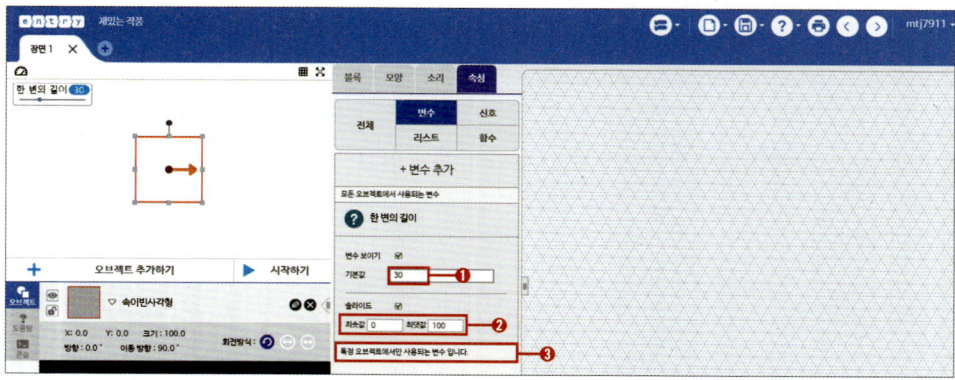

📊 TIP!
변수는 임의의 수나 문자로 설정할 수 있고, 최솟값/최댓값을 설정하여 슬라이드로 표시할 수 있습니다.

(3) [시작] 꾸러미의 **시작하기 버튼을 클릭했을 때** 블록을 드래그한 후 [흐름] 꾸러미의 **계속 반복하기** 블록을 연결합니다. [생김새] 꾸러미의 **크기를 100으로 정하기** 블록을 드래그하여 연결한 후 [자료] 꾸러미의 **한 변의 길이 값** 블록을 드래그하여 연결합니다.

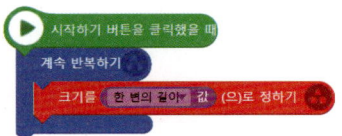

(4) 정사각형의 크기를 확인하기 위해 (모눈종이)를 클릭한 후 [▶시작하기] 버튼을 클릭합니다. '한 변의 길이' 슬라이드를 변경하면 정사각형의 한 변의 길이가 변경되면서 정사각형이 그려집니다.

04 프로그래밍 시작하기

🚫 원주율 구하기

1. 변수 추가하고 원주, y좌표1, y좌표2 구하기

(1) 새 작품을 만들고 '원주율'이라고 제목을 변경한 후 엔트리봇 오브젝트를 삭제합니다. 연필(1) 오브젝트를 추가하고, 크기, 위치, 중심점 위치를 설정하여 그림 그릴 준비를 합니다.

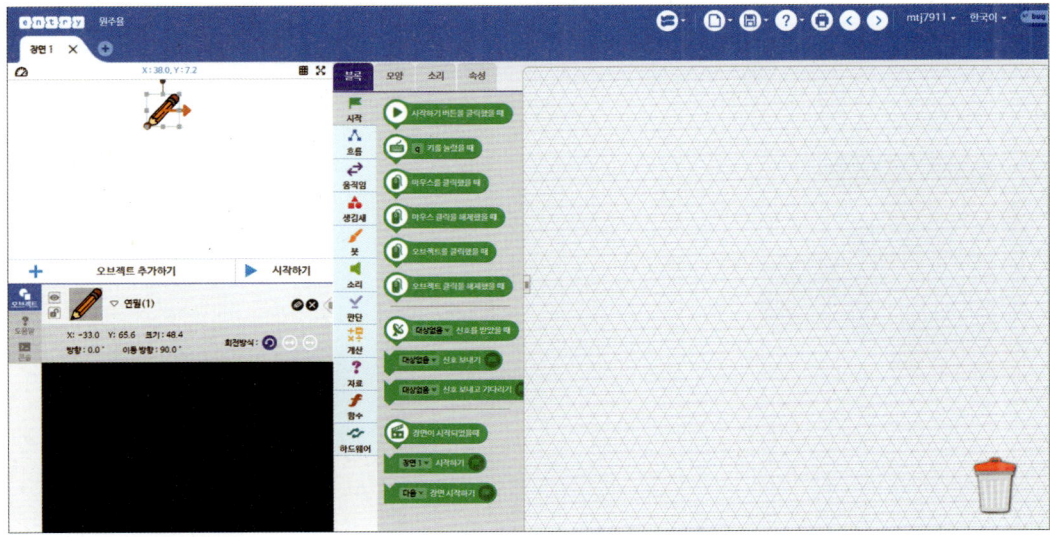

(2) [속성] 탭-[변수]-[변수 추가]를 클릭하여, '지름', '원주', 'y좌표1', 'y좌표2', '원주율'을 각각 추가합니다.

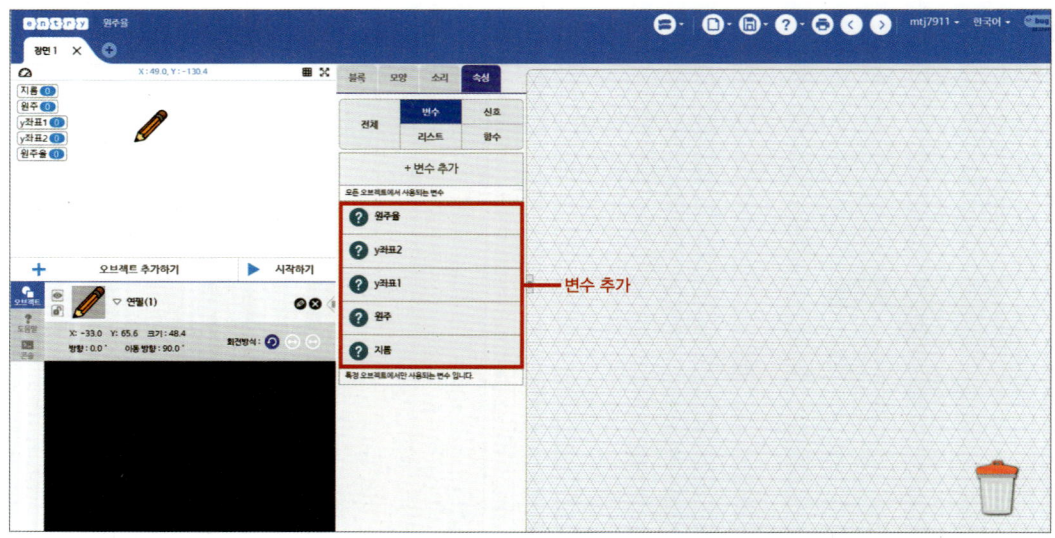

📊 TIP!
원주율을 구하려면 원주, 지름 등이 필요하므로 원주율을 구할 때 필요한 사항들을 변수로 추가합니다.

(3) [시작] 꾸러미에서 **시작하기 버튼을 클릭했을 때** 블록을 가져온 후 [붓] 꾸러미의 **그리기 시작하기** 블록과 [흐름] 꾸러미의 **10번 반복하기** 블록을 차례로 연결하고, 지름을 알려면 반원을 그려야 하므로 '180'번 반복으로 변경합니다.

(4) [움직임] 꾸러미의 **이동 방향을 90°만큼 회전하기**와 **이동 방향으로 10만큼 움직이기** 블록을 각각 드래그하여 반복 블록 안에 연결한 후 블록 안의 숫자는 1°와 '1'로 변경하고, [붓] 꾸러미의 **그리기 멈추기** 블록을 연결하여 그리기를 멈춥니다.

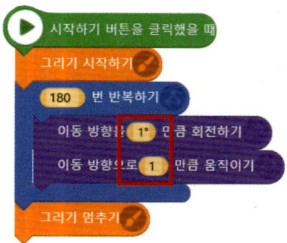

(5) [자료] 꾸러미에서 **원주율을 10로 정하기** 블록을 시작하기 버튼을 클릭했을 때 블록 아래로 연결합니다. '원주율'을 클릭하여 'y좌표1'로 변경합니다.

(6) [계산] 꾸러미의 **연필(1)의 x좌푯값** 블록을 드래그하여 '10' 위에 연결한 후 '연필(1)'을 클릭하여 자신으로 설정하고, 'y좌푯값'으로 설정합니다.

(7) [자료] 꾸러미에서 **원주율에 10만큼 더하기** 블록을 드래그하여 **이동 방향으로 1만큼 움직이기** 블록 아래로 연결한 후 '원주율'을 클릭하여 '원주'로 설정합니다.

(8) [▶시작하기] 버튼을 클릭하면 y좌표1에서부터 시작되는 반원이 그려집니다. 원주와 y좌표1이 표시됩니다.

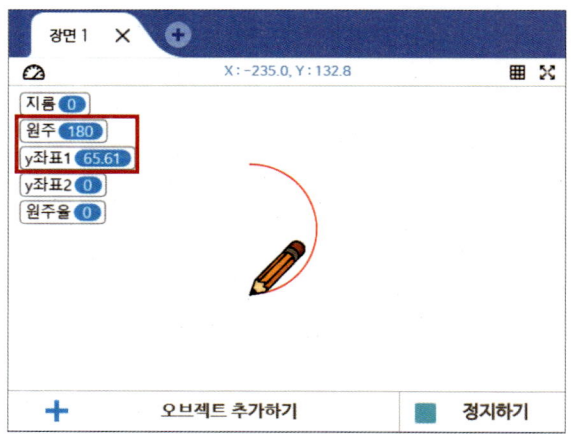

📊 TIP!

원주율은 (원주) ÷ (지름)으로 구할 수 있으므로 먼저 지름을 알아보기 위해 y좌표1과 y좌표2로 나누어서 반원을 그려 줍니다. 그러면 y좌표1과 y좌표2 사이의 거리가 지름이므로 지름의 길이를 알 수 있고, 전체 원주도 알 수 있으므로 원주율을 구할 수 있습니다.

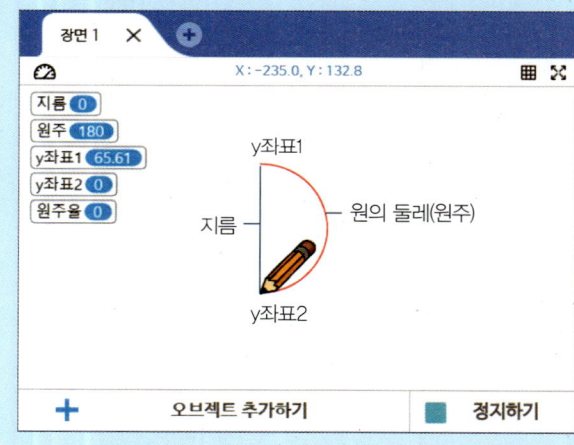

(9) 'y좌표2'도 같은 방법으로 블록을 연결합니다.

(10) [▶시작하기] 버튼을 클릭하면 원이 그려지고, 원주, y좌표1, y좌표2가 표시됩니다.

2. 지름과 원주율 구하기

(1) 원이 그려졌으면 연필 모양을 숨기기 위해 [생김새] 꾸러미에서 **모양 숨기기** 블록을 드래그하여 연결합니다.

(2) [자료] 꾸러미에서 **원주율를 10로 정하기** 블록을 드래그하여 연결한 후 '원주율'은 '지름'으로 설정하고, '10' 위로 [계산] 꾸러미에서 **10-10** 블록을 드래그하여 연결합니다. 앞뒤쪽의 '10'에 **원주율값** 블록를 각각 드래그하여 연결한 후 'y좌표1값', 'y좌표2값'으로 설정합니다.

> **TIP!**
> y좌표1은 양수이고, y좌표2는 음수이기 때문에 y좌표1과 y좌표2 사이의 거리를 구하려면 y좌표1에서 y좌표2를 빼줘야 합니다.

(3) [자료] 꾸러미에서 **원주율를 10로 정하기** 블록을 드래그하여 연결한 후 '10' 위로 [계산] 꾸러미에서 **10/10** 블록을 드래그하여 연결합니다. 앞뒤쪽의 '10'에 **원주율값** 블록를 각각 드래그하여 연결한 후 '원주값', '지름값'으로 변경합니다.

> **TIP!**
> 원주율 공식이 (원주) ÷ (지름)이므로, 공식을 블록으로 조립합니다.

(4) [▶시작하기] 버튼을 클릭하여 지름과 원주율까지 확인합니다.

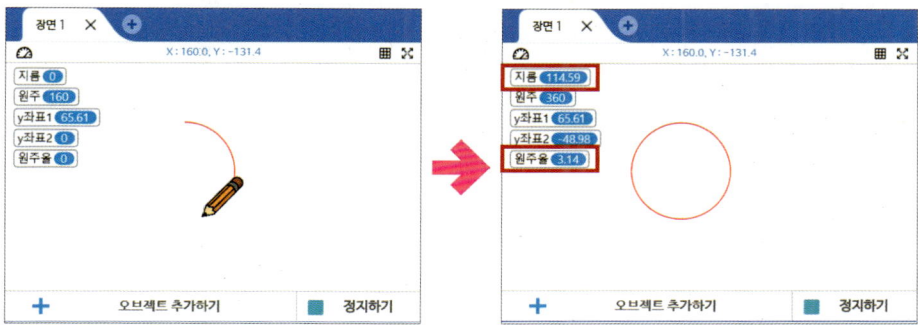

3. 입력한 길이의 원 그리고 원주율 구하기

(1) 원주의 길이를 설정하기 위해 [자료] 꾸러미에서 **안녕! 을(를) 묻고 대답 기다리기** 블록을 드래그하여 **시작하기 버튼을 클릭했을 때** 블록 아래에 연결한 후 '원주의 길이를 몇으로 하시겠습니까?'로 입력합니다.

(2) [자료] 꾸러미에서 **원주율를 10로 정하기** 블록을 드래그하여 **묻고 대답 기다리기** 블록 아래에 연결하고, '원주율'을 '원주'로 설정한 후 '10' 위로 **대답** 블록을 드래그하여 연결합니다.

(3) 'y좌표1' 블록들 중 **원주에 1만큼 더하기** 블록 위에 마우스 오른쪽 버튼을 클릭해서 [코드 삭제]를 선택한 후 'y좌표2' 블록들 중 **원주에 1만큼 더하기** 블록도 같은 방법으로 삭제합니다.

(4) 'y좌표1'과 'y좌표2' 블록들 중 **이동 방향으로 1만큼 움직이기** 블록의 '1' 위로 [계산] 꾸러미에서 **10/10** 블록을 드래그하여 연결한 후 앞쪽 '10'에는 [자료] 꾸러미의 **원주율값**을 '원주'로 변경하여 연결하고, 뒤쪽 '10'에는 '360'으로 변경합니다.

TIP!
이동 방향을 1°만큼 회전하므로 설정한 원주값에서 360을 나눈 만큼 움직여야 합니다.

(5) [▶시작하기] 버튼을 클릭하여 여러 개의 원주를 변경하면서 원주율을 확인하면 원주율이 3.14로 일정하다는 것을 알 수 있습니다.

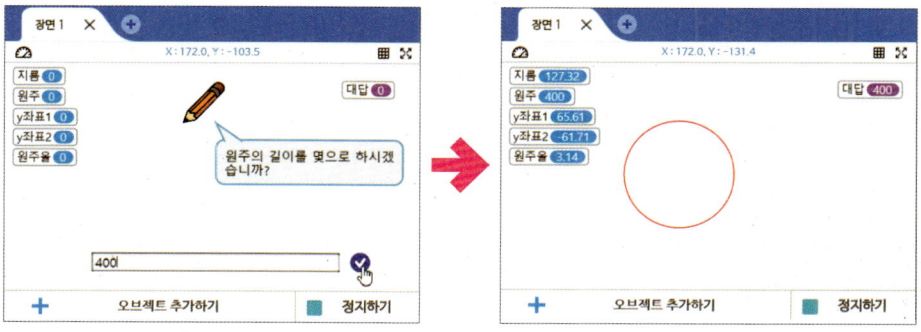

원의 둘레와 넓이 구하기

1. 원주 구하기

(1) 새 작품을 만들고 '원의 넓이'라고 제목을 변경한 후 엔트리봇 오브젝트를 삭제합니다. [➕ 오브젝트 추가하기] 버튼을 클릭하여 속이빈원과 모눈종이 오브젝트를 선택하여 [적용하기] 버튼을 클릭합니다.

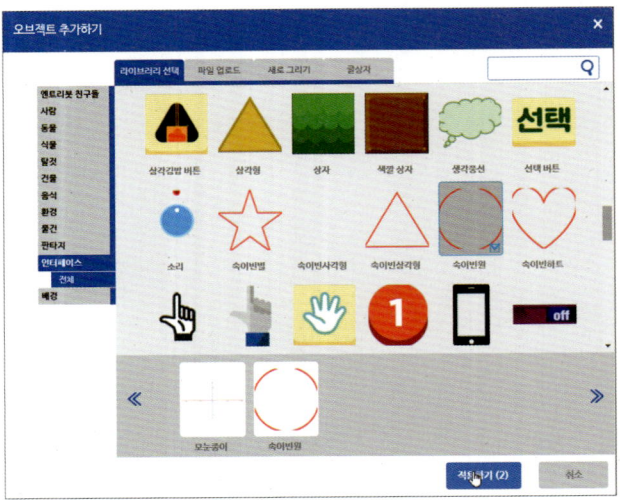

(2) 배경에 모눈종이가 나타나고 원이 그려지면 [속성] 탭–[변수]–[변수 추가]를 클릭하여 '원의 넓이', '원주', '반지름'을 변수로 추가합니다.

(3) 반지름 변수의 기본값을 '30'이라고 입력하고, 슬라이드에 체크 표시한 후 최솟값은 '0', 최댓값은 '100'으로 설정합니다.

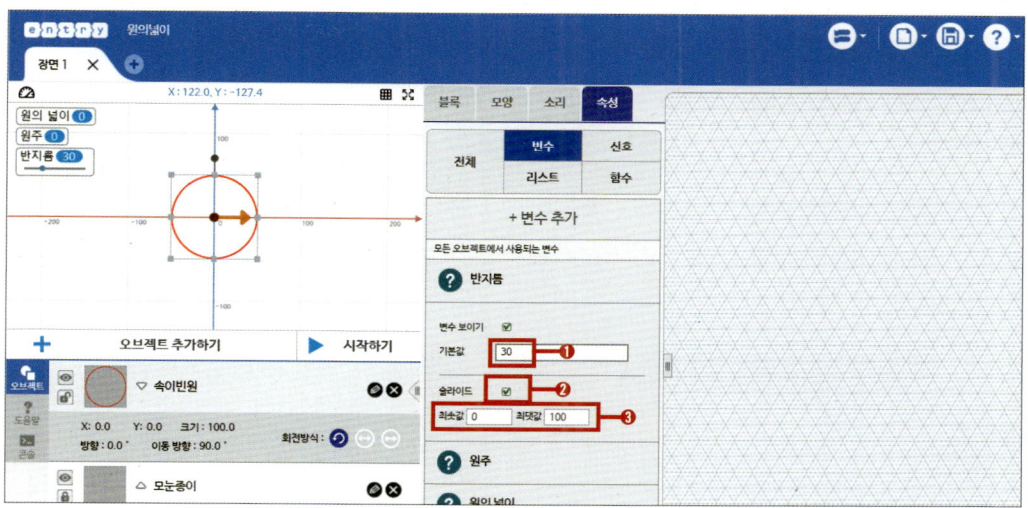

(4) [시작] 꾸러미의 **시작하기 버튼을 클릭했을 때** 블록을 드래그한 후 [흐름] 꾸러미의 **계속 반복하기** 블록을 드래그하여 연결합니다. [생김새] 꾸러미의 **크기를 10(으)로 정하기** 블록도 드래그하여 연결합니다.

(5) **크기를 10(으)로 정하기** 블록의 '10' 위로 [계산] 꾸러미의 **10x10** 블록을 드래그하여 연결한 후 [자료] 꾸러미의 **반지름값** 블록을 드래그하여 앞쪽 '10' 위에 연결하고, 뒤쪽 '10'은 '2'로 수정합니다.

(6) [시작] 꾸러미의 **시작하기 버튼을 클릭했을 때** 블록, [흐름] 꾸러미의 **계속 반복하기** 블록, [자료] 꾸러미의 **반지름를 10로 정하기** 블록을 다음처럼 연결하고, '반지름'을 '원주'로 설정합니다. [계산] 꾸러미의 **10x10** 블록 두 개를 드래그하여 다음처럼 연결합니다.

(7) [자료] 꾸러미의 **반지름값** 블록을 10x10 블록의 앞쪽 '10' 위로 드래그하여 연결하고, 뒤쪽 '10'은 '2'로, 마지막 '10'은 '3.14'로 변경합니다.

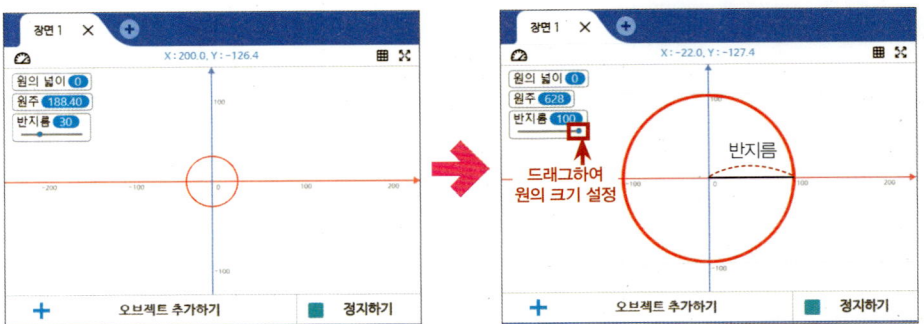

(8) [▶시작하기] 버튼을 클릭하면 변수의 기본값을 '30'으로 설정하였기 때문에 반지름이 30인 원이 그려져 있습니다. '반지름'의 슬라이드를 드래그하여 반지름이 '0'에서 '100'까지의 원을 그려보고 원주의 변화를 확인합니다.

2. 원의 넓이 구하기

(1) 원의 넓이를 구하기 위해 [시작] 꾸러미의 **시작하기 버튼을 클릭했을 때** 블록, [흐름] 꾸러미의 **계속 반복하기** 블록, [자료] 꾸러미의 **반지름를 10로 정하기** 블록을 다음처럼 연결하고, '반지름'을 '원의 넓이'로 설정합니다. [계산] 꾸러미의 10x10 블록 두 개를 드래그하여 다음처럼 연결합니다.

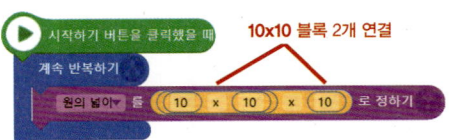

(2) [자료] 꾸러미의 **반지름값** 블록을 10x10 블록의 앞쪽과 중간의 '10' 위로 드래그하여 연결하고, 마지막 '10'은 '3.14'로 변경합니다.

(3) [▶시작하기] 버튼을 클릭하면 반지름 30인 원의 넓이가 구해집니다. 반지름의 슬라이드를 드래그하여 반지름 크기 변화에 따른 원의 넓이도 확인합니다.

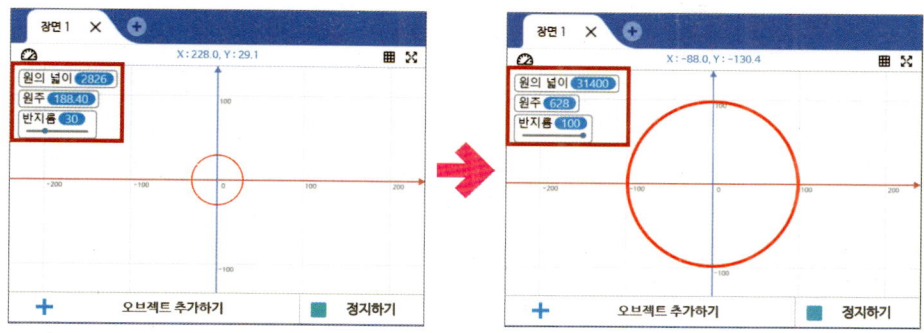

요점정리

❶ 원

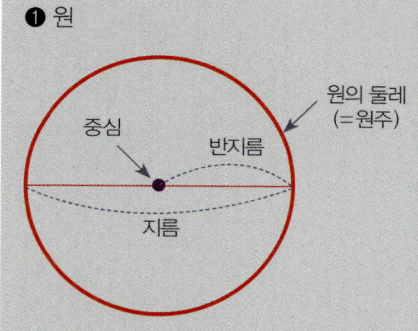

❷ 지름이 커지면 원주도 커지고, 지름에 대한 원주의 비인 원주율은 3.14로 일정합니다.

❸ 변수를 설정할 때 슬라이드에 체크 표시하여 최솟값과 최댓값을 설정하면 변수를 슬라이드로 변경할 수 있습니다.

❹ 지름과 원주의 관계를 이해하고 원주율을 구하는 코드를 만듭니다.

❺ 원주와 원의 넓이를 구하는 공식을 활용하여 코드를 만듭니다.

퀴즈 풀어보기

01. 다음 중 원주에 대한 설명으로 옳지 <u>않은</u> 것은? (   )

① 원의 둘레를 원주라고 합니다.
② 원주와 지름의 비는 원주율입니다.
③ 지름이 커질수록 원주는 작아집니다.
④ 지름에 3.14를 곱하면 원주가 됩니다.

02. 원의 넓이를 구할 코드에 들어갈 숫자는 어느 것입니까? (   )

① 2   ② 3.14   ③ 10   ④ 6.28

03. 다음처럼 원의 넓이를 구하는 코드에서 반지름 변수의 슬라이드 최댓값은 얼마로 해야 하나요? (   )

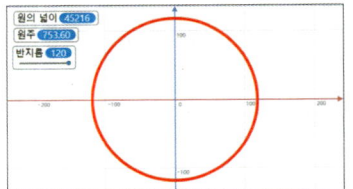

① 50
② 100
③ 120
④ 150

📖 정답 해설

01. ③
원주와 지름의 비는 일정하고, 지름이 커지면 원주도 커집니다.

02. ②
원을 넓이를 구하려면 (반지름) × (반지름) × 3.14이므로, 숫자 '3.14'를 넣어줍니다.

03. ③
실행 화면에서 반지름 슬라이드 오른쪽 끝이 120으로 표시되었으므로, 변수를 설정할 때 [속성] 탭-[변수]-[변수 추가]를 클릭하고, '반지름'이라고 입력합니다. 슬라이드에 체크 한 후 기본값, 최솟값, 최댓값을 설정할 수 있는데, 최댓값은 '120'으로 설정합니다.

실습 문제

정사각형의 둘레와 넓이를 구해봅시다.

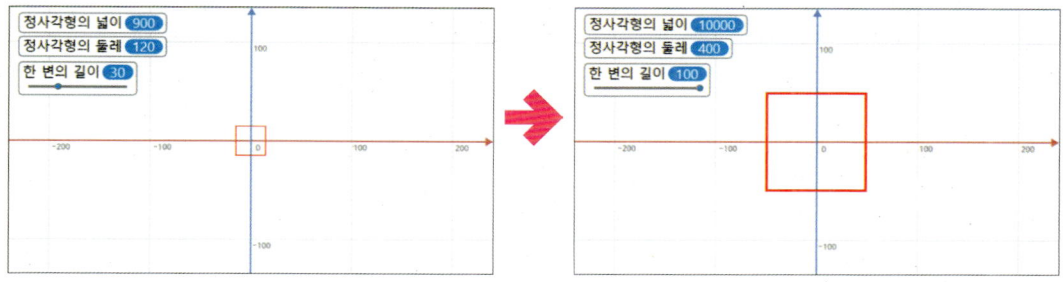

작품 주소 : http://goo.gl/zGi08t

HINT!
(1) 모눈종이, 속이빈사각형 오브젝트를 추가합니다.
(2) '정사각형의 넓이', '정사각형의 둘레', '한 변의 길이' 변수를 추가합니다.
(3) 한 변의 길이의 변수의 기본값은 '30', 최솟값은 '0', 최댓값은 '100'으로 설정합니다.
(4) 정사각형의 둘레는 (한 변의 길이) × 4 인 것을 활용하여 코드를 만듭니다.
(5) 정사각형의 넓이는 (한 변의 길이) × (한변의 길이)인 것을 활용하여 코드를 만듭니다.

SECTION 05 수학
일차 함수 그래프 그리기

- 일차 함수의 개념과 일차 함수 그래프를 그리는 방법을 이해할 수 있다.
- 조건 처리 프로그래밍이 무엇인지 알 수 있다.
- 일차 함수식을 활용하여 코드를 만들 수 있다.

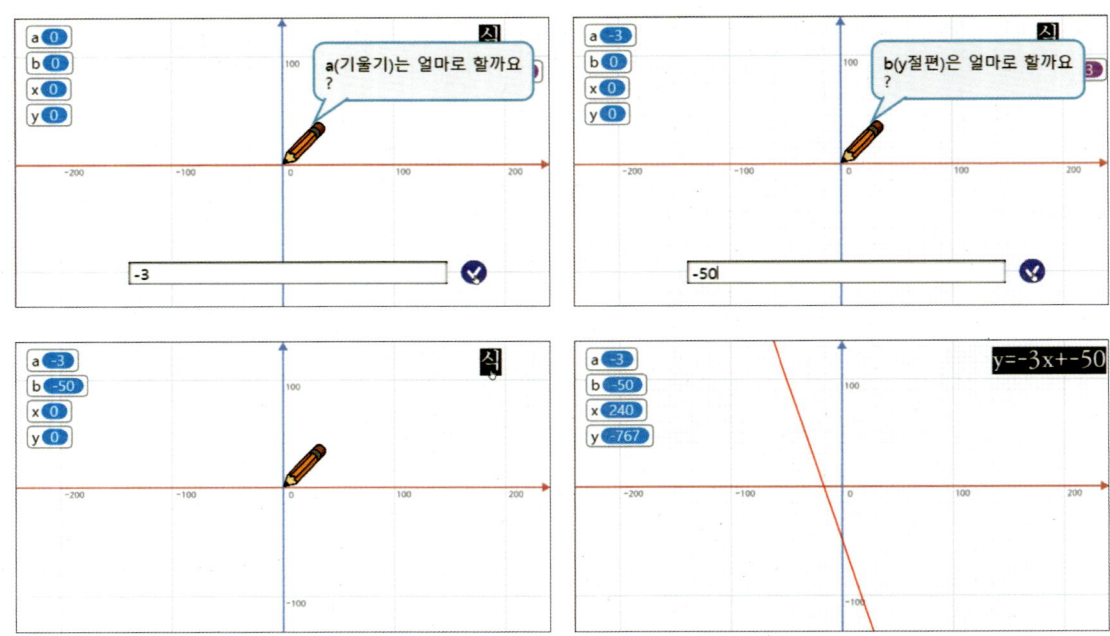

작품 주소 :
일차 함수 그래프 – https://goo.gl/6YCyvS

01 일차 함수 그래프

1. 일차 함수
y는 x의 함수이고 y=ax+b(a, b는 상수, a≠0)와 같이 y가 x에 관한 일차식으로 나타내어질 때, 이 함수를 일차 함수라 합니다.

2. 일차 함수 그래프 그리기
기울기와 y절편을 이용하여 일차 함수의 그래프를 그릴 수 있습니다.

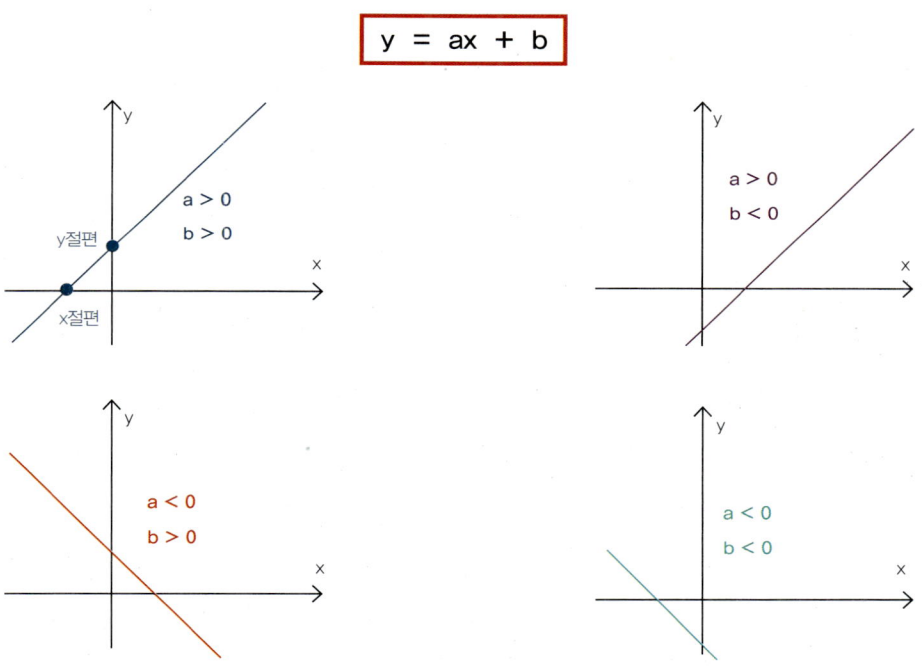

> 📊 **TIP!**
> x절편, y절편은 그래프가 x, y축과 만나는 점으로, x절편과 y절편을 이어서 그래프를 그릴 수 있습니다.
> y = ax + b 형태의 함수식일 때,
> y절편은 x = 0일 때의 값이므로 b가 y절편이 되고, x절편은 y = 0일 때의 값이므로 $-\frac{b}{a}$가 x절편이 됩니다.

02 프로그래밍 개념

조건 처리
조건 처리란 조건에 따라 〈참〉 또는 〈거짓〉을 판단하여 결과에 따라 다른 명령을 실행하는 방법입니다.

 ## 03 따라하며 익히기

조건 처리 프로그래밍
만일 참이라면 블록을 사용하여 엔트리봇이 마우스포인터에 닿았다면 '엔트리봇_걷기1' 모양으로 바꾸고, 아니면 '엔트리봇_걷기2' 모양으로 바꿉니다.

마우스포인터에 닿지 않았을 때

마우스포인터에 닿았을 때

(1) [시작] 꾸러미에서 **시작하기 버튼을 클릭했을 때** 블록을 드래그하고, [흐름] 꾸러미에서 **계속 반복하기** 블록을 연결합니다. 조건을 설정하기 위해 **만일 참이라면, 아니면** 블록을 연결합니다. 〈참〉 부분에 [판단] 꾸러미의 **마우스포인터에 닿았는가?** 블록을 연결합니다.

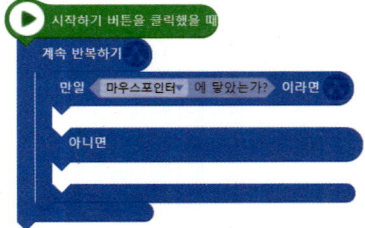

(2) [생김새] 꾸러미에서 **엔트리봇_걷기1 모양으로 바꾸기** 블록을 **만일 참이라면** 블록에 연결하고, **아니면** 블록에도 **엔트리봇_걷기1 모양으로 바꾸기** 블록을 연결하여 '엔트리봇 걷기2'로 변경합니다.

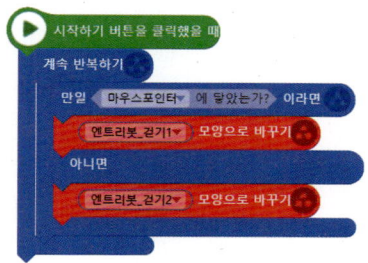

 프로그래밍 시작하기

일차 함수 그래프 그리기

1. 기울기, y절편 설정하기

(1) 새 작품을 만들고 '일차 함수 그래프'라고 제목을 변경한 후 엔트리봇 오브젝트를 삭제합니다. 오브젝트를 추가하기 위해 [➕ 오브젝트 추가하기] 버튼을 클릭해서 모눈종이, 연필(1) 오브젝트를 선택한 후 [적용하기] 버튼을 클릭합니다.

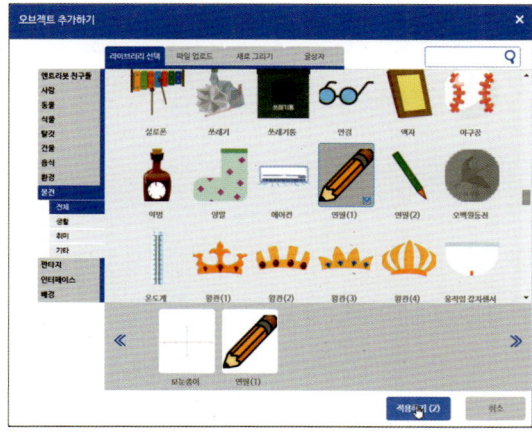

(2) 배경에 모눈종이와 연필을 다음처럼 위치시키고, 연필의 중심점도 연필심 쪽으로 옮겨줍니다. [속성] 탭-[변수]-[변수 추가]를 클릭하여 'a', 'b', 'x', 'y' 변수를 추가합니다.

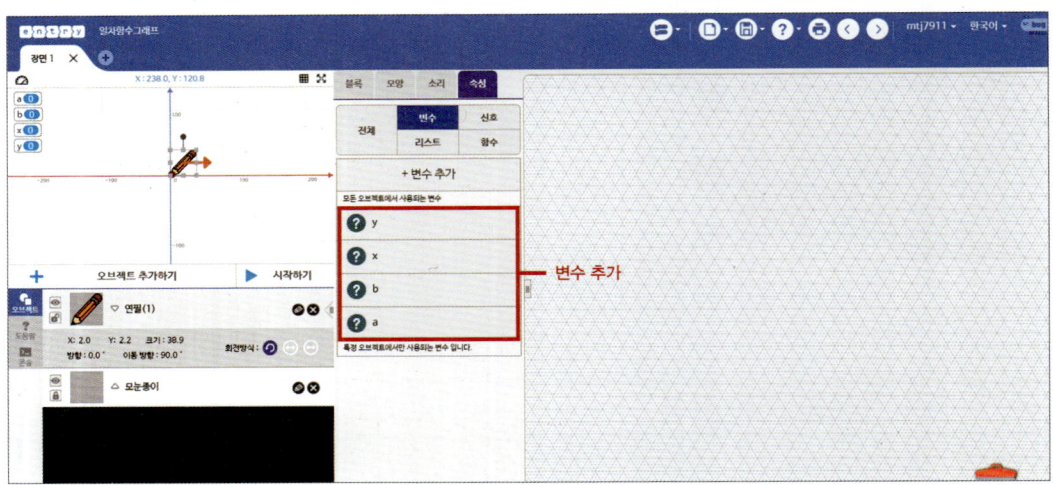

(3) [속성] 탭-[신호]-[신호 추가]를 클릭하고 '그래프 그리기'를 입력하여 신호를 추가합니다.

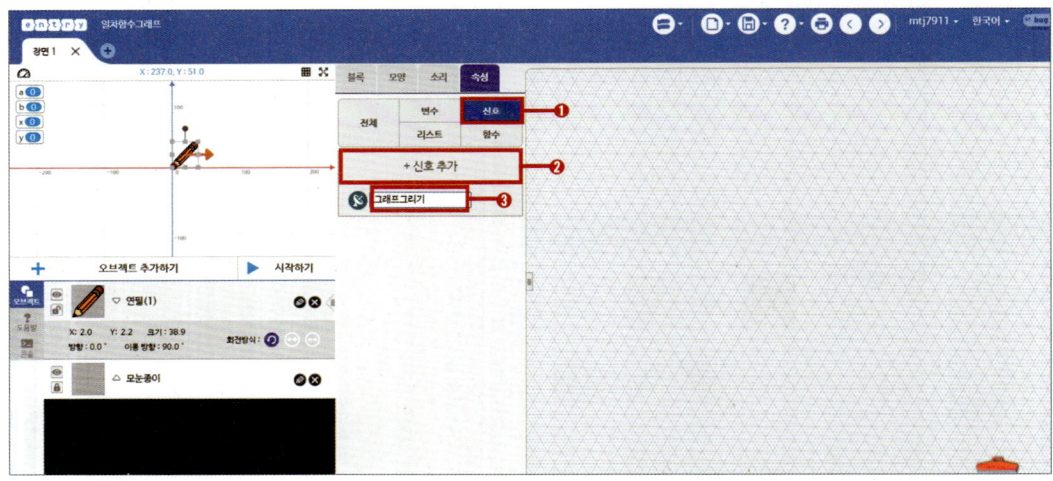

(4) [블록] 탭을 클릭한 후 [시작] 꾸러미에서 **시작하기 버튼을 클릭했을 때** 블록을 가져온 후 [자료] 꾸러미에서 **안녕! 을(를) 묻고 대답 기다리기** 블록을 드래그하여 연결합니다. 'a(기울기)는 얼마로 할까요?'로 입력합니다. **y를 10로 정하기** 블록을 드래그하여 연결하고 'a'로 변경하고 **대답** 블록을 '10' 위로 연결합니다.

> **TIP!**
> 일차 함수식을 y = ax + b라 할 때, a(기울기)와 b(y절편)에 따라 일차 함수 그래프가 달라지므로, 먼저 a(기울기)와 b(y절편) 값을 설정하는 코드를 만듭니다.

(5) **a(기울기)는 얼마로 할까요?을(를) 묻고 대답 기다리기** 블록 위에서 마우스 오른쪽 버튼을 클릭해서 [코드 복사 & 붙여넣기]를 선택합니다. 코드가 복사되면 아래쪽으로 연결하고, 복사된 블록의 묻는 말을 'b(y절편)은 얼마로 할까요?'로 변경하고, 'a'는 'b'로 변경합니다. [자료] 꾸러미에서 **대답 숨기기** 블록을 드래그하여 연결합니다.

> **TIP!**
> 대답을 숨기는 이유는 질문은 a, b 값에 대해서 물어보는데, 대답은 b에 대한 답만 표시되므로, **대답 숨기기** 블록을 사용하여 표시되지 않게 설정합니다.

2. x 범위 설정하고 그래프 그리기

(1) 그래프를 그릴 때 x는 -240부터 시작해야 하므로 [자료] 꾸러미에서 **y를 10로 정하기** 블록을 드래그하여 연결한 후 'y'는 'x'로, '10'은 '-240'로 변경합니다.

> **TIP!**
> 모눈종이 좌표의 x축은 가로 방향으로 '-240(왼쪽 끝)~240(오른쪽 끝)'이며, y축은 세로 방향으로 '-135(아래쪽 끝)~135(위쪽 끝)'을 나타내고 있습니다. 따라서 일차 함수 그래프는 왼쪽 x값이 -240일 때부터 240이 될 때까지 그려지게 됩니다.

(2) x가 240이 될 때까지 그래프를 그려야하므로 [흐름] 꾸러미의 **참이 될 때까지 반복하기** 블록을 드래그하여 연결하고, [판단] 꾸러미의 **10=10** 블록을 드래그하여 〈참〉 부분에 연결합니다. 앞쪽 '10'에는 [자료] 꾸러미의 **y값** 블록을 연결한 후 'x'로 변경하고, 뒤쪽 '10'은 '240'으로 변경합니다.

(3) [자료] 꾸러미에서 **y를 10로 정하기** 블록을 드래그하여 **참이 될 때까지 반복하기** 블록 안에 연결하고, '10' 위로 [계산] 꾸러미의 **10+10** 블록 연결합니다. 앞쪽 '10'에 [계산] 꾸러미의 **10x10** 블록을 연결합니다.

> **TIP!**
> y = ax + b라는 함수식에 x값을 240이 될 때까지 반복해서 대입해야 그래프가 그려지므로, 함수식을 만들어 **참이 될 때까지 반복하기** 블록 안에 넣어야 합니다.

(4) [자료] 꾸러미에서 **y값** 블록을 각각의 '10' 위로 연결하고, 'a값', 'x값', 'b값'으로 변경합니다.

y값 블록 연결하여 변경

(5) [움직임] 꾸러미에서 **x:0 y:0 위치로 이동하기** 블록을 드래그하여 연결한 후 **y값** 블록을 각각의 '0' 위로 연결하고 'x값', 'y값'으로 변경합니다.

(6) [자료] 꾸러미에서 **y에 10만큼 더하기** 블록을 드래그하여 연결한 후 'y'는 'x', '10'은 '1'로 변경합니다.

(7) [붓] 꾸러미에서 **그리기 시작하기** 블록을 드래그하여 연결하고, **x값 = 240이 될 때까지 반복하기** 블록 바깥쪽에 **그리기 멈추기** 블록을 연결하여 그래프 그리기를 멈춥니다.

(8) [▶시작하기] 버튼을 클릭하여 a(기울기), b(y절편) 값을 묻는 질문에 답하면 일차 함수 그래프가 자동으로 그려집니다. 설정한 a(기울기)와 b(y절편)에 따라 일차 함수가 다르게 그려지는 것을 알 수 있습니다.

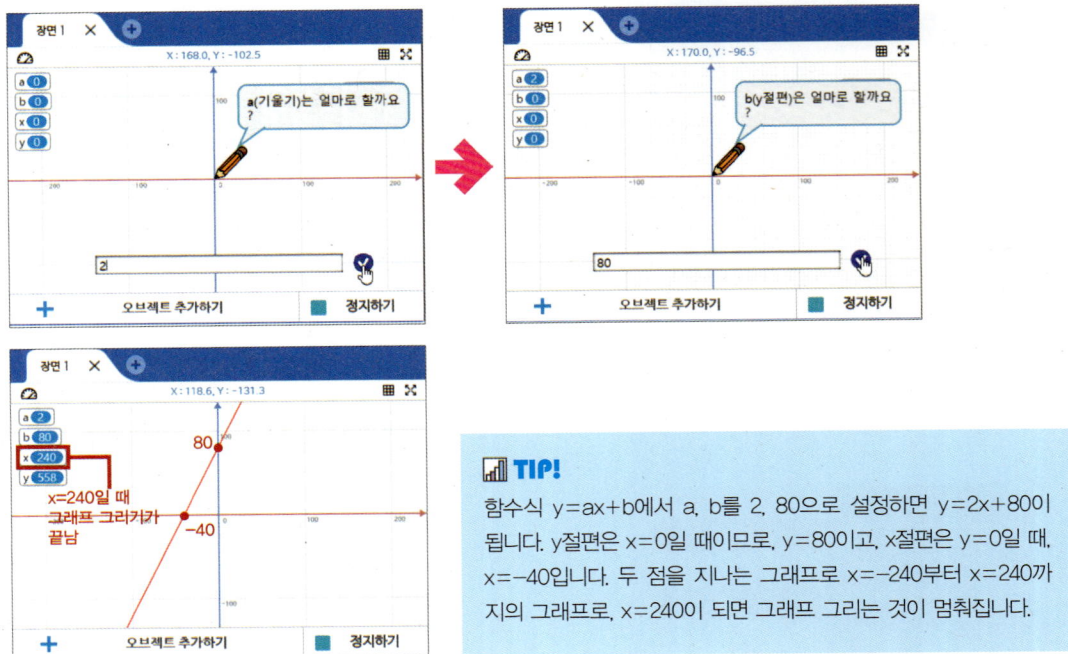

TIP!
함수식 y=ax+b에서 a, b를 2, 80으로 설정하면 y=2x+80이 됩니다. y절편은 x=0일 때이므로, y=80이고, x절편은 y=0일 때, x=-40입니다. 두 점을 지나는 그래프로 x=-240부터 x=240까지의 그래프로, x=240이 되면 그래프 그리는 것이 멈춰집니다.

3. 신호를 사용하여 그래프 그리기

(1) 텍스트를 추가하기 위해 [➕오브젝트 추가하기] 버튼을 클릭한 후 [오브젝트 추가하기] 대화상자의 [글상자] 탭을 클릭하여 '식'이라 입력합니다. 도구 모음에서 글꼴은 바탕체, 글꼴색(가)은 흰색, 음영색(가)은 검정색으로 설정 후 [적용하기] 버튼을 클릭합니다.

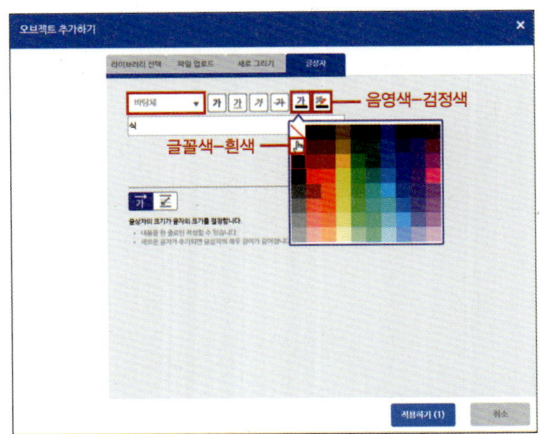

TIP!

① **가** (한 줄 모드) : 내용을 한 줄로만 작성할 수 있고, 새로운 글자가 추가되면 글상자의 좌우 길이가 길어집니다.
② **가** (여러 줄 모드) : 내용 작성 시 Enter 로 줄바꿈을 할 수 있고, 내용을 작성하거나 새로운 글자를 추가 시 길이가 글상자의 가로 영역을 넘어서면 자동으로 줄이 바뀝니다.

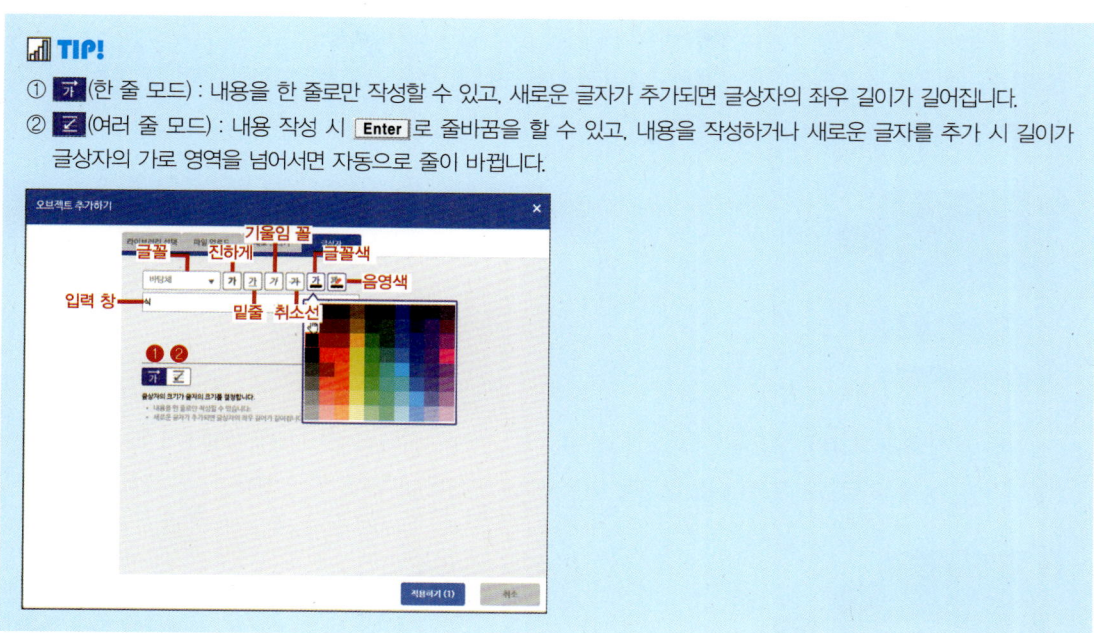

(2) 식 오브젝트의 크기를 조절하고, 상단 오른쪽으로 위치시킨 후 글상자 오브젝트 목록에서 수정(✏️)을 클릭하여 '식'으로 변경합니다.

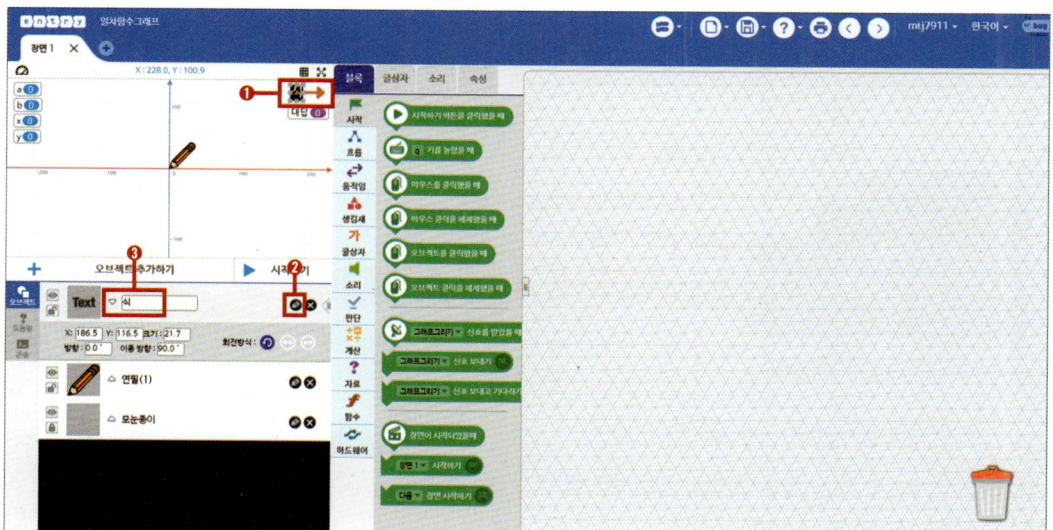

(3) 식 오브젝트를 클릭하여 함수식이 나타나고 그래프를 그리게 하기 위해 [시작] 꾸러미에서 **오브젝트를 클릭했을 때** 블록을 드래그한 후 **그래프 그리기 신호 보내기** 블록을 연결합니다. [흐름] 꾸러미에서 **만일 참이라면, 아니면** 블록을 드래그하여 연결합니다.

(4) 식을 표시할 때 a, b가 양수일 때와 음수일 때 다르게 나타나므로, [판단] 꾸러미에서 **10≥10** 블록을 〈참〉에 연결한 후 [자료] 꾸러미의 **y값** 블록을 앞쪽 '10'에 연결하고, 뒤쪽 '10'은 '0'으로 변경합니다.

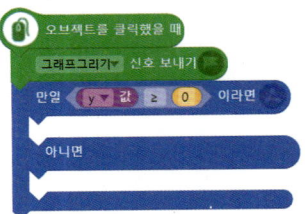

(5) [글상자] 꾸러미의 **엔트리라고 글쓰기** 블록을 **참이라면** 블록에 연결하고, [계산] 꾸러미에서 **안녕!과(와) 엔트리를 합치기** 블록을 '엔트리' 위로 연결합니다. **안녕!과(와) 엔트리를 합치기** 블록을 '안녕!'과 '엔트리' 위로 각각 연결합니다.

(6) 앞쪽 **안녕!과(와) 엔트리를 합치기** 블록의 '안녕!'을 'y='로, [자료] 꾸러미에서 **y값** 블록을 연결해서 'a값'으로 변경합니다. 뒤쪽 **안녕!과(와) 엔트리를 합치기** 블록의 '안녕!'을 'x+'로, [자료] 꾸러미에서 **y값** 블록을 연결해서 'b값'으로 변경합니다.

> **TIP!**
> y≥0일 때의 식을 **참이라면** 블록에 연결하고, y<0 일 때의 식은 **아니면** 블록에 연결합니다.

(7) y=과(와) a값를 합치기과(와) x+과(와) b값를 합치기를 합치기라고 글쓰기 블록 위에서 마우스 오른쪽 버튼을 클릭해 [코드 복사 & 붙여넣기]를 선택합니다.

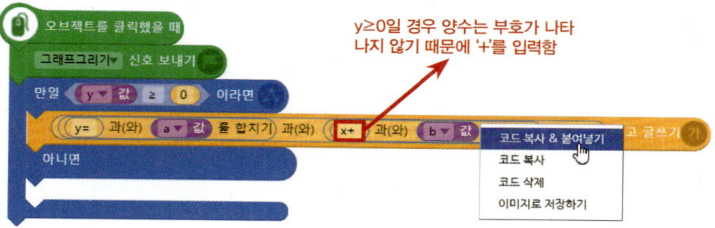

(8) **아니면** 블록에 복사한 블록을 연결하고 블록을 y=과(와) a값를 합치기과(와) x과(와) b값를 합치기를 합치기라고 글쓰기 블록으로 변경합니다.

(9) 연필(1) 오브젝트를 클릭한 후 조립한 블록 중 **x를 −240로 정하기** 블록 꾸러미를 드래그하여 분리합니다. [시작] 꾸러미에서 **그래프 그리기 신호를 받았을 때** 블록을 드래그하여 분리한 **x를 −240로 정하기** 블록 꾸러미와 연결합니다.

⑽ [▶시작하기] 버튼을 클릭하여 a(기울기), b(y절편) 값을 묻는 질문에 답한 후 식을 클릭하면 함수식이 표시되고 일차 함수가 그려집니다.

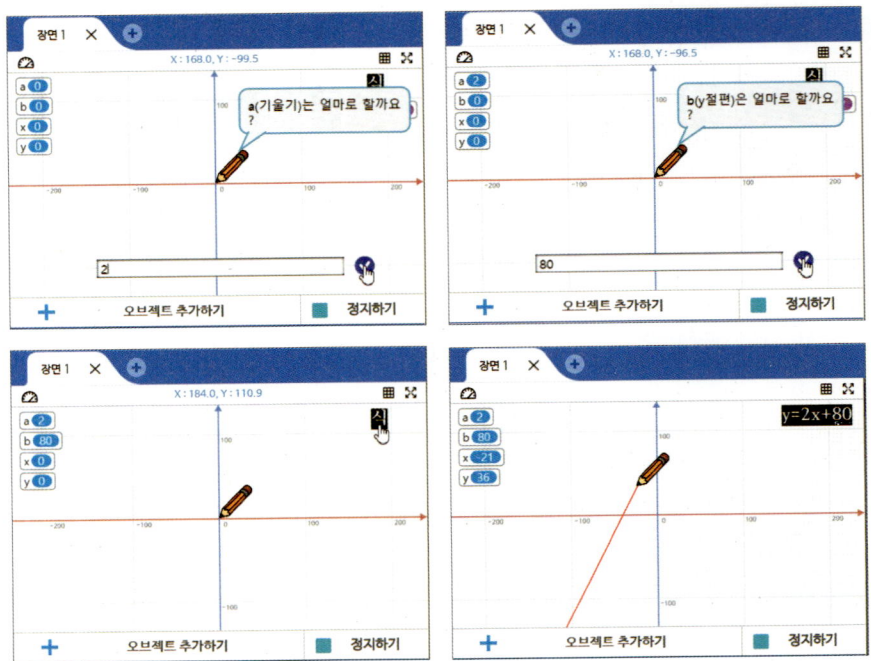

요점정리

❶ y는 x의 함수이고 y=ax+b(a, b는 상수, a≠0)와 같이 y가 x에 관한 일차식으로 나타내어질 때, 이 함수를 일차함수라고 합니다.
❷ 그래프에서 x, y축과 만나는 점을 각각 x절편, y절편이라고 하는데, 두 점을 이어서 일차 함수 그래프를 그릴 수 있습니다.
❸ 조건 처리 프로그래밍은 조건에 따라 〈참〉 또는 〈거짓〉을 판단하여 결과에 따라 다른 명령을 실행하는 방법입니다.
❹ 기울기와 y절편을 이용하여 일차 함수 그래프를 그릴 수 있는 코드를 만듭니다.
❺ 조건 블록 종류

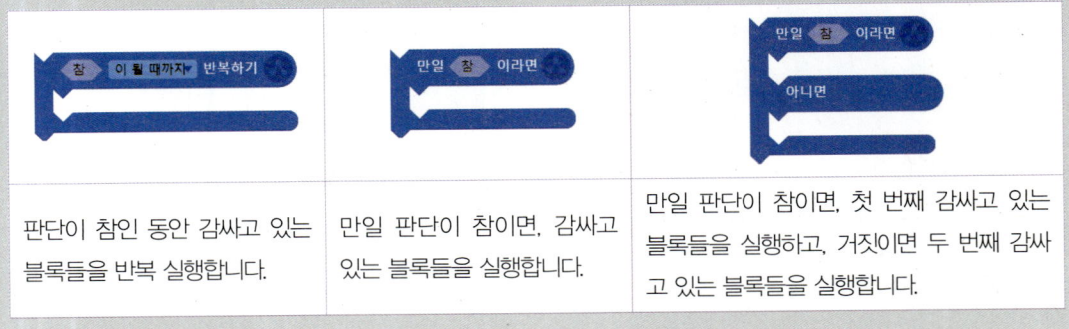

퀴즈 풀어보기

01. 다음 일차 함수식의 y절편은 어느 것입니까? (   )

$$y=4x-7$$

① 4   ② -4
③ 7   ④ -7

02. 입력한 두 자료를 결합할 때 사용하는 블록은? (   )

① (10 + 10)   ② (10 x 10)
③ (안녕! 과(와) 엔트리 를 합치기)   ④ (엔트리 라고 글쓰기)

03. 오브젝트 이름을 변경하려면 오브젝트 목록에서 어느 것을 클릭해야 합니까? (   )

① ⊘   ② ✖
③ ✚   ④ ▶

정답 해설

01. ④
x=0 일 때 y값을 y절편이라고 합니다.

02. ③
①번은 입력한 두 수를 더한 값입니다.
②번은 입력한 두 수를 곱한 값입니다.
④번은 글상자의 내용을 입력한 값으로 고쳐 사용합니다.

03. ①
① 정보 수정   ② 삭제
③ 오브젝트 추가 ④ 재생

실습 문제

y=9x+50의 일차 함수 그래프를 x범위 −100~100까지 그리는 코드를 만들어 봅시다.

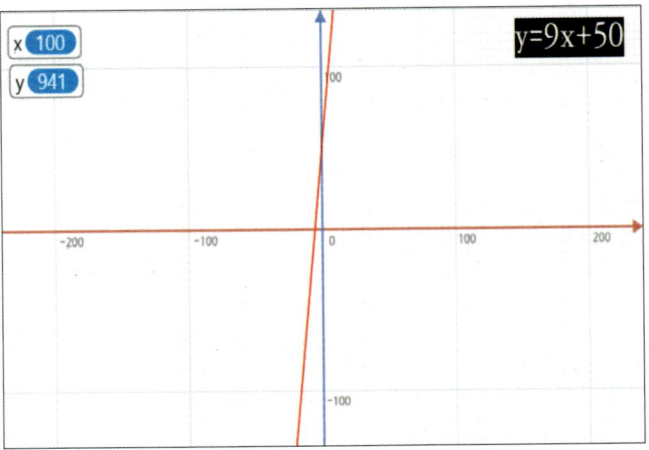

작품 주소 : https://goo.gl/Y2xrY4

HINT!
(1) 모눈종이, 연필(1)를 추가합니다.
(2) 글상자 오브젝트를 추가하여 'y=9x+50'라고 입력합니다.
(3) 'x', 'y' 변수를 추가합니다.
(4) 시작하기 버튼을 클릭했을 때 블록에 x를 −100로 정하기 블록을 연결합니다.
(5) x값=100이 될 때까지 반복하기 블록을 활용하여 식을 만드는 코드를 작성합니다.

SECTION 06 생활 속 확률 이야기

수학

- 수학적 개념의 확률을 이해할 수 있다.
- 연산 처리 프로그래밍이 무엇인지 알 수 있다
- 비교 연산 블록과 논리 연산 블록을 사용하여 확률을 활용한 룰렛판의 확률을 코드로 만들 수 있다.

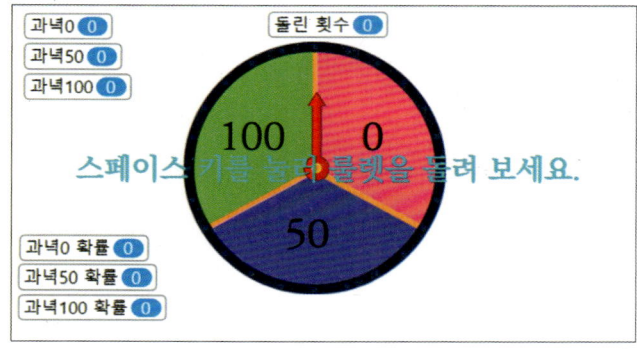

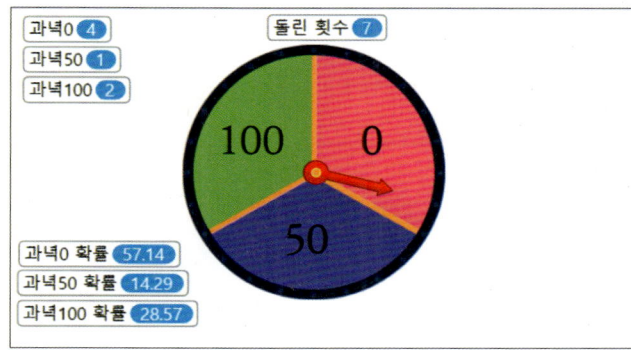

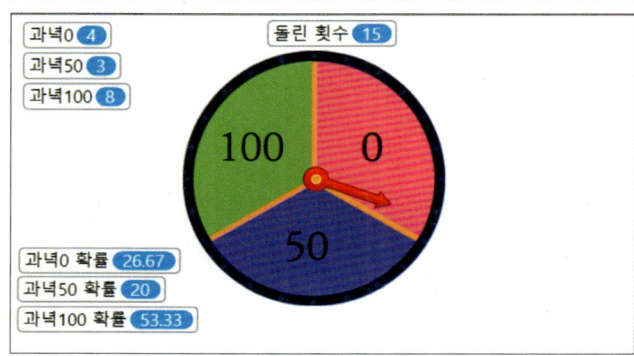

작품 주소 :

룰렛 – https://goo.gl/u2frUJ

01 확률

1. 확률

확률은 어떤 일이 일어나는 가능성을 뜻합니다. 그렇다고 실제로 확률대로 일어나는 것은 아니며, 횟수가 많아질수록 확률에 가까워집니다. 수학에서의 확률은 모든 경우의 수에 대한 어떤 사건이 일어날 경우의 수의 비율을 말합니다.

2. 룰렛

룰렛을 돌렸을 때 각 과녁 점수가 나올 확률을 구할 수 있습니다. 원판을 똑같이 3등분하였고 0점, 50점, 100점은 각각 1칸씩 등분되었으므로 각각의 점수가 나올 확률은 $\frac{1}{3}$입니다.

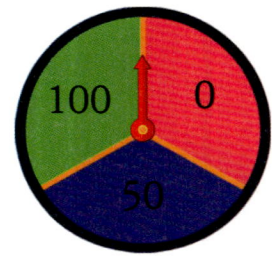

$$확률 = \frac{어떤 사건이 일어날 경우의 수}{모든 경우의 수} = \frac{1}{3}$$

02 프로그래밍 개념

연산 처리

(1) 비교 연산

비교 연산은 주어진 값들을 서로 비교하여 결과에 따라 명령어를 다르게 사용합니다. 비교 연산자로는 같다(=), 크다(>), 작다(<), 크거나 같다(>=), 작거나 같다(<=) 등이 있습니다.

(2) 논리 연산

논리 연산은 2개 이상의 조건을 참인지, 거짓인지 판단하여 결과에 따라 명령어를 다르게 사용합니다. 논리 연산자로는 그리고, 또는, (이)가 아니다 등이 있습니다.

03 따라하며 익히기

1. 비교 연산

엔트로봇이 ➡ 키를 누르면 이동 방향으로 10만큼씩 움직이고, 다시 ⬅ 키를 누르면 이동 방향으로 −10만큼씩 움직이게 만들어 봅니다.

시작하기 버튼을 클릭했을 때

➡를 눌렀을 때

⬅를 눌렀을 때

(1) [시작] 꾸러미에서 **시작하기 버튼을 클릭했을 때** 블록을 드래그하고, [흐름] 꾸러미에서 **계속 반복하기** 블록을 연결하고, 조건을 주기 위해 **만일 참이라면** 블록을 연결합니다. 〈참〉 위로 [판단] 꾸러미의 **q키가 눌러져 있는가?** 블록을 연결하고, q를 클릭하면 키를 선택할 수 있게 키보드 자판이 나오는데 실제 키보드에서 ➡ 키를 눌러 지정합니다. [움직임] 꾸러미에서 **이동 방향으로 10만큼 움직이기** 블록을 연결합니다.

(2) **만일 참이라면** 블록 위에서 마우스 오른쪽 버튼을 클릭해 [코드 복사 & 붙여넣기]를 선택하여 복사된 코드를 연결합니다. 복사된 코드를 ← 키로 설정하고, [움직임] 꾸러미에서 **이동 방향으로 −10만큼 움직이기** 블록을 연결합니다.

2. 논리 연산

엔트로봇이 → 키와 ← 키를 함께 누를 때 이동 방향으로 10만큼씩 움직이게 만들어 봅니다.

시작하기 버튼을 클릭했을 때

→과 ←를 눌렀을 때

(1) [시작] 꾸러미에서 **시작하기 버튼을 클릭했을 때** 블록을 드래그하고, [흐름] 꾸러미에서 **계속 반복하기** 블록을 연결하고, **만일 참이라면** 블록을 연결합니다. 논리 연산을 하기 위해 〈참〉 위로 [판단] 꾸러미의 **참 그리고 참** 블록을 연결합니다.

(2) 앞뒤쪽 〈참〉에 **q키가 눌러져 있는가?** 블록을 연결하고, 왼쪽 q를 클릭하여 → 키로 지정하고, 뒤쪽 'q'는 ←로 설정합니다. [움직임] 꾸러미에서 **이동 방향으로 10만큼 움직이기** 블록을 연결합니다.

TIP!
논리 연산 중 '그리고' 연산자를 사용하면 반드시 2개의 키를 눌렀을 때만 이동하게 됩니다. 또한, 논리 연산 블록을 사용하면 비교 연산 블록에 비해 짧게 코드를 만들 수 있습니다.

04 프로그래밍 시작하기

룰렛판 만들기

1. 오브젝트 추가하고 룰렛판 모양 변경하기

(1) 새 작품을 만들고 '룰렛'이라고 제목을 변경한 후 엔트리봇 오브젝트를 삭제합니다. 오브젝트를 추가하기 위해 [＋오브젝트 추가하기] 버튼을 클릭해서 룰렛판, 룰렛 화살표 오브젝트를 선택한 후 [적용하기] 버튼을 클릭합니다.

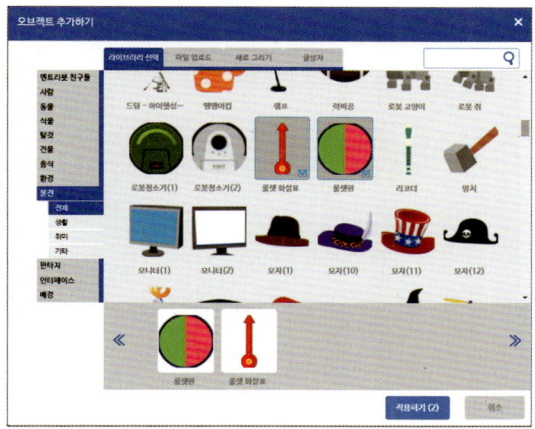

(2) 룰렛판과 룰렛 화살표의 크기를 설정하고, 위치를 다음처럼 배치합니다.

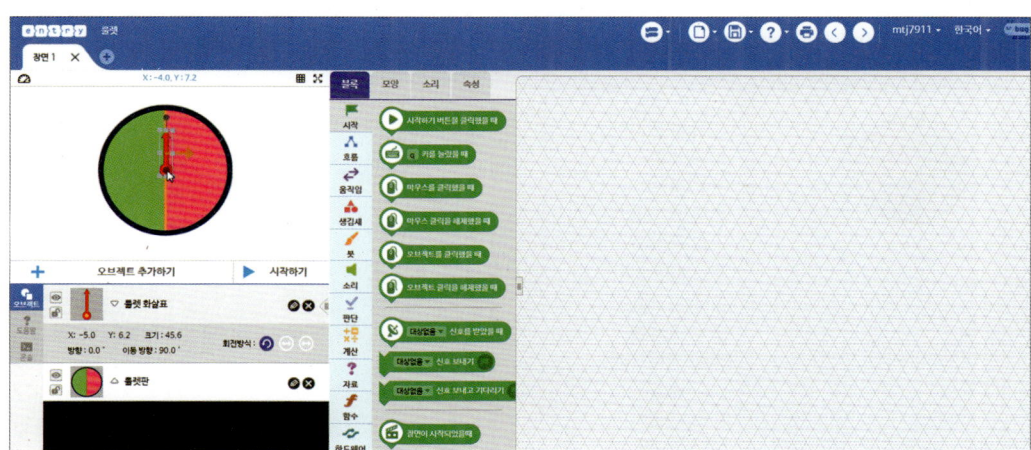

SECTION 06 생활 속 확률 이야기 • 109

(3) 룰렛판 오브젝트를 선택하고, [모양] 탭을 선택한 후 룰렛판_3을 선택합니다.

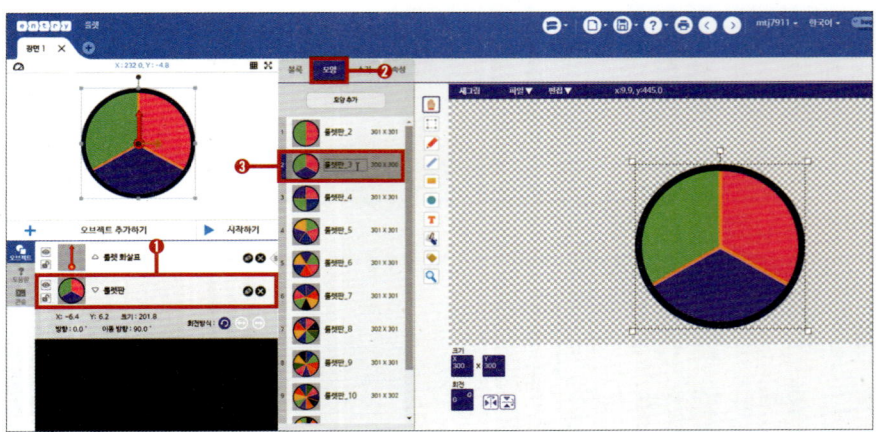

(4) 룰렛판에 점수를 추가하기 위해 [➕오브젝트 추가하기] 버튼을 클릭하고, [글상자] 탭에서 100이라 입력하고, 음영색(🖌)은 색없음으로 설정한 후 [적용하기] 버튼을 클릭합니다.

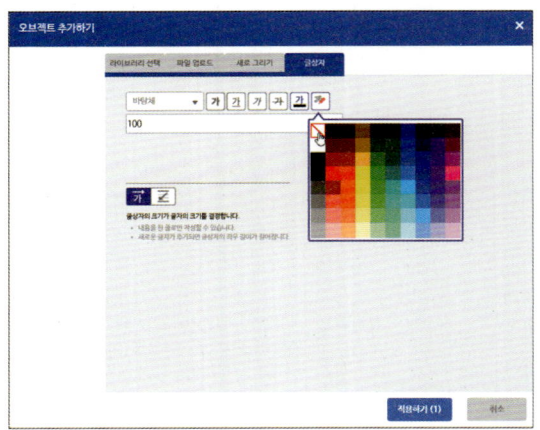

(5) 연두색 위에 '100' 오브젝트를 위치시키고, 같은 방법으로 '50', '0'의 오브젝트를 추가하고, 보라색, 분홍색 위로 위치시킵니다.

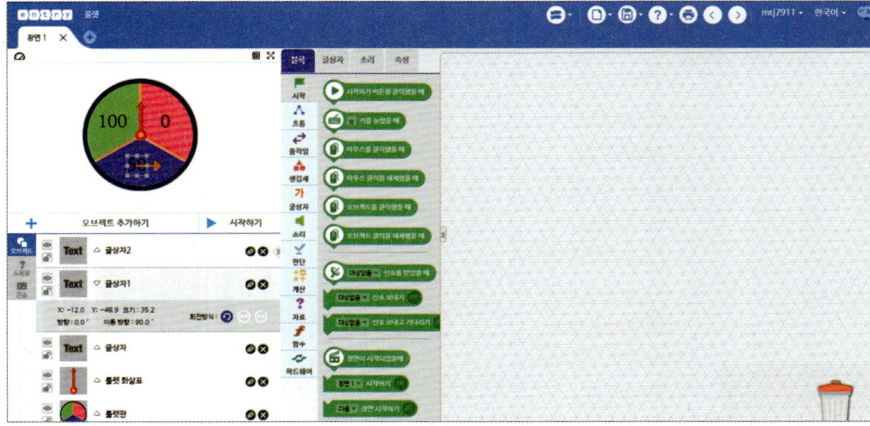

2. 변수 추가하기

(1) 변수를 추가하기 위해 [속성] 탭-[변수]-[변수 추가]를 클릭하여 '과녁0', '과녁50', '과녁100', '돌린 횟수', '과녁0 확률', '과녁50 확률', '과녁100 확률'을 추가합니다.

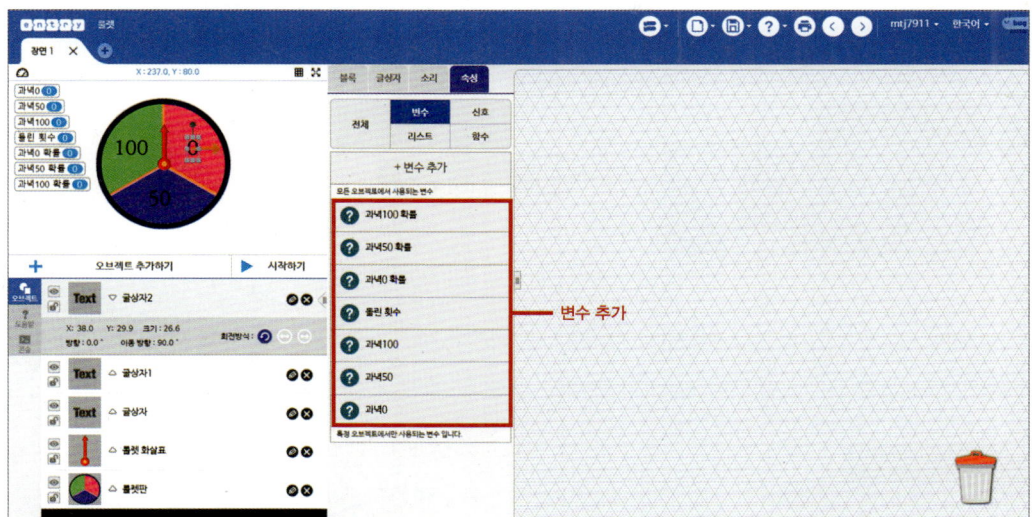

(2) 실행 화면의 변수를 드래그하여 다음처럼 위치를 설정합니다.

🎯 룰렛 확률 게임 만들기

1. 룰렛판 돌리기

(1) [시작] 꾸러미에서 **q키를 눌렀을 때** 블록을 드래그한 후 q를 클릭해서 키보드 자판이 나오면 실제 키보드에서 Spacebar 키를 눌러 지정합니다.

(2) Spacebar 키를 누를 때마다 룰렛판이 돌아갈 수 있게 [자료] 꾸러미에서 **과녁100 확률에 10만큼 더하기** 블록을 드래그하여 연결한 후 '과녁100 확률'을 '돌린 횟수'로, '10'은 '1'로 변경합니다.

(3) [움직임] 꾸러미에서 **2초 동안 방향을 90° 만큼 회전하기** 블록을 드래그하여 연결한 후 '2'를 '0.5초'로 변경합니다. [계산] 꾸러미의 **0부터 10 사이의 무작위 수** 블록을 '90°' 위로 드래그하여 연결한 후 '0'은 '360.0'으로, '10'은 '1080.0'으로 변경합니다.

> **📊 TIP!**
> Spacebar 키를 누르면 0.5초 동안 1바퀴인 360.0에서 3바퀴인 1080.0까지 무작위로 룰렛판이 회전할 수 있게 블록 조립을 합니다.

2. 비교 연산, 논리 연산 블록 사용하기

(1) 조건을 주기 위해 [흐름] 꾸러미의 **만일 참이라면** 블록을 드래그한 후 [판단] 꾸러미에서 **참 그리고 참** 블록을 연결합니다. 비교 연산 블록인 [판단] 꾸러미의 **10≥10** 블록을 앞쪽 〈참〉에, **10<10** 블록은 뒤쪽 〈참〉에 연결합니다.

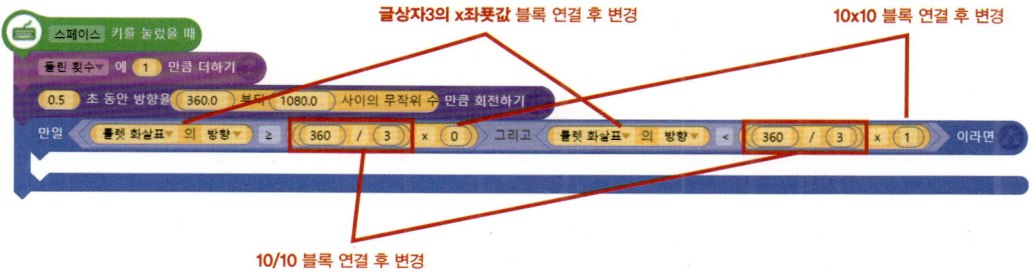

(2) [계산] 꾸러미의 **글상자3의 x좌푯값** 블록을 비교 연산 블록의 앞쪽 '10'에 각각 연결하고, '룰렛 화살표의 방향'으로 변경합니다. 비교 연산 블록의 뒤쪽 '10'에는 각각 **10x10** 블록을 연결하고 다시 앞쪽 '10'에 **10/10** 블록을 연결하고, '360/3'으로 변경합니다. 뒤쪽 '10'은 각각 '0', '1'로 변경합니다.

📊 TIP!

룰렛이 돌다가 룰렛 화살표가 0점 영역에 멈췄을 때의 코드를 만들기 위해 비교 연산 블록과 논리 연산 블록을 사용합니다. 룰렛판을 3등분하여 0, 50, 100으로 나누었기 때문에 360에서 3을 나누고, '0'점의 영역이 0~1이므로 0, 1을 각각 곱해줍니다.

(3) 룰렛판의 0점 영역을 가리킬 때마다 과녁0의 횟수를 1씩 올리기 위해 [자료] 꾸러미의 **과녁100 확률에 10만큼 더하기** 블록을 드래그하여 연결한 후 '과녁0에 1만큼 더하기'로 변경합니다.

(4) 코드를 복사하기 위해 **만일 참이라면** 블록 위에서 마우스 오른쪽 버튼을 클릭해 [코드 복사 & 붙여넣기]를 선택합니다.

(5) 복사된 코드를 아래쪽으로 연결한 후 룰렛판의 50점 영역을 가리킬 때 횟수를 1씩 올릴 수 있게 복사된 코드를 수정합니다.

(6) 같은 방법으로 코드를 한 번 더 복사한 후 연결하고, 룰렛판의 100점 영역을 가리킬 때 횟수를 1씩 올릴 수 있게 복사된 코드를 수정합니다.

3. 확률 개념을 이해하고 코드 만들기

(1) [자료] 꾸러미에서 **과녁100 확률을 10로 정하기** 블록을 드래그하여 연결한 후 '과녁100 확률'은 '과녁0 확률'로 변경합니다. '10' 위로 [계산] 꾸러미에서 **10x10** 블록을 드래그하여 연결하고, 앞쪽 '10'에 [계산] 꾸러미에서 **10/10** 블록을 연결하고, 맨뒤쪽 '10'은 '100'으로 변경합니다.

(2) [자료] 꾸러미의 **과녁100 확률값** 블록을 드래그하여 **10/10** 블록의 '10'위로 각각 드래그하여 연결하고, 앞쪽 '10'은 **과녁0값** 블록과 뒤쪽 '10'은 **돌린 횟수값** 블록으로 변경합니다.

> **📊 TIP!**
>
> **확률**
> 확률은 분수 이외에 소수, 백분율, 할푼리 등 다양한 비율로 나타낼 수 있습니다.
>
> $$확률 = \frac{어떤\ 사건이\ 일어날\ 경우의\ 수}{모든\ 경우의\ 수} = \frac{과녁\ 횟수}{돌린\ 횟수} \times 100$$

(3) **과녁0 확률를 과녁0값/돌린 횟수값 x 100로 정하기** 블록을 2개 더 복사하여 연결한 후 과녁50 확률, 과녁100 확률에 맞게 변경합니다.

(4) 게임 방법을 알려주기 위해 [➕오브젝트 추가하기]-[글상자] 탭을 클릭하여 '스페이스 키를 눌러 룰렛을 돌려 보세요.'라고 입력합니다. 글꼴색(가)은 하늘색, 음영색(🖌)은 색없음으로 설정한 후 [적용하기] 버튼을 클릭합니다.

(5) 추가한 텍스트 오브젝트의 크기를 조절하고 위치를 설정한 후 [시작] 꾸러미의 **시작하기 버튼을 클릭했을 때** 블록과 [흐름] 꾸러미의 **2초 기다리기** 블록을 연결한 후 '1초'로 변경하고, [글상자] 꾸러미의 **텍스트 모두 지우기** 블록을 연결합니다.

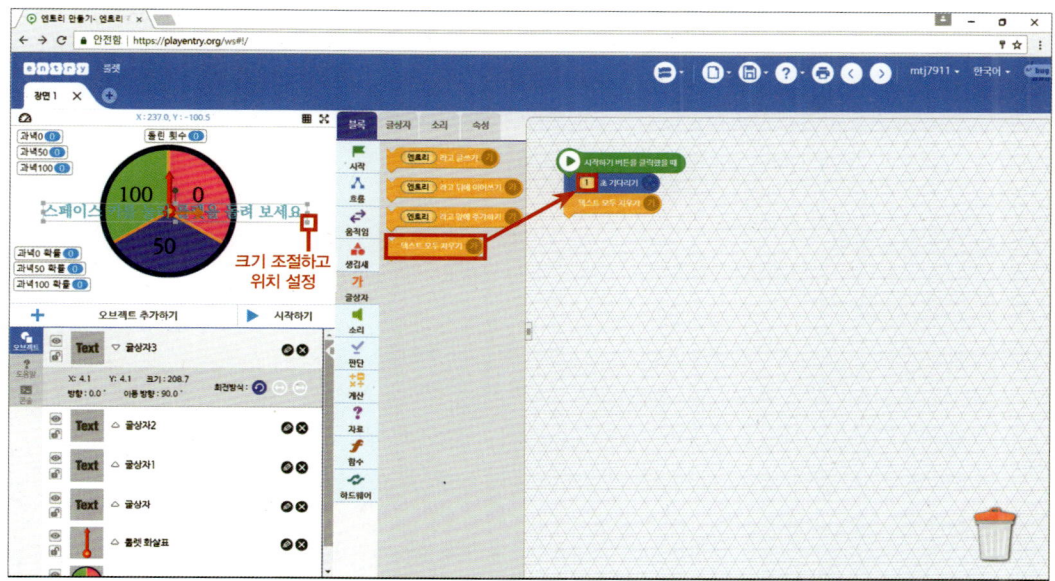

(6) [▶ 시작하기] 버튼을 클릭하면 스페이스 키를 눌러 룰렛을 돌리라는 설명글이 보였다가 사라집니다. Spacebar 키를 눌러 돌린 횟수에 대한 룰렛 과녁의 확률을 알아봅니다.

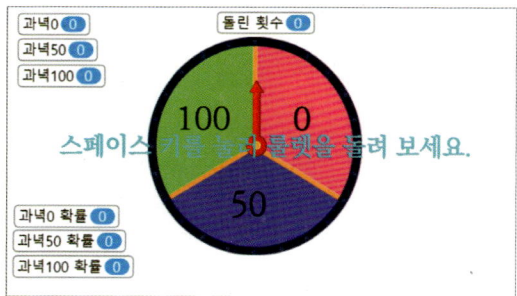
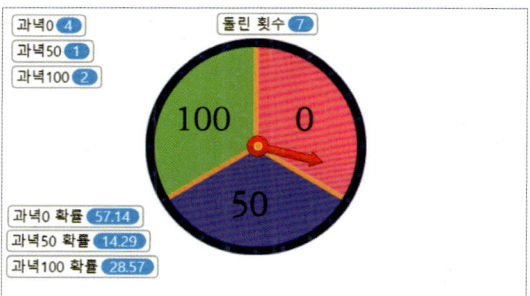

요점정리

❶ 확률은 모든 경우의 수에 대한 어떤 사건이 일어날 경우의 수의 비율을 말합니다.

$$확률 = \frac{어떤\ 사건이\ 일어날\ 경우의\ 수}{모든\ 경우의\ 수}$$

❷ 비교 연산은 주어진 값들을 서로 비교하여 결과에 따라 명령어를 다르게 사용합니다.
❸ 논리 연산은 2개 이상의 조건을 참인지, 거짓인지 판단하여 결과에 따라 명령어를 다르게 사용합니다.
❹ 확률의 수학적 개념을 이해하고, 연산 처리 프로그래밍을 활용하여 룰렛의 확률 게임을 코드로 만들 수 있습니다.

❺ **비교 연산 블록 종류**

> 10 = 10

- = : 왼쪽에 위치한 값과 오른쪽에 위치한 값이 같으면 '참'으로 판단합니다.
- 〉: 왼쪽에 위치한 값이 오른쪽에 위치한 값보다 크면 '참'으로 판단합니다.
- 〈 : 왼쪽에 위치한 값이 오른쪽에 위치한 값보다 작으면 '참'으로 판단합니다.
- ≥ : 왼쪽에 위치한 값이 오른쪽에 위치한 값보다 크거나 같으면 '참'으로 판단합니다.
- ≤ : 왼쪽에 위치한 값이 오른쪽에 위치한 값보다 작거나 같으면 '참'으로 판단합니다.

❻ **논리 연산 블록 종류**

참 그리고 참	참 또는 거짓	참 (이)가 아니다
두 판단이 모두 참인 경우 '참'으로 판단합니다.	두 판단 중 하나라도 참이 있는 경우 '참'으로 판단합니다.	해당 판단이 참이면 거짓, 거짓이면 참으로 만듭니다.

퀴즈 풀어보기

01. 다음 ☐ 안에 들어갈 말은 무엇입니까? (　　)

$$\boxed{} = \frac{\text{어떤 사건이 일어날 경우의 수}}{\text{모든 경우의 수}}$$

① 통계　　　　　　　② 확률
③ 함수　　　　　　　④ 경우의 수

02. 두 판단 중 하나라도 참이 있는 경우에만 '참'으로 판단하는 논리 연산 블록은? (　　)

① 〈마우스를 클릭했는가?〉
② 〈참〉 그리고 〈참〉
③ 〈참〉 (이)가 아니다
④ 〈참〉 또는 〈거짓〉

03. 글상자의 도구 중 내용 작성시 엔터키로 줄바꿈을 하여 여러 줄로 작성할 때 사용하는 도구는? (　　)

① 〖≡〗　　　　　　② 〖가〗
③ 〖🍁〗　　　　　　④ 〖가〗

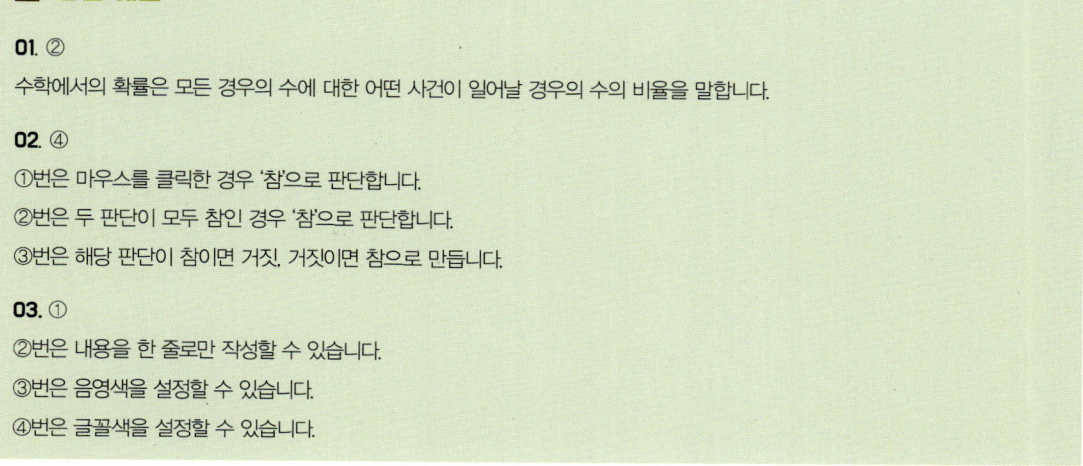

정답 해설

01. ②
수학에서의 확률은 모든 경우의 수에 대한 어떤 사건이 일어날 경우의 수의 비율을 말합니다.

02. ④
①번은 마우스를 클릭한 경우 '참'으로 판단합니다.
②번은 두 판단이 모두 참인 경우 '참'으로 판단합니다.
③번은 해당 판단이 참이면 거짓, 거짓이면 참으로 만듭니다.

03. ①
②번은 내용을 한 줄로만 작성할 수 있습니다.
③번은 음영색을 설정할 수 있습니다.
④번은 글꼴색을 설정할 수 있습니다.

실습 문제

룰렛의 누적 점수와 평균 점수를 구해봅시다.

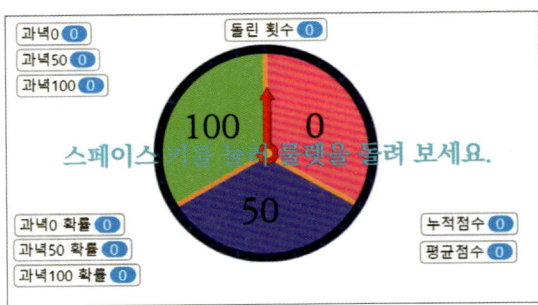 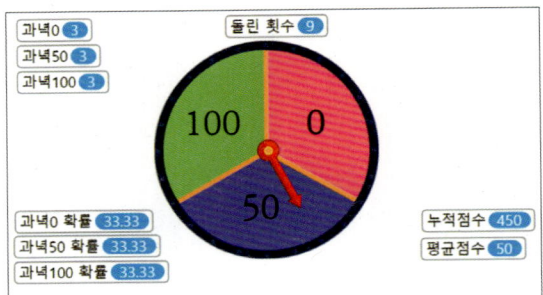

작품 주소 : https://goo.gl/unE0R5

HINT!
(1) 0점, 50점, 100점의 **만일 참이라면** 블록 안에 [자료] 꾸러미에서 **누적점수에 0만큼 더하기, 누적점수에 50만큼 더하기, 누적점수 100만큼 더하기** 블록을 드래그하여 각각 연결합니다.
(2) [자료] 꾸러미에서 **평균 점수를 10로 정하기** 블록을 마지막으로 연결합니다.
(3) **평균 점수를 10로 정하기** 블록의 '10' 위로 [계산] 꾸러미에서 **10/10** 블록을 연결합니다.
(4) **10/10** 블록의 앞뒤쪽 '10'에 [자료] 꾸러미에서 평균 점수값 블록을 연결한 후, 앞쪽 '10'에는 '누적 점수값', 뒤쪽 '10'에는 돌린 횟수값으로 변경합니다.

SECTION 07 소수를 걸러내는 체 만들기

수학

- 소수의 개념을 알 수 있다.
- 리스트 프로그래밍이 무엇인지 알고 활용할 수 있다.
- 비교 연산 프로그래밍과 논리 연산 프로그래밍을 활용하여 소수 판별기를 코드로 만들 수 있다.
- 리스트 프로그래밍을 활용하여 일정한 숫자 영역 안에서 소수만 걸러내는 코드를 만들 수 있다.

작품 주소 :
소수 판별기 – https://goo.gl/aizuFv
소수 걸러내는 체 – https://goo.gl/V4CeyH

01 소수

소수

(1) 1과 자기 자신을 제외한 어떤 수로도 나누어떨어지지 않는 1보다 큰 자연수가 바로 소수입니다. 예를 들어 '2, 3, 5, 7, 11, 13, 17, …'과 같은 수를 소수라 합니다.

(2) 소수 중 짝수는 2뿐입니다.

> **TIP!**
>
> **소수를 걸러내는 체**
>
> 소수를 찾아내는 방법으로는 '소수체'라는 방법이 있는데, 마치 체에 모래를 담고 흔들어 자갈을 걸러내듯이 소수체에 양의 정수를 쏟아 붓고 소수만 걸러낸다는 뜻입니다. 여러 종류의 소수체 중에서 고대 그리스의 '에라토스테네스의 체'가 가장 유명한데, 100이하의 소수를 다음과 같은 방법으로 구할 수 있습니다.
> ① 2를 제외한 2의 배수를 모두 지웁니다.
> ② 3을 제외한 3의 배수를 모두 지웁니다. (이미 지워져 있을 경우 넘어 간다.)
> ③ 4를 제외한 4의 배수를 모두 지웁니다. (이미 지워져 있을 경우 넘어 간다.)
> ④ ① ~ ③과 같은 방법으로 수들을 지웁니다.
> ⑤ 지워지지 않은 수는 소수입니다.

1	2	3	4	5	6	7	8	9	10
11	12	13	14	15	16	17	18	19	20
21	22	23	24	25	26	27	28	29	30
31	32	33	34	35	36	37	38	39	40
41	42	43	44	45	46	47	48	49	50
51	52	53	54	55	56	57	58	59	60
61	62	63	64	65	66	67	68	69	70
71	72	73	74	75	76	77	78	79	80
81	82	83	84	85	86	87	88	89	90
91	92	93	94	95	96	97	98	99	100

02 프로그래밍 개념

리스트

리스트는 하나의 값만을 저장하는 변수와는 달리 여러 개의 값을 저장할 수 있는데, 숫자 뿐 아니라 문자로 된 값을 추가하거나 삭제, 바꾸기도 할 수 있어 값을 비교하여 순위를 나타내거나 퀴즈 문제를 낼 때에 사용합니다.

1. 리스트 추가 프로그래밍

숫자 리스트의 1~4항목에 동일한 숫자 '1'이 표시됩니다.

(1) [속성] 탭–[리스트]–[리스트 추가]를 클릭한 다음 리스트의 이름을 '숫자 리스트'로 입력하고, [확인] 버튼을 클릭합니다.

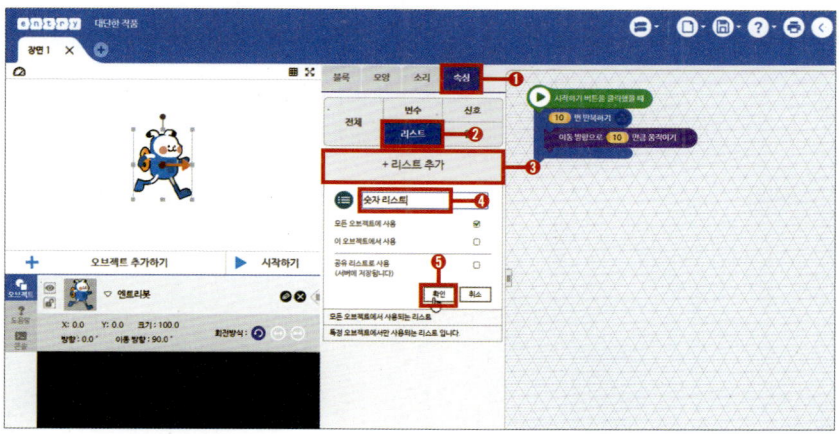

(2) **10번 반복하기** 블록을 '4번'으로 변경하고, **이동 방향으로 10만큼 움직이기** 블록 위에서 마우스 오른쪽 버튼을 클릭해 [코드 삭제]를 선택합니다. [자료] 꾸러미에서 **10항목을 숫자 리스트에 추가하기** 블록을 드래그하여 연결하고 '1항목'으로 변경합니다.

(3) [▶시작하기] 버튼을 클릭하면 숫자 리스트의 1~4항목에 동일한 숫자 '1'이 표시됩니다.

2. 리스트 바꾸기 프로그래밍

숫자 리스트의 3번째 항목을 '2'로 바꿉니다.

(1) [자료] 꾸러미에서 **숫자 리스트 1번째 항목을 10(으)로 바꾸기** 블록을 드래그하여 연결한 후 '1번째'를 '3번째'로, '10'을 '2'로 변경합니다.

(2) [▶시작하기] 버튼을 클릭하면 숫자 리스트의 3번째 항목이 '2'로 바뀝니다.

3. 리스트 삭제 프로그래밍

숫자 리스트의 1번째 항목을 삭제합니다.

(1) [자료] 꾸러미에서 **1번째 항목을 숫자 리스트에서 삭제하기** 블록을 드래그하여 연결합니다.

(2) [▶시작하기] 버튼을 클릭하면 숫자 리스트의 1번째 항목이 삭제됩니다. 1번째 항목이 삭제되고 2번째, 3번째, 4번째 항목이 1번째, 2번째, 3번째가 됩니다.

 프로그래밍 시작하기

🔵 소수 판별기 만들기

1. 소수 판별기에 필요한 변수 추가하기

(1) 새 작품을 만들고 '소수 판별기'라고 제목을 변경합니다. [속성] 탭－[변수]－[변수 추가]를 클릭하여 '입력한 수', '나눌 수', '센 수'를 추가합니다.

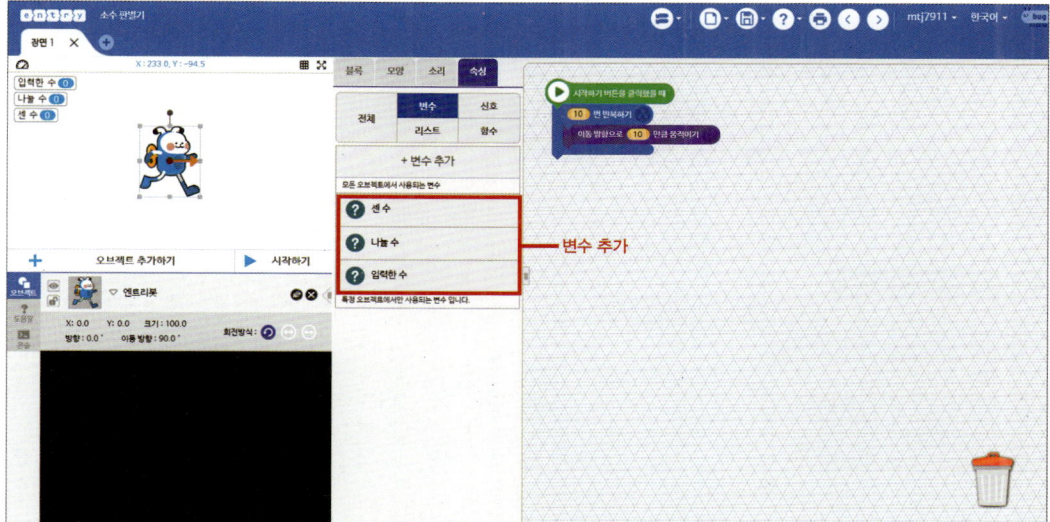

📊 TIP!

변수를 입력한 수, 나눌 수, 센 수를 만듭니다. 변수 '입력한 수'는 입력 받은 수이고, '나눌 수'는 입력한 수가 소수인지 판별하기 위해 나눌 때 쓰입니다. '센 수'는 약수의 개수를 셀 때 사용합니다.

(2) [블록] 탭을 클릭하여 **10번 반복하기** 블록 위에서 마우스 오른쪽 버튼을 클릭해 [코드 삭제]를 선택합니다.

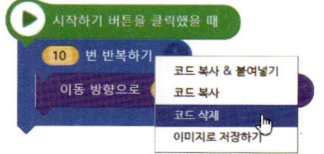

(3) [자료] 꾸러미에서 **안녕! 을(를) 묻고 대답 기다리기** 블록을 드래그하여 연결한 후 '소수 판별을 원하는 수를 입력하세요.'라고 입력합니다. **센 수를 10로 정하기** 블록을 드래그하여 연결한 후 '센 수'는 '입력한 수'로 변경하고, '10'에는 **대답** 블록을 드래그하여 연결합니다.

(4) 소수 판별에 걸리는 시간을 재기 위해 [계산] 꾸러미의 **초시계 시작하기** 블록을 드래그하여 연결합니다.

2. 수학적 개념 활용하여 코드 만들기

(1) [자료] 꾸러미에서 **센 수를 10로 정하기** 블록을 드래그하여 연결한 후 '0'으로 변경하고, **센 수를 10로 정하기** 블록을 하나 더 연결한 후 '센 수'를 '나눌 수'로, '10'은 '1'로 변경합니다.

TIP!
센 수와 나눌 수의 초기값을 설정해줍니다.

(2) [흐름] 꾸러미에서 **참이 될 때까지 반복하기** 블록을 드래그하여 연결한 후 나눌 수가 입력한 수보다 커야 약수를 구할 수 있으므로 [판단] 꾸러미의 **10>10** 블록을 드래그하여 연결합니다. [자료] 꾸러미의 **센 수 값** 블록을 앞뒤 '10'에 각각 연결하고, 앞쪽은 '나눌 수 값'으로 뒤쪽은 '입력한 수 값'으로 변경합니다.

(3) **참이 될 때까지 반복하기** 블록 안쪽에 [흐름] 꾸러미에서 **만일 참이라면** 블록을 드래그하여 연결합니다. 〈참〉에 [판단] 꾸러미의 **10=10** 블록을 드래그하여 연결하고, 앞쪽 '10'에는 [계산] 꾸러미의 **10/10의 몫** 블록을 연결하고 '몫'은 '나머지'로, 뒤쪽 '10'은 '0'으로 변경합니다. **10/10의 몫** 블록은 [자료] 꾸러미의 **센 수 값** 블록을 앞뒤 '10'에 각각 연결하고, 앞쪽은 '입력한 수 값'으로 뒤쪽은 '나눌 수 값'으로 변경합니다.

(4) [자료] 꾸러미의 **센 수에 10만큼 더하기** 블록을 연결하고 '1'로 변경합니다.

TIP!
나머지가 0이면 나누어 떨어진 수이므로 약수의 개수를 '1'씩 증가하여 세어줍니다.

(5) [자료] 꾸러미의 **센 수에 10만큼 더하기** 블록을 **만일 참이라면** 블록 아래에 연결하고, '센 수'는 '나눌 수'로 변경합니다.

TIP!
나눌 수가 입력한 수 보다 커질 수 있게 '1'씩 증가해줍니다.

(6) [흐름] 꾸러미에서 **만일 참이라면, 아니면** 블록을 드래그하여 연결한 후 〈참〉에 [판단] 꾸러미의 **10=10** 블록을 연결합니다. 앞쪽 '10'에 [자료] 꾸러미의 **센 수 값**을 연결하고, 뒤쪽 '10'은 '2'로 변경합니다. **참이라면** 블록에 [생김새] 꾸러미에서 **안녕! 을(를) 말하기** 블록을 연결하여 '소수!'로 변경합니다.

> **TIP!**
> 센 수 값=2라는 것은 a 약수가 2이므로 1과 자기 자신을 제외한 나누어떨어지는 수가 없기 때문에 따라서 '소수'입니다.

(7) **아니면** 블록에는 [흐름] 꾸러미에서 **만일 참이라면, 아니면** 블록을 안쪽에 하나 더 연결합니다. 〈참〉에 [판단] 꾸러미의 **10=10** 블록을 연결하여 **센 수 값=1** 블록을 만듭니다. **참이라면** 블록에는 **1! 을(를) 말하기** 블록을 연결하고 **아니면** 블록에는 **합성수! 을(를) 말하기** 블록을 연결합니다.

> **TIP!**
> '1'은 소수도, 합성수도 아니므로 '1!'이라 말하게 하고, 센 수 값이 1이나 2가 아닌 경우에는 합성수이므로, '합성수!'라고 말하도록 코드를 만듭니다.

(8) [계산] 꾸러미의 **초시계 시작하기** 블록을 연결하고 '정지하기'로 변경하여 초시계의 시간재기도 정지합니다.

(9) 계속해서 소수 판별기를 실행할 수 있게 [시작] 꾸러미에서 **q키를 눌렀을 때** 블록을 드래그한 후 q를 클릭하여 실제 키보드에서  키를 눌러 지정하고, [흐름] 꾸러미에서 **처음부터 다시 실행하기** 블록을 연결합니다.

(10) [▶시작하기] 버튼을 클릭하여 입력한 수가 소수인지 판별해 봅니다.

소수 걸러내는 체 만들기

1. 배경과 리스트 추가하기

(1) 새 작품을 만들고 '소수 걸러내는 체'라고 제목을 변경합니다. [➕오브젝트 추가하기] 버튼을 클릭합니다. 들판을 검색한 후 들판(1) 오브젝트를 선택하고 [적용하기] 버튼을 클릭합니다.

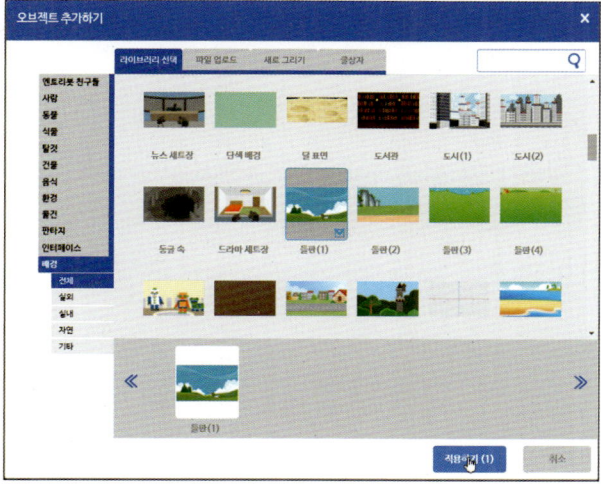

(2) [속성] 탭–[리스트]–[리스트 추가]를 클릭한 다음 리스트의 이름을 '소수'로 입력하고 [확인] 버튼을 클릭합니다. 변수도 추가하기 위해 [변수]–[변수 추가]를 클릭하여 '판별할 수', '나눌 수', '판단 지점'을 추가합니다. 엔트리봇은 왼쪽으로 옮기고, 리스트창의 크기를 조절합니다.

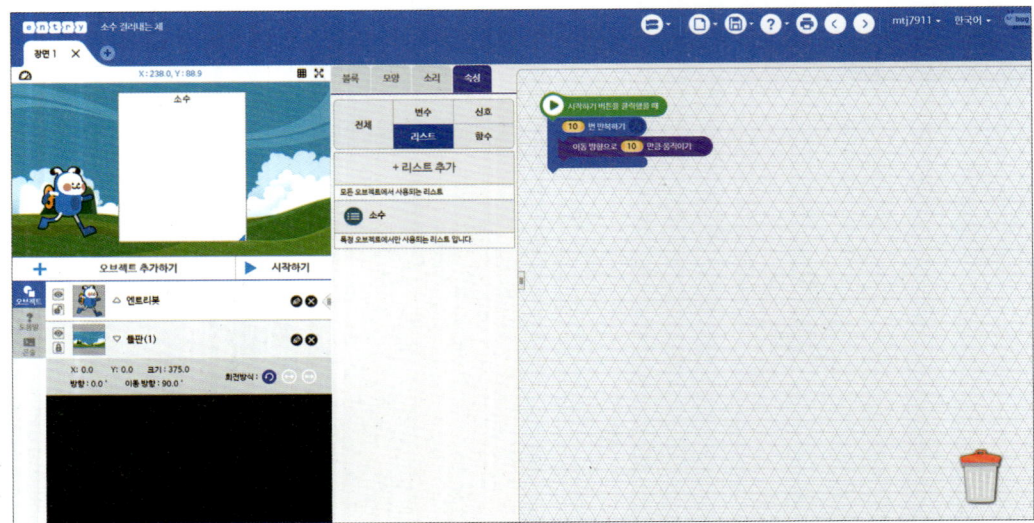

(3) **10번 반복하기** 블록을 '100번'으로 변경하고, **이동 방향으로 10만큼 움직이기** 블록은 삭제합니다. [자료] 꾸러미의 **판단 지점에 10만큼 더하기** 블록을 '판별할 수'에 '1'만큼 더하기로 변경하고, **10항목을 소수에 추가하기** 블록을 연결한 후 '10항목'에 [자료] 꾸러미의 **판별할 수 값** 블록을 연결합니다.

(4) [생김새] 꾸러미에서 **안녕! 을(를) 4초 동안 말하기** 블록을 드래그하여 연결한 후 '안녕!'을 '1~100에서 소수만 걸러냅니다~!'로 변경하고, '4초'는 '2초'로 변경합니다. 소수를 걸러내는 시간을 재기 위해 [계산] 꾸러미에서 **초시계 시작하기** 블록을 드래그하여 연결합니다.

2. 소수를 구하는 개념을 이해하고 코드 만들기

(1) [자료] 꾸러미에서 **판단 지점를 10로 정하기** 블록을 드래그하여 연결한 후 '1'로 변경합니다. [흐름] 꾸러미에서 **10번 반복하기** 블록을 연결한 후 [자료] 꾸러미에서 **소수 항목 수** 블록을 '10번' 위로 연결합니다.

(2) [자료] 꾸러미에서 **판단 지점를 10로 정하기** 블록을 드래그하여 **반복하기** 블록 안쪽에 연결하고 '판별할 수'로 변경한 후, '10' 위로 **소수의 1번째 항목** 블록을 연결합니다. **판단 지점값** 블록을 1번째 항목에 연결합니다.

> **TIP!**
> 소수 판별할 수는 '소수' 리스트 중 판단 지점에 위치를 지정해주어야 합니다.

(3) '1'을 먼저 판별하기 위해 [흐름] 꾸러미에서 **만일 참이라면, 아니면** 블록을 드래그하여 연결한 후 〈참〉 부분에 [판단] 꾸러미의 **10=10** 블록을 연결하고, 앞쪽 '10'에는 **판별할 수 값** 블록을 뒤쪽 '10'은 '1'로 변경합니다.

(4) '1'은 소수가 아니므로 [자료] 꾸러미에서 **1번째 항목을 소수에서 삭제하기** 블록을 드래그하여 연결하고 **판단 지점값** 블록을 드래그하여 1번째 항목에 연결합니다. 실행했을 때 리스트 항목에서 '1'은 삭제됩니다.

(5) **아니면** 블록에 [자료] 꾸러미에서 **판단 지점를 10로 정하기** 블록을 드래그하여 연결하고 '판단 지점'을 '나눌 수로, '10'을 '2'로 변경합니다.

(6) [흐름] 꾸러미에서 **참이 될 때까지 반복하기** 블록을 드래그하여 연결한 후 〈참〉 부분에 [판단] 꾸러미에서 **10>10** 블록을 드래그하여 연결합니다. 앞쪽 '10'에 **나눌 수 값** 블록을 연결하고, 뒤쪽 '10'에는 [계산] 꾸러미의 **10의 루트** 블록을 연결하고, '10'에는 **판별할 수 값** 블록을 연결합니다.

(7) [흐름] 꾸러미의 **만일 참이라면** 블록을 드래그하여 다음처럼 연결한 후 〈참〉 부분에 [판단] 꾸러미의 10=10 블록을 연결합니다. 앞쪽 '10'에는 [계산] 꾸러미에서 **10/10의 나머지** 블록을 연결하고, **판별할 수 값/나눌 수 값의 나머지** 블록으로 변경한 후 뒤쪽 '10'은 '0'으로 변경합니다.

(8) [흐름] 꾸러미에서 **반복 중단하기** 블록을 드래그하여 다음처럼 연결합니다.

📊 TIP!

소수는 1과 자신으로 밖에 나누어지지 않는 수이기 때문에 2부터 자신까지 나눠야 하는데, 루트를 사용하면 불필요한 나누기를 하지 않아도 됩니다. 2의 배수, 3의 배수, 4의 배수는 나머지가 0으로 모두 소수가 아니므로 반복을 중단하고 나눌 수를 1만큼 증가하면서 반복하여 100까지 계산하여 소수를 구합니다.

(9) [자료] 꾸러미의 **판단 지점에 10만큼 더하기** 블록을 드래그하여 **만일 참이라면** 블록 아래에 연결하고, '판단 지점'은 '나눌 수'로, '10'은 '1'로 변경합니다.

⑩ **참이 될 때까지 반복하기** 블록 아래에 [흐름] 꾸러미에서 **만일 참이라면, 아니면** 블록을 드래그하여 연결한 후 〈참〉 부분에 [판단] 꾸러미에서 10>10 블록을 연결하여 **나눌 수 값>판별할 수 값의 루트** 블록을 만듭니다. 참 블록에는 [자료] 꾸러미에서 **판단 지점에 1만큼 더하기** 블록을 연결합니다. **아니면** 블록에는 **판단 지점값 번째 항목을 소수에서 삭제하기** 블록을 연결합니다.

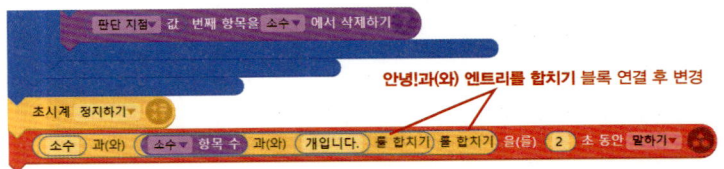

⑪ 소수 걸러내는 시간 재기를 끝내기 위해 [계산] 꾸러미에서 **초시계 시작하기** 블록을 다음처럼 연결하고 '정지하기'로 변경합니다. 엔트리봇이 소수의 개수를 말할 수 있게 [생김새] 꾸러미의 **안녕! 을(를) 4초 동안 말하기** 블록을 '2초'로 변경하고 [계산] 꾸러미의 **안녕! 과(와) 엔트리를 합치기** 블록 두 개를 결합하여 **소수과(와) 소수 항목수과(와) 개입니다.를 합치기를 합치기** 블록이 되도록 연결합니다.

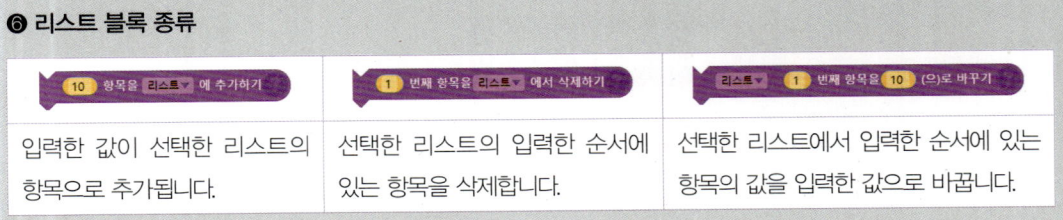

⑫ [▶시작하기] 버튼을 클릭하면 1~100까지 소수가 걸러진다고 엔트리봇이 이야기한 후 소수가 걸러지면 리스트로 나타나고, 초시계로 시간도 계산되며 마지막으로 엔트리봇이 몇 개의 소수가 있는지 말해줍니다.

요점정리

❶ 1과 자기 자신을 제외한 어떤 수로도 나누어떨어지지 않는 1보다 큰 자연수를 소수라고 합니다.
❷ 소수를 찾아내는 방법 중 하나인 '소수체'라는 방법은 고대 그리스의 '에라토스테네스의 체'가 가장 유명합니다.
❸ 리스트는 하나의 값만을 저장하는 변수와는 달리 여러 개의 값을 저장할 수 있어서 비교하여 순위를 나타내거나 퀴즈 문제를 낼 때에 사용합니다.
❹ 소수의 수학적 개념을 이해하고 소수를 걸러내는 체를 코드로 만들 수 있습니다.
❺ 리스트를 추가하여 리스트 항목에 걸러낸 소수를 표시할 수 있습니다.
❻ 리스트 블록 종류

10 항목을 리스트 에 추가하기	1 번째 항목을 리스트 에서 삭제하기	리스트 1 번째 항목을 10 (으)로 바꾸기
입력한 값이 선택한 리스트의 항목으로 추가됩니다.	선택한 리스트의 입력한 순서에 있는 항목을 삭제합니다.	선택한 리스트에서 입력한 순서에 있는 항목의 값을 입력한 값으로 바꿉니다.

퀴즈 풀어보기

01. 다음 수 중 소수가 <u>아닌</u> 것은? (   )

① 2　　　② 13　　　③ 47　　　④ 57

02. 리스트 프로그래밍에 대한 설명으로 옳은 것은? (   )

① 변수와 달리 하나의 값만을 저장합니다.

② 문자로 된 값만 추가할 수 있습니다.

③ 리스트 중 삭제는 가능하나 바꾸기는 할 수 없습니다.

④ 비교하여 순위를 나타내거나 퀴즈 문제를 낼 때에 사용합니다.

03. 0~4까지의 숫자 항목에서 1번째 항목을 삭제하는 코드는? (   )

 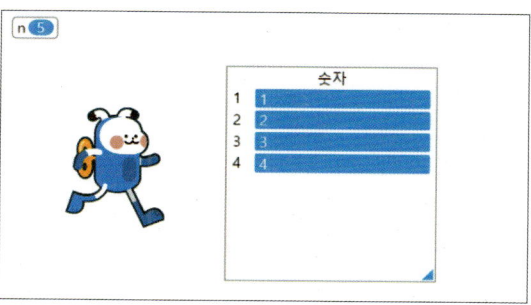

① 　　②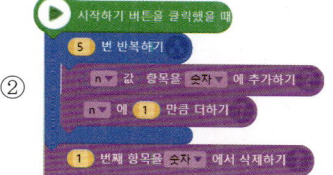

③ 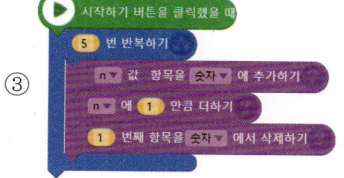　　④

정답 해설

01. ④
1과 자기 자신을 제외한 어떤 수로도 나누어떨어지지 않는 1보다 큰 자연수가 바로 소수입니다. 57의 약수는 1, 3, 19, 57입니다.

02. ④
①번은 변수와는 달리 여러 개의 값을 저장할 수 있습니다.
②번은 숫자 뿐 아니라 문자로 된 값을 추가할 수 있습니다.
③번은 삭제, 바꾸기도 할 수 있습니다.

03. ②
변수 n과 리스트 숫자를 추가한 후 **5번 반복하기** 블록 안에 **n값 항목을 숫자에 추가하기** 블록과 **n에 1만큼 더하기** 블록을 연결합니다. **1번째 항목을 숫자에서 삭제하기** 블록은 **5번 반복하기** 블록 바깥쪽에 연결합니다.

실습 문제

소수를 구할 때 루트를 사용하여 더 빠른 소수 판별기를 구해봅시다.

작품 주소 : https://goo.gl/lms2KA

> **HINT!**
> (1) 소수 판별기 사본을 저장한 후 변수와 블록을 변경하여 코드를 만들 수 있습니다.
> (2) **초시계 시작하기**와 **초시계 정지하기** 블록을 삭제합니다.
> (3) [흐름] 꾸러미에서 **만일 참이라면, 아니면** 블록에서 〈참〉 부분에 **입력한 수 값=1** 블록을 연결하고 [생김새] 꾸러미의 **1!을(를) 말하기** 블록을 연결합니다.
> (4) **아니면** 블록에는 **나눌 수를 2로 정하기** 블록을 연결합니다.
> (5) [흐름] 꾸러미에서 **참이 될 때까지 반복하기** 블록을 드래그하여 연결한 후 〈참〉 부분에 **나눌 수 값>입력한 수 값의 루트**로 블록을 연결합니다.
> (6) [흐름] 꾸러미에서 **만일 참이라면** 블록을 연결하고 〈참〉 부분에 **입력한 수 값/나눌 수 값의 나머지=0** 블록을 연결한 후 **반복 중단하기** 블록을 연결합니다.
> (7) [자료] 꾸러미의 **나눌 수에 1만큼 더하기** 블록을 연결합니다.
> (8) **만일 참이라면, 아니면** 블록을 연결하여 〈참〉 부분에 **나눌 수 값>입력한 수 값의 루트** 블록을 연결하고, **참이라면** 블록에는 **소수!(을)를 말하기** 블록을 연결하고 **아니면** 블록에는 **합성수!을(를) 말하기** 블록을 연결합니다.

SECTION 08 수학
공학용 계산기 만들기

- 공학용 계산기가 무엇인지 알 수 있다.
- 거듭제곱 개념을 이해하고 계산할 수 있다.
- 이벤트 처리 프로그래밍에 대해서 이해하고 코드를 만들 수 있다.
- 거듭제곱의 수학적 개념을 활용하여 공학용 계산기를 만드는 코드를 만들 수 있다.

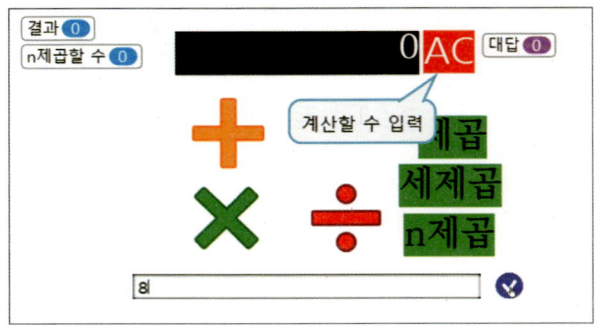

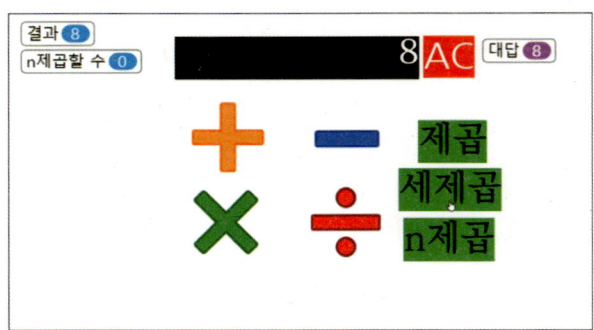

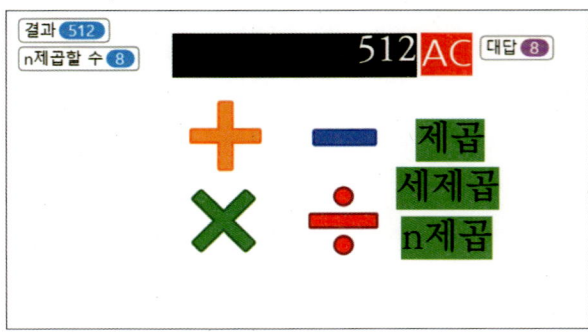

작품 주소 :
공학용 계산기 – https://goo.gl/FvX8TX

01 공학용 계산기

1. 공학용 계산기
보통 계산기에서는 사칙 연산만 계산할 수 있는데, 공학용 계산기에서 거듭제곱 삼각 함수까지 계산할 수 있습니다.

2. 거듭제곱
어떤 수 a를 2번 곱하는 것을 제곱 또는 2승이라고 하며 기호로 a^2과 같이 나타내는 것처럼, a를 3번 곱하는 것을 세제곱 또는 3승이라 하고 기호로 a^3과 같이 나타냅니다.

이와 같이 n번 거듭하여 a를 n번 반복하여 곱하는 것을 a의 n제곱 또는 a의 n승이라고 하며 a^n으로 나타냅니다. 또, a의 제곱, a의 세제곱....을 통틀어 a의 거듭제곱이라고 합니다.

$$a^n = \underbrace{a \times a \times \cdots \times a}_{n\text{개}}$$

(밑, 지수)

> **TIP!**
> 음수와 양수의 제곱과 세제곱
> $a^2 = a \times a$ $(-a)^2 = (-a) \times (-a) = a^2$
> $a^3 = a \times a \times a$ $(-a)^3 = (-a) \times (-a) \times (-a) = -a^3$
> ⇒ 음수의 제곱은 양수이나 음수의 세제곱은 음수입니다.

02 프로그래밍 개념

이벤트 처리
특정 이벤트가 발생했을 때 해당 이벤트에 맞는 특정 동작을 실행하게 하는 프로그래밍으로 가령 특정 버튼을 클릭했을 때 어떠한 반응이 일어나게끔 해주는 형태의 프로그래밍을 의미합니다.

03 따라하며 익히기

1. 마우스포인터 따라다니는 이벤트

나팔꽃이 마우스포인터를 따라다닙니다.

(1) 오브젝트 목록에서 엔트리봇 오브젝트를 삭제하기 위해 삭제(❌)를 클릭합니다. [➕ 오브젝트 추가하기] 버튼을 클릭해서 '나팔꽃'을 검색하고 나팔꽃(1) 오브젝트를 선택한 후 [적용하기] 버튼을 클릭합니다.

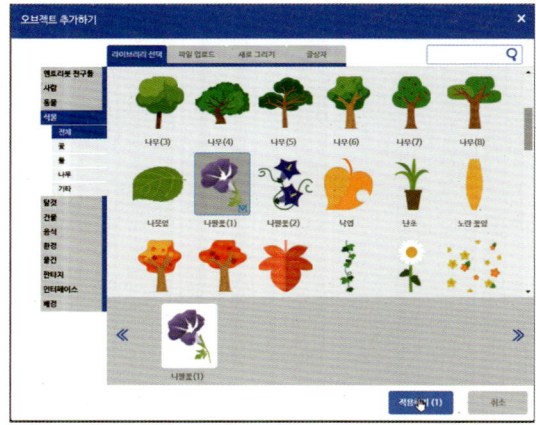

(2) [시작] 꾸러미에서 **시작하기 버튼을 클릭했을 때** 블록과 [흐름] 꾸러미에서 **계속 반복하기** 블록을 드래그하여 연결합니다. [움직임] 꾸러미에서 **나팔꽃(1) 위치로 이동하기** 블록을 드래그하여 연결하고, '나팔꽃(1)'을 클릭하여 '마우스포인터'로 변경합니다.

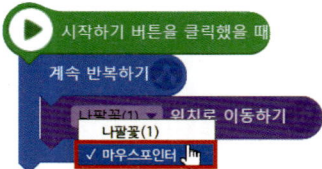

(3) [▶시작하기] 버튼을 클릭하면 마우스포인터를 움직일 때마다 나팔꽃(1)이 따라 움직입니다.

2. 마우스 클릭 시 이벤트

마우스 클릭 시 나팔꽃 도장찍기가 실행됩니다.

(1) [시작] 꾸러미에서 **마우스를 클릭했을 때** 블록을 드래그하고, [붓] 꾸러미에서 **도장찍기** 블록을 드래그하여 연결합니다.

(2) [▶시작하기] 버튼을 클릭하면 마우스를 클릭할 때마다 나팔꽃(1)이 도장처럼 찍힙니다.

 **프로그래밍 시작하기**

공학용 계산기 만들기

1. 계산기에 필요한 오브젝트 추가하기

(1) 새 작품을 만들고 '공학용 계산기'라고 제목을 변경합니다. [➕ 오브젝트 추가하기] 버튼을 클릭해서 곱하기, 나누기, 더하기, 빼기를 검색하여 오브젝트 선택한 후 [적용하기] 버튼을 클릭합니다.

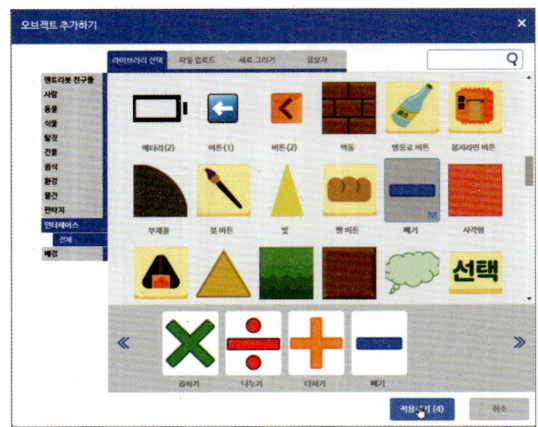

(2) ×, ÷, +, −의 오브젝트를 각각 크기와 위치를 다음처럼 설정합니다.

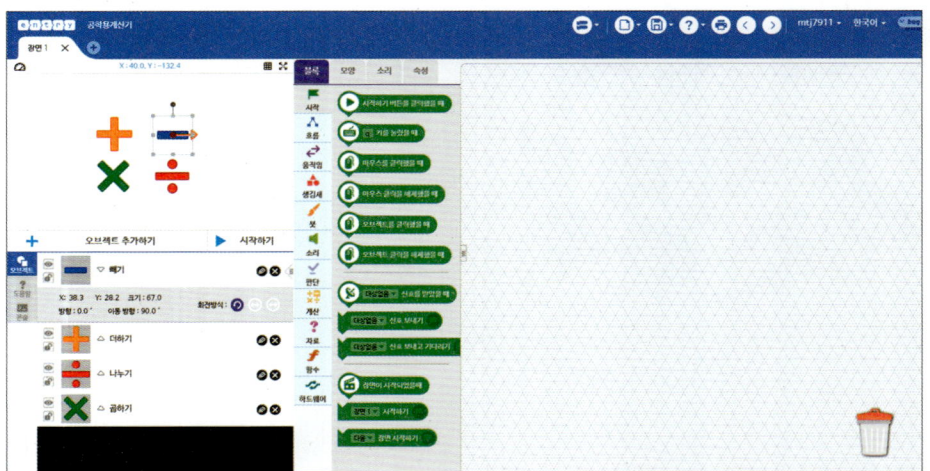

(3) [➕오브젝트 추가하기] 버튼을 클릭한 후 [오브젝트 대화상자]의 [글상자] 탭을 클릭하여 '0'이라고 입력합니다. 글꼴색(가)은 흰색, 음영색(🖌)은 검정색, 아래쪽의 글상자는 Z를 클릭하여 설정한 후 [적용하기] 버튼을 클릭합니다.

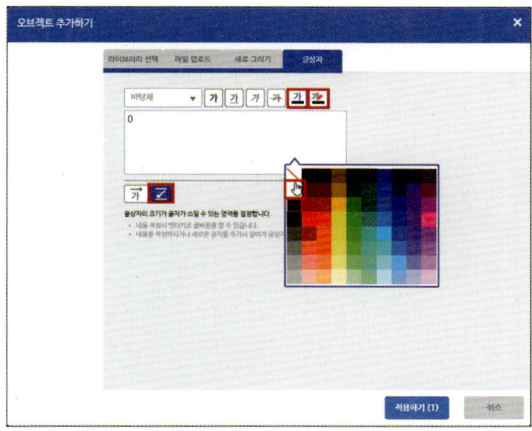

(4) '0' 글상자 오브젝트를 드래그하여 실행 화면 위쪽으로 위치시키고, 글상자를 크기 조절점을 드래그하여 옆으로 길게 설정합니다. [글상자] 탭의 도구 모음 중 오른쪽 정렬(≡)를 클릭하여 글꼴을 정렬합니다.

(5) [➕ 오브젝트 추가하기] 버튼을 클릭한 후 [오브젝트 대화상자]의 [글상자] 탭을 클릭하여 'AC'라고 입력합니다. 글꼴은 고딕체, 글꼴색(가)은 흰색, 음영색(🖌)은 빨간색, 아래쪽의 글상자는 가 를 클릭하여 설정한 후 [적용하기] 버튼을 클릭합니다.

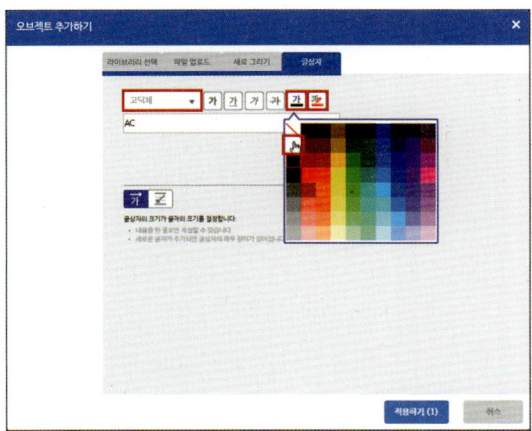

SECTION 08 공학용 계산기 만들기 • 143

(6) [➕ 오브젝트 추가하기] 버튼을 클릭한 후 [오브젝트 대화상자]의 [글상자] 탭을 클릭하여 '제곱'이라고 입력합니다. 글꼴은 바탕체, 글꼴색(가)은 검정색, 음영색(🖍)은 녹색, 아래쪽의 글상자는 가 로 설정한 후 [적용하기] 버튼을 클릭합니다.

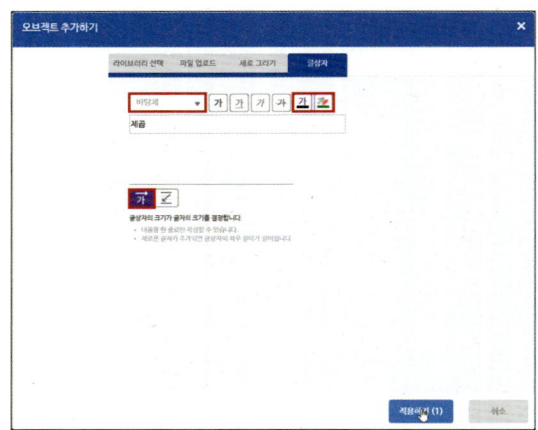

(7) 같은 방법으로 세제곱, n제곱의 글상자 오브젝트도 추가합니다. 각각의 글상자 오브젝트의 수정(✏️)를 클릭하여 0, AC, 제곱, 세제곱, n제곱으로 변경합니다.

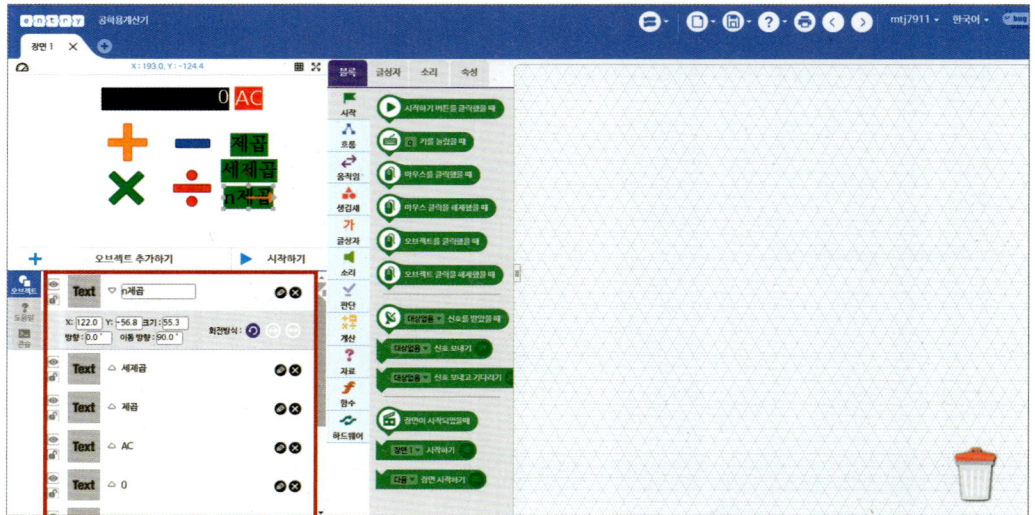

2. 변수와 신호 추가하기

(1) [속성] 탭-[변수]-[변수 추가]를 클릭하여 '결과', 'n제곱할 수'라는 변수를 추가합니다.

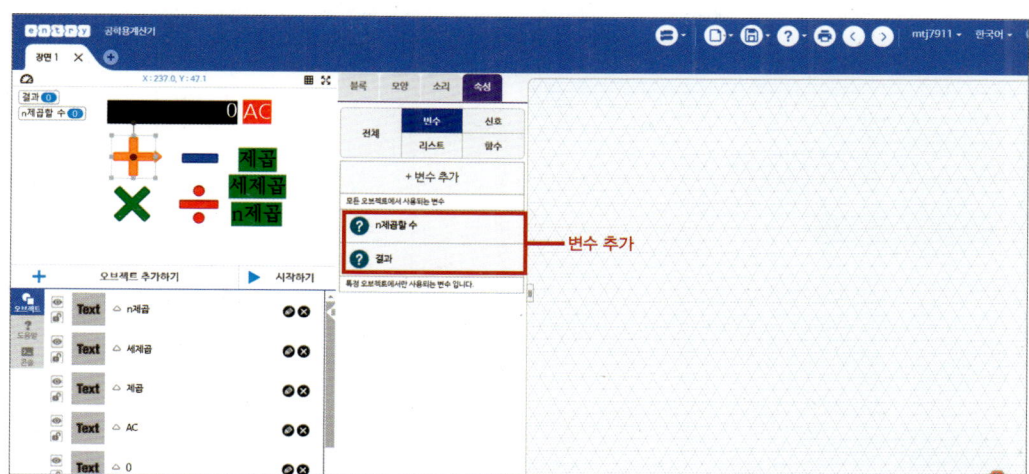

(2) [속성] 탭-[신호]-[신호 추가]를 클릭하여 '결과', '결과 보여주기'라는 신호를 추가합니다.

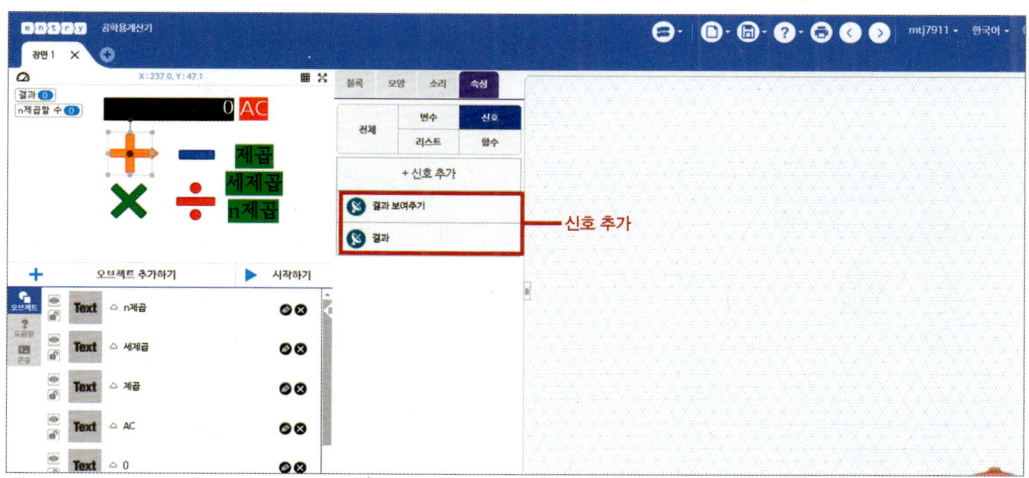

3. 시작하기 버튼과 오브젝트를 클릭했을 때 이벤트 설정하기

(1) 더하기 오브젝트를 선택한 후 [블록] 탭을 클릭합니다. [시작] 꾸러미에서 **오브젝트를 클릭했을 때** 블록을 드래그한 후 [자료] 꾸러미의 **안녕! 을(를) 묻고 대답 기다리기** 블록을 연결하고 '계산할 수 입력'으로 변경합니다.

(2) [자료] 꾸러미에서 **n제곱할 수를 10로 정하기** 블록을 드래그하여 연결한 후 'n제곱할 수'는 '결과'로, '10' 위에는 [계산] 꾸러미에서 **10+10** 블록을 드래그하여 연결합니다. 앞쪽 '10'에 **n제곱할 수값** 블록을 연결한 후 **결과값** 블록으로 변경하고, 뒤쪽 '10'에는 **대답** 블록을 연결합니다. [시작] 꾸러미에서 **결과 보여주기 신호 보내기** 블록을 드래그하여 연결합니다.

(3) 코드를 복사하기 위해 **오브젝트를 클릭했을 때** 블록 위에서 마우스 오른쪽 버튼을 클릭하여 [코드 복사]를 선택합니다.

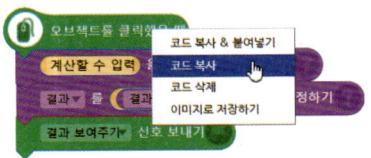

(4) 빼기 오브젝트를 선택한 후 블록 조립소에서 마우스 오른쪽 버튼을 클릭해 [붙여넣기]를 선택합니다.

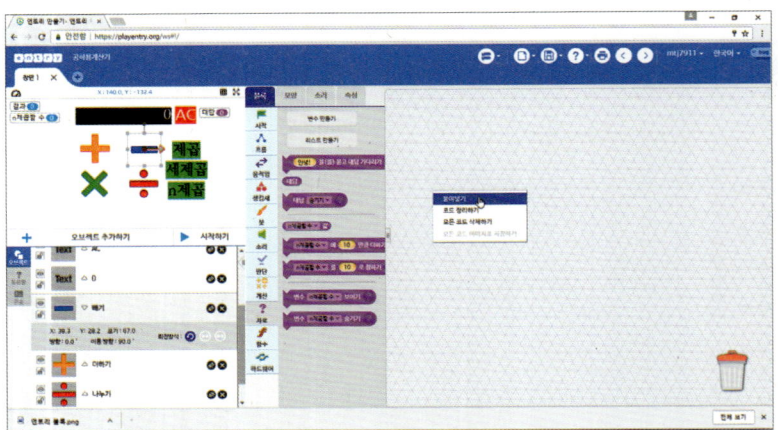

(5) 붙여넣기 된 블록 중 **결과를 결과값 + 대답로 정하기** 블록의 '+'를 클릭하여 '−'를 선택합니다.

(6) 같은 방법으로 곱하기, 나누기 오브젝트에도 코드를 붙여넣기한 후 **결과를 결과값 + 대답로 정하기** 블록의 '+'를 각각 'X', '/'로 변경합니다.

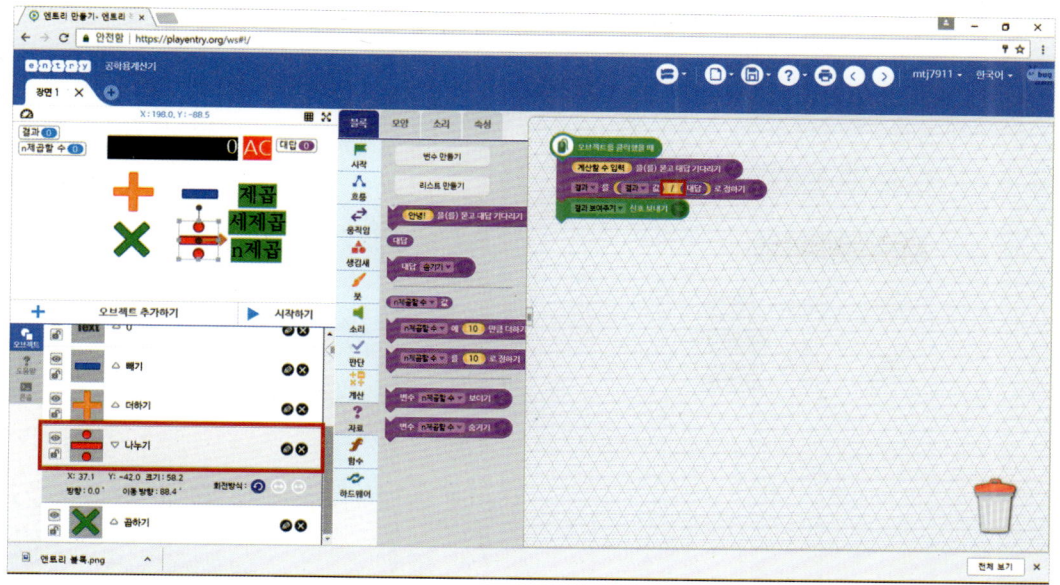

4. 거듭제곱의 수학적 개념을 이해하고 코드 만들기

(1) 제곱 오브젝트를 선택하고, [시작] 꾸러미에서 **오브젝트를 클릭했을 때** 블록을 드래그한 후 [자료] 꾸러미에서 **n제곱할 수를 10로 정하기** 블록을 연결합니다. 'n제곱할 수'는 '결과로, '10' 위에는 [계산] 꾸러미에서 **10의 제곱** 블록을 연결하고, '10'에는 **결과값** 블록을 연결합니다. [시작] 꾸러미에서 **결과 보여주기 신호 보내기** 블록을 연결합니다.

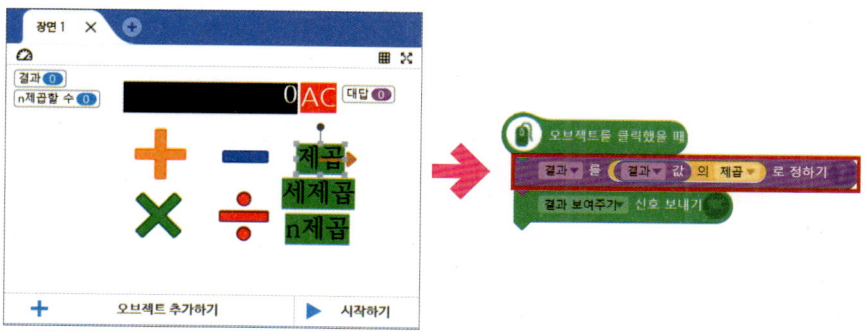

(2) 세제곱 오브젝트를 선택하고, [시작] 꾸러미에서 **오브젝트를 클릭했을 때** 블록을 드래그한 후 [자료] 꾸러미에서 **n제곱할 수를 10로 정하기** 블록을 연결하고, '10'위로 [자료] 꾸러미의 **결과값** 블록을 연결합니다. [흐름] 꾸러미에서 **10번 반복하기** 블록을 드래그하여 연결 후 '2번'으로 변경합니다. **2번 반복하기** 블록 안에 **결과를 결과값 x n제곱할 수 값로 정하기** 블록을 연결합니다. [시작] 꾸러미에서 **결과 보여주기 신호 보내기** 블록을 드래그하여 연결합니다.

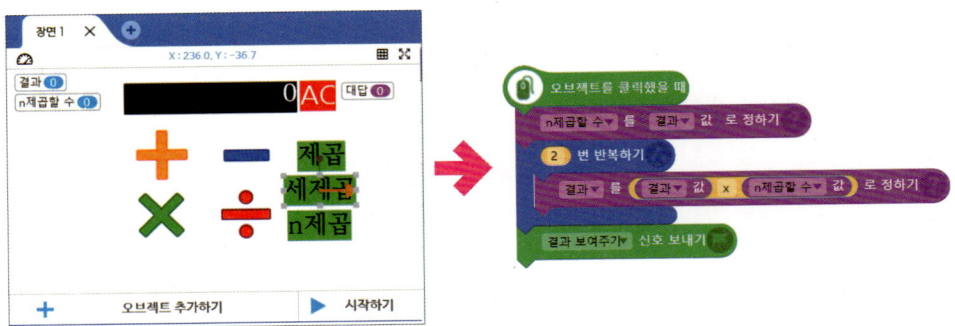

TIP!
세제곱을 하기 위해서는 곱셈을 2번($a^3 = a \times a \times a$) 해야 하므로, 2번 반복해야 합니다.
n제곱을 하기 위해서는 곱셈을 n-1 번 해야 합니다.

(3) 세제곱 오브젝트의 **오브젝트를 클릭했을 때** 블록 위에서 마우스 오른쪽 버튼을 클릭하여 [코드 복사]를 한 후 n제곱 오브젝트의 블록 조립소에서 마우스 오른쪽 버튼을 클릭하여 [붙여넣기]를 선택합니다.

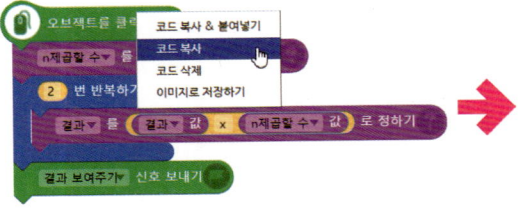

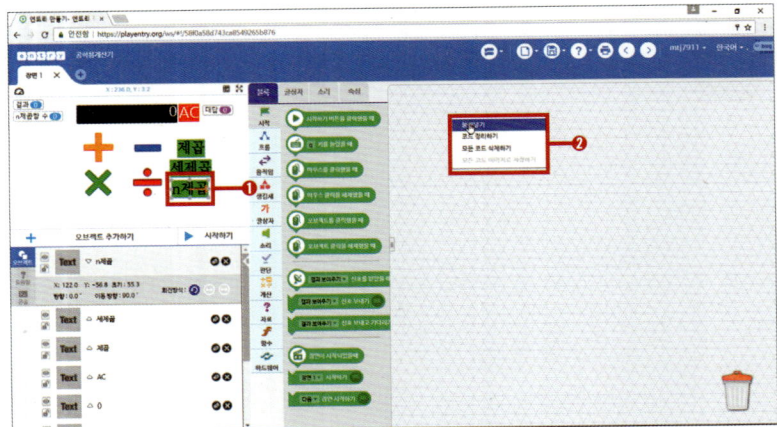

(4) [자료] 꾸러미의 **안녕! 을(를) 묻고 대답 기다리기** 블록을 **오브젝트를 클릭했을 때** 블록 아래에 연결하고 '몇 제곱을 하시겠습니까?'으로 변경합니다. **2번 반복하기** 블록의 '2'에 [계산] 꾸러미에서 **10-10** 블록을 연결하고, 앞쪽 '10'에는 [자료] 꾸러미에서 **대답** 블록을 연결하고, 뒤쪽 '10'은 '1'로 변경합니다.

5. 계산기 기능의 0 오브젝트와 AC 오브젝트 코드 만들기

(1) 0 오브젝트를 선택한 후 계산기에서 결과가 표시될 수 있게 [시작] 꾸러미에서 **결과 보여주기 신호를 받았을 때** 블록을 드래그한 후 [글상자] 꾸러미에서 **엔트리 라고 글쓰기** 블록을 드래그하여 연결합니다. [자료] 꾸러미에서 **n제곱할 수값** 블록을 '엔트리'에 연결하고, **결과값** 블록으로 변경합니다.

> 📊 **TIP!**
> 계산한 값의 신호를 받아 결과가 표시되는 코드입니다.

(2) AC 오브젝트를 선택한 후 [시작] 꾸러미에서 **시작하기 버튼을 클릭했을 때** 블록을 드래그한 후 [자료] 꾸러미에서 **n제곱할 수를 10로 정하기** 블록을 연결합니다. 'n제곱할 수'를 '결과'로, '10'을 '0'으로 변경합니다.

> 📊 **TIP!**
> AC는 'All Clear'라는 뜻으로 현재 쓰고 있는 숫자 또는 계산 기호를 전부 지운다는 뜻입니다. 따라서 시작하기 버튼을 클릭하거나 AC를 클릭했을 때 계산값이 '0'이 되는 코드를 만들어야 합니다.

(3) [자료] 꾸러미의 **안녕! 을(를) 묻고 대답 기다리기** 블록을 연결하고 '계산할 수 입력'으로 변경하고, **결과를 대답으로 정하기** 블록을 연결합니다. [시작] 꾸러미에서 **결과 보여주기 신호 보내기** 블록을 연결합니다.

(4) [시작] 꾸러미에서 **오브젝트를 클릭했을 때** 블록을 드래그한 후 [자료] 꾸러미에서 **n제곱할 수를 10로 정하기** 블록 2개를 차례로 연결하고, **결과를 0로 정하기** 블록과 **n제곱할 수를 0로 정하기** 블록으로 변경합니다. [시작] 꾸러미에서 **결과 보여주기 신호 보내기** 블록을 연결합니다.

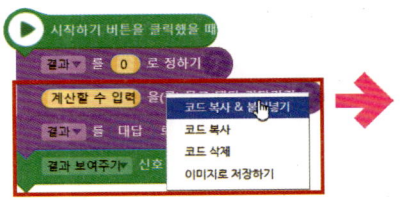

(5) **시작하기 버튼을 클릭했을 때**의 블록 조립 중 **계산할 수 입력을(를) 묻고 대답 기다리기** 블록 위에서 마우스 오른쪽 버튼을 클릭해 [코드 복사 & 붙여넣기]를 선택한 후 **오브젝트를 클릭했을 때** 블록 꾸러미 아래쪽으로 복사한 블록을 연결합니다.

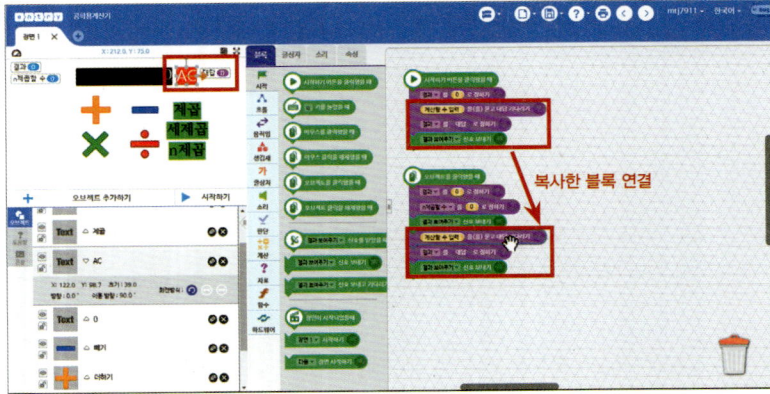

150 • 수학, 과학이 더 재미있어지는 엔트리 코딩

(6) [▶시작하기] 버튼을 클릭한 후 계산할 수와 제곱할 수를 설정하여 계산해봅니다.

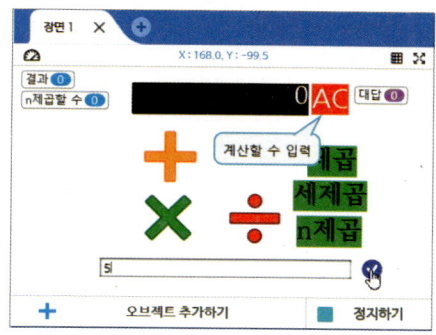
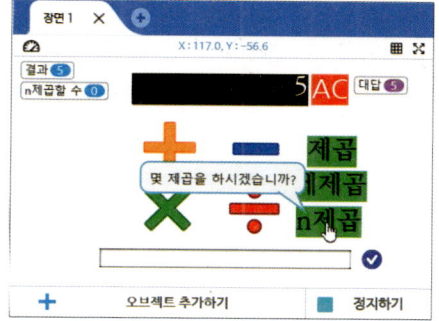
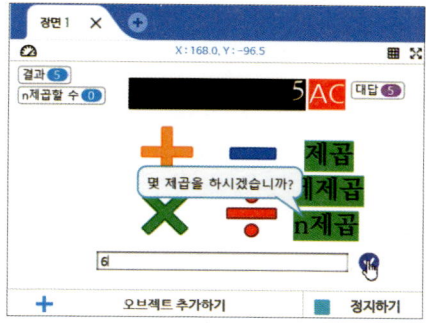
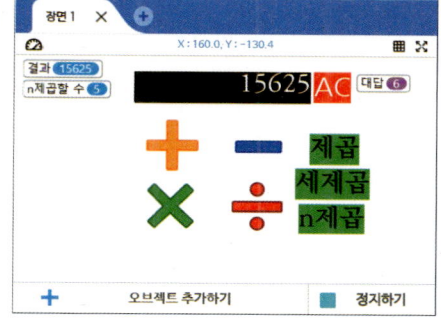

.... **요점정리**

❶ 공학용 계산기는 사칙 연산 뿐만 아니라 거듭제곱, 삼각 함수까지 계산할 수 있습니다.
❷ 거듭제곱은 어떤 수 a를 2번 곱하는 것을 제곱 또는 2승이라고 하며 기호로 a^2과 같이 나타내는 것처럼, a를 3번 곱하는 것을 세제곱 또는 3승이라 하고 기호로 a^3과 같이 나타냅니다. 이와 같이 n번 거듭하여 a를 n번 반복하여 곱하는 것을 a^n이라고 합니다.
❸ 이벤트 처리 프로그래밍은 특정 이벤트가 발생했을 때 해당 이벤트에 맞는 특정 동작을 실행하게 하는 프로그래밍입니다.
❹ 사칙 연산과 거듭제곱의 수학적 개념을 활용하여 공학용 계산기를 코드로 만듭니다.
❺ 이벤트 종류 블록

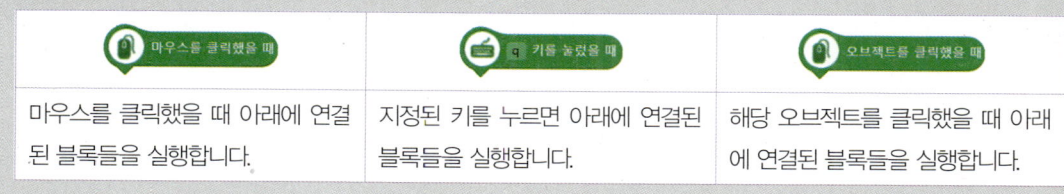

퀴즈 풀어보기

01. a=−2일 때 a³은? (   )

① 8   ② −8   ③ 16   ④ −16

02. 특정 버튼을 클릭했을 때 어떠한 반응이 일어나게끔 해주는 형태의 프로그래밍은 어느 것입니까? (   )

① 반복 처리 프로그래밍   ② 순차 처리 프로그래밍
③ 이벤트 처리 프로그래밍   ④ 리스트 프로그래밍

03. 다음 블록 아래에 연결하여 결과값을 글로 보여줄 때 필요한 블록은 어느 것입니까? (   )

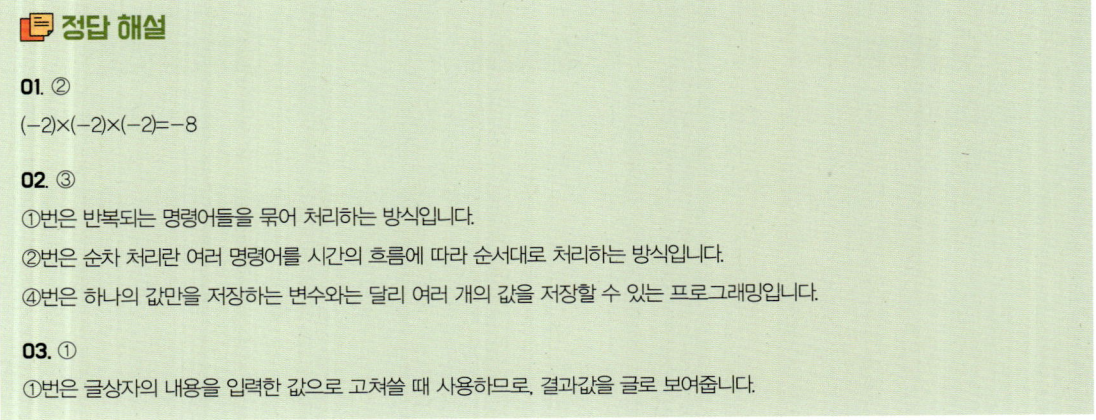

정답 해설

01. ②
(−2)×(−2)×(−2)=−8

02. ③
①번은 반복되는 명령어들을 묶어 처리하는 방식입니다.
②번은 순차 처리란 여러 명령어를 시간의 흐름에 따라 순서대로 처리하는 방식입니다.
④번은 하나의 값만을 저장하는 변수와는 달리 여러 개의 값을 저장할 수 있는 프로그래밍입니다.

03. ①
①번은 글상자의 내용을 입력한 값으로 고쳐쓸 때 사용하므로, 결과값을 글로 보여줍니다.

실습 문제

다음과 같이 sin, cos, tan까지 계산할 수 있는 공학용 계산기를 만들어 봅시다.

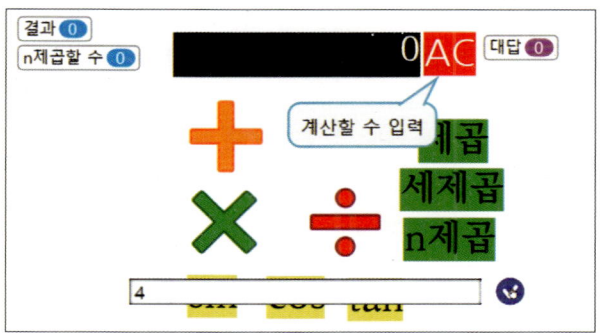

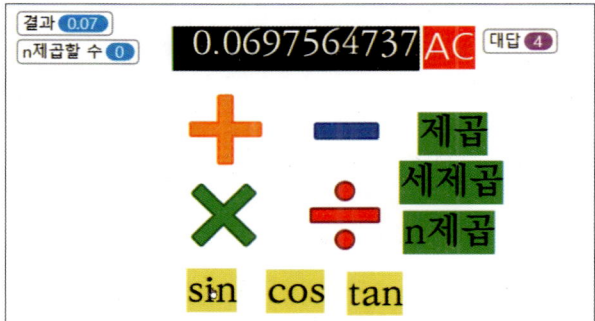

작품 주소 : https://goo.gl/7wtZFX

HINT!
(1) sin, cos, tan 글상자 오브젝트를 추가하고, 각 오브젝트마다 프로그래밍합니다.
(2) [계산] 꾸러미의 **10의 제곱** 블록을 활용하여 코드를 만듭니다.
(3) 각 오브젝트의 마지막 블록은 **결과 보여주기 신호 보내기** 블록을 연결합니다.

Chapter 03.
눈으로 보는 과학

과학을 글자로만 읽는다면 잘 기억이 나질 않게 됩니다. 그래서 애니메이션, 시뮬레이션 형태로 구성하여 눈으로 보이는 것이 중요합니다. 예를 들어 식물의 한살이를 관찰하여 애니메이션으로 표현하거나 인체 모형을 통해 인체 모형 맞추기 퀴즈를 만들거나 세균의 특성으로 시뮬레이션을 구성하는 것 같이 눈으로 보는 과학을 엔트리의 기본적인 개념인 순차, 반복, 조건, 연산과 함께 배우면서 애니메이션, 시뮬레이션 형태로 자유롭게 표현해봅니다. 기본 개념과 과학적인 지식을 더 쉽고, 깊게 이해할 수 있습니다.

SECTION 09 과학
식물의 한살이는?

- 식물의 한살이가 무엇인지 이해할 수 있다.
- 순차 처리와 반복 처리가 무엇인지 이해할 수 있다.
- 식물의 한살이를 반복 처리를 이용하여 모양을 바꾸고 말하는 오브젝트를 만들 수 있다.

작품 주소 :
식물의 한살이 – goo.gl/XlgkTF

01 식물의 한살이

식물의 한살이란 씨가 싹트고 자라서 꽃을 피우고 열매를 맺어 다시 씨를 만들고 죽기까지의 과정을 말합니다.

한살이는 한해살이 식물과 여러해살이 식물로 나뉘는데 한해살이 식물은 한 해 동안 씨가 싹트고 자라 꽃을 피우고 열매를 맺어 대를 잇고 죽는 식물로 강낭콩, 옥수수, 벼, 해바라기 등이 있으며, 여러해살이 식물은 한살이 기간이 여러 해 동안 죽지 않고 새순이 자라 꽃을 피우고 열매를 맺는 과정을 반복하는 식물로 감나무, 복숭아나무, 사과나무, 무궁화 등이 있습니다.

02 프로그래밍 개념

1. 순차 처리
순차 처리란 여러 명령어를 시간의 흐름에 따라 순서대로 처리하는 방식입니다.

2. 반복 처리
반복 처리란 순차 처리 방식에서 반복되는 명령어들을 묶어 처리하는 방식입니다.

3. 순차 처리와 반복 처리 비교하기
순차 처리는 시간의 흐름에 따라 순서대로 나열하다보니 불필요한 명령어들이 반복적으로 행해져 명령어가 길어지고, 복잡해지는데 반복 처리는 반복되는 명령어들이 있을 때 중복을 제거하여 프로그래밍을 단순화시키고, 작업의 효율성을 높여줍니다.

03 따라하며 익히기

1. 순차 처리 프로그래밍

순차 처리 프로그래밍으로 엔트리봇이 이동 방향으로 10만큼 10번 움직이게 만들어 봅니다.

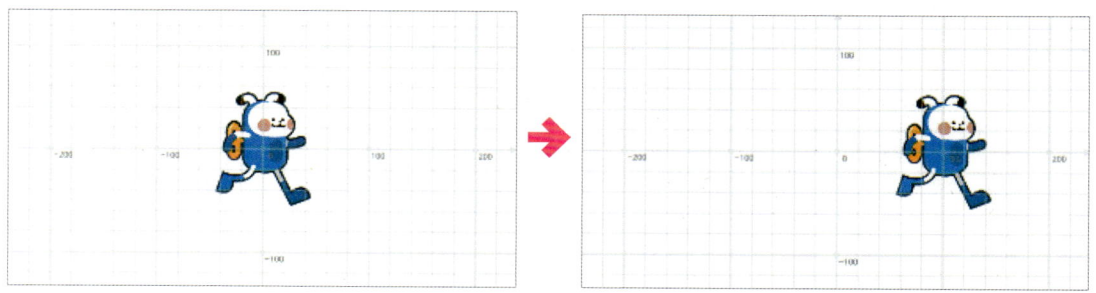

[시작] 꾸러미에서 **시작하기 버튼을 클릭했을 때** 블록을 드래그하고, [움직임] 꾸러미에서 **이동 방향으로 10만큼 움직이기** 블록을 연결합니다. **이동 방향으로 10만큼 움직이기** 블록을 마우스 오른쪽 버튼을 클릭한 후 [코드 복사 & 붙여넣기]를 10번 반복하여 연결합니다. [▶ 시작하기] 버튼을 클릭하여 결과 화면을 확인합니다.

2. 반복 처리 프로그래밍

반복 처리 프로그래밍으로 엔트리봇이 이동 방향으로 10만큼 10번 움직이게 만들어 봅니다.

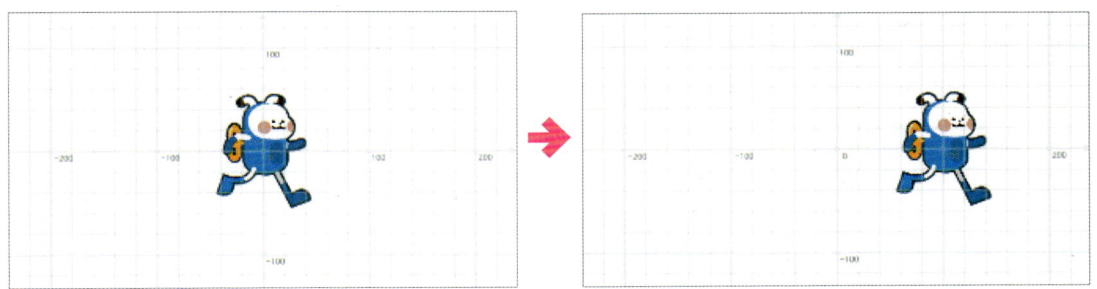

[시작] 꾸러미에서 **시작하기 버튼을 클릭했을 때** 블록을 드래그하고, 10번 반복하여 움직이게 하기 위해 [흐름] 꾸러미에서 **10번 반복하기** 블록을 연결한 후 [움직임] 꾸러미에서 **이동 방향으로 10만큼 움직이기** 블록을 연결합니다. [▶ 시작하기] 버튼을 클릭하여 결과 화면을 확인합니다.

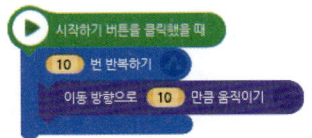

TIP!

계속 반복하기

반복 처리는 설정한 횟수만큼 반복 실행하는 **10번 반복하기** 블록과 계속해서 반복 실행하는 **계속 반복하기** 블록이 있습니다. **계속 반복하기** 블록으로 엔트리봇이 이동 방향으로 10만큼 계속 움직이게 만들어 봅니다.

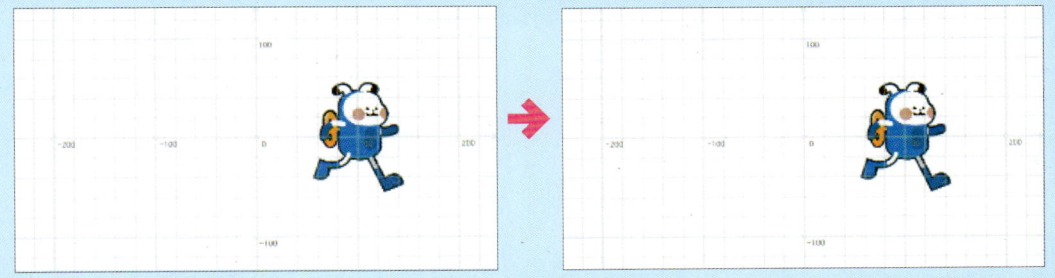

[시작] 꾸러미에서 **시작하기 버튼을 클릭했을 때** 블록을 드래그하고, 계속 반복하여 움직이게 하기 위해 [흐름] 꾸러미에서 **계속 반복하기** 블록을 연결한 후 [움직임] 꾸러미에서 **이동 방향으로 10만큼 움직이기** 블록을 연결합니다.

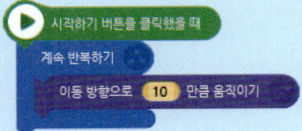

3. 순차 처리 프로그래밍과 반복 처리 프로그래밍 한눈에 비교하기

순차 처리 프로그래밍은 명령어가 길고, 복잡하지만 반복 처리 프로그래밍은 반복되는 명령어들을 묶어 처리하여 중복을 제거하고 프로그래밍을 단순화시켜 작업의 효율성을 높여줍니다.

04 프로그래밍 시작하기

1. 오브젝트 삭제 / 추가 / 이름 수정하기

(1) 엔트리봇 오브젝트를 삭제하기 위해 목록에서 삭제(❌)를 클릭합니다.

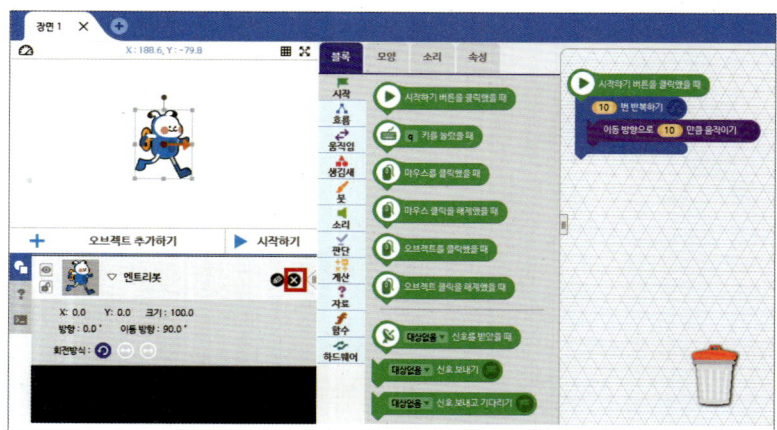

(2) 오브젝트를 추가하기 위해 [➕오브젝트 추가하기] 버튼을 클릭합니다.

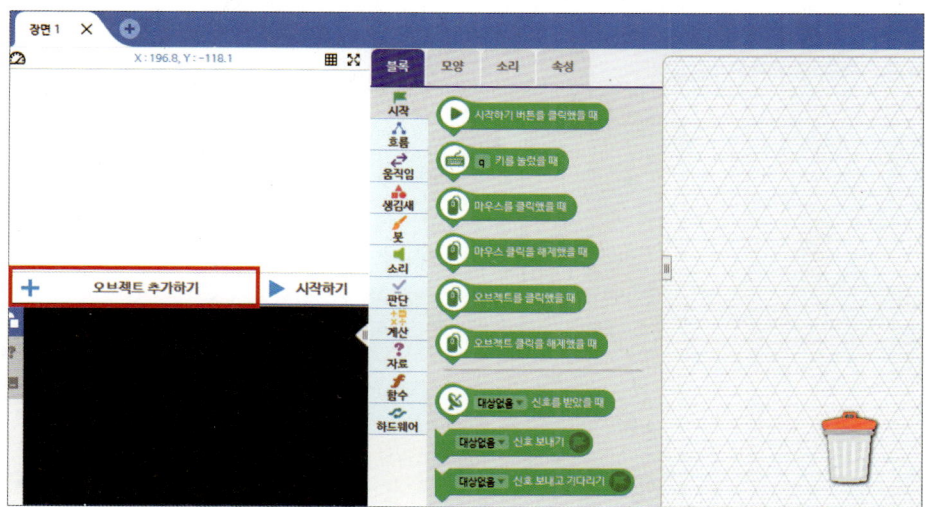

(3) [➕오브젝트 추가하기] 버튼을 클릭하고 대화상자의 [라이브러리 선택] 탭에서 [식물] 그룹의 식물의 한살이, [배경] 그룹의 초원(1) 오브젝트를 선택하고 [적용하기] 버튼을 클릭합니다.

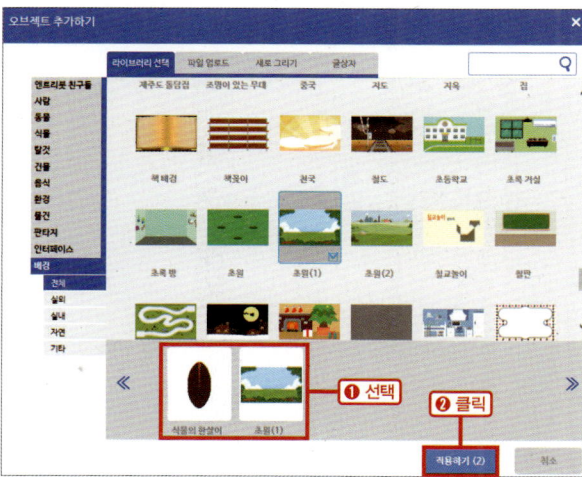

(4) 오브젝트가 추가되면 오브젝트 목록의 초원(1)에서 수정(✏️)을 클릭한 후 이름을 '배경'으로 수정합니다.

2. 오브젝트 모양 삭제 이름 수정하기

(1) 식물의 한살이 오브젝트의 모양을 삭제하기 위해 [모양] 탭을 클릭한 다음 '식물의 한살이_4'를 선택한 후 마우스 오른쪽 버튼을 클릭하고 삭제를 클릭합니다.

(2) 식물의 한살이 오브젝트의 모양 삭제로 인해 이름 수정을 하기 위해 '식물의 한살이_5'를 선택한 후 마우스 오른쪽 버튼을 클릭하고 이름 수정을 클릭한 후 '식물의 한살이_4'로 수정합니다.

(3) 이와 같은 방법으로 '식물의 한살이_6'를 선택한 후 '식물의 한살이_5'로 이름 수정합니다.

3. 반복하기로 모양 바꾸고 말하기

(1) 식물의 한살이 오브젝트(●)를 선택한 후 [블록] 탭을 클릭한 다음 [시작] 꾸러미에서 **시작하기 버튼을 클릭했을 때** 블록을 드래그하고, 시작하기 버튼을 클릭할 때마다 배경에 보이는 모양을 정해주기 위해 [생김새] 꾸러미에서 **식물의 한살이_1 모양으로 바꾸기** 블록을 연결합니다.

(2) 식물의 한살이 모양을 4번 반복하여 바꾸기 위해 [흐름] 꾸러미에서 **10번 반복하기** 블록을 연결하고, '4'번을 입력합니다.

(3) 모양이 빨리 바뀌는 것을 제어 하기 위해 **4번 반복하기** 블록 안으로 [흐름] 꾸러미에서 **2초 기다리기** 블록을 연결하고, 다음 모양으로 바꾸기 위해 [생김새] 꾸러미에서 **다음 모양으로 바꾸기** 블록을 연결합니다.

(4) [시작] 꾸러미에서 **시작하기 버튼을 클릭했을 때** 블록을 드래그하고, 2초 동안 모양을 말하기 위해 [생김새] 꾸러미에서 **안녕!을(를) 4초동안 말하기** 블록을 연결하여 '씨', '2'초로 수정합니다.

(5) 다음 모양을 말하기 위해 마우스 오른쪽 버튼을 클릭한 후 [코드 복사 & 붙여넣기]를 4번 반복하여 클릭하고 연결합니다.

(6) [코드 복사 & 붙여넣기]한 블록에 각각 "떡잎", "본잎", "꽃", "열매"로 수정합니다.

(7) [▶ 시작하기] 버튼을 클릭하여 결과 화면을 확인합니다.

요점정리

❶ 순차 처리는 여러 명령어를 시간의 흐름에 따라 순서대로 처리하는 방식이고, 반복 처리는 반복되는 명령어들을 묶어 처리하는 방식입니다. 순차 처리에 비해 반복 처리는 중복을 제거하여 프로그래밍을 단순화시키고, 작업의 효율성을 높여줍니다.

❷ 반복 블록의 종류

설정한 횟수만큼 감싸고 있는 블록들을 반복 실행합니다.	감싸고 있는 블록들을 계속해서 반복 실행합니다.

퀴즈 풀어보기

01. 한해살이 식물은 무엇일까요? (   )

① 사과나무   ② 감나무
③ 강낭콩   ④ 무궁화

02. 다음 중 '반복 처리'에 대한 설명으로 옳은 것은? (   )

① 여러 명령어를 시간의 흐름에 따라 순서대로 처리하는 방식이다.
② 프로그램이 대기하고 있다가 어떤 신호가 발생했을 때 명령을 처리하는 방식이다.
③ 조건에 따라 참 또는 거짓을 판단하여 결과에 따라 다른 명령을 실행하는 방식이다.
④ 반복되는 명령어들을 묶어 처리하는 방식이다.

03. 다음 보기의 코드와 같은 기능을 하는 코드는? (   )

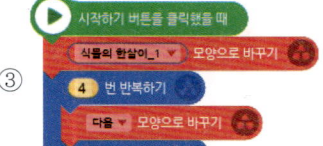

정답 해설

01. ③
③번은 한해살이 식물로 한 해 동안 씨가 싹트고 자라 꽃을 피우고 열매를 맺어 대를 잇고 죽는 식물로 옥수수, 벼, 해바라기 등이 있습니다.
①, ②, ④번은 여러해살이 식물로 한살이 기간이 여러 해 동안 죽지 않고 새순이 자라 꽃을 피우고 열매를 맺는 과정을 반복하는 식물로 진달래, 복숭아나무, 무궁화 등이 있습니다.

02. ④
④번은 반복 처리로 순차 처리 방식에서 반복되는 명령어들을 묶어 처리하는 방식입니다.
①번은 순차 처리란 여러 명령어를 시간의 흐름에 따라 순서대로 처리하는 방식입니다.
②번은 이벤트란 프로그램이 대기하고 있다가 어떤 신호가 발생했을 때 명령을 처리하는 방식입니다.
③번은 조건 처리는 조건에 따라 참인지 거짓인지 판단하여 결과에 따라 다른 명령을 실행해야 할 때 처리하는 방식입니다.

03. ②
순차 처리를 반복 처리로 수정하기 위해 시작하기 버튼을 클릭했을 때 **식물의 한살이_1 모양으로 바꾸기** 블록을 제외한 반복되고 있는 **2초 기다리기** 블록과 **식물의 한살이_1 모양으로 바꾸기** 블록의 반복 횟수가 2번입니다.
10번 반복하기 블록의 횟수는 2번이고, **식물의 한살이_1 모양으로 바꾸기** 블록의 중복을 제거하기 위해 **다음 모양으로 바꾸기** 블록으로 연결된 코드는 ②번입니다.

실습 문제

식물의 한살이 오브젝트의 모양을 2초마다 다음 모양으로 계속 반복하여 만들어 봅시다.

작품 주소 : https://goo.gl/yLBs6k

> **HINT!**
> (1) 식물의 한살이 오브젝트를 선택한 후 [블록] 탭을 클릭한 다음 **4번 반복하기** 블록을 삭제합니다.
> (2) [흐름] 꾸러미에서 **계속 반복하기** 블록을 연결합니다.
> (3) 식물의 한살이를 설명하는 **씨 을(를) 2초동안 말하기** 블록에서 **열매 을(를) 2초동안 말하기** 블록까지 [흐름] 꾸러미에서 **계속 반복하기** 블록 안에 연결합니다.

SECTION 10 과학
인체 모형 맞추기

- 뼈와 근육이 하는 일을 이해할 수 있다.
- 조건 처리가 무엇인지 이해할 수 있다.
- 조건 처리를 이용하여 인체 모형 맞추기를 만들 수 있다.

작품 주소 :
인체 모형 맞추기 – goo.gl/h6ux4s

01 뼈와 근육

우리는 어떻게 움직일 수 있을까요? 그 이유는 뼈에 연결된 근육의 길이가 줄거나 늘면서 뼈가 움직이기 때문입니다.

몸속 뼈는 머리뼈와 같이 동그란 뼈도 있고, 울퉁불퉁한 척추뼈도 있으며, 갈비뼈처럼 휘어진 뼈도 있고, 팔뼈와 다리뼈처럼 긴 뼈도 있고, 손가락뼈와 발가락뼈처럼 짧은 뼈도 있습니다.

뼈는 몸을 지탱하며, 몸속의 내부 기관을 보호하고 근육과 함께 우리 몸을 움직일 수 있게 하고, 근육은 뼈에 연결되어 있어 몸을 움직일 수 있게 합니다.

02 프로그래밍 개념

조건 처리

조건 처리란 조건에 따라 〈참〉 또는 〈거짓〉을 판단하여 결과에 따라 다른 명령을 실행하는 방법입니다. 조건 처리는 단순 조건 처리와 다중 조건 처리가 있는데, 단순 조건 처리는 가장 기본적인 조건의 상황을 만들 수 있고, 다중 조건 처리는 2가지 이상의 조건에 대해서 단순 조건 블록을 중복 연결하여 다양한 상황의 조건을 만들 수 있습니다.

03 따라하며 익히기

1. 단순 조건 처리 프로그래밍

(1) 만일 참이라면

만일 참이라면 블록으로 엔트리봇이 마우스포인터에 닿았다면 계속해서 크기를 1만큼씩 크게 만들어 봅니다.

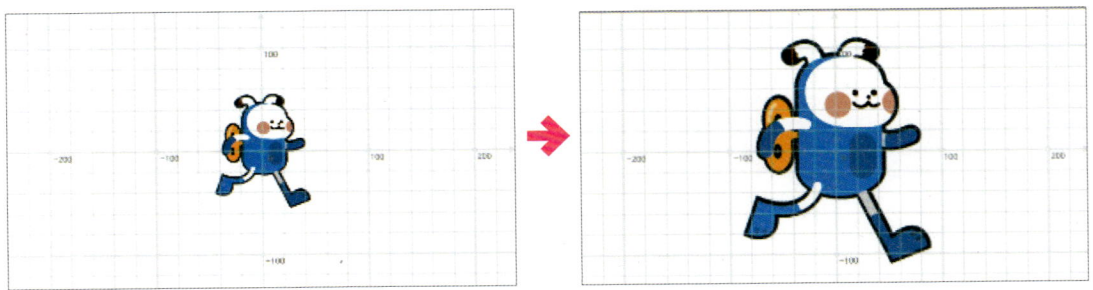

[시작] 꾸러미에서 **시작하기 버튼을 클릭했을 때** 블록을 드래그하고, [흐름] 꾸러미에서 **계속 반복하기** 블록을 연결하고, 조건을 주기 위해 **만일 참이라면** 블록을 연결합니다. 〈참〉 부분에 [판단] 꾸러미의 **마우스포인터에 닿았는가?** 블록을 연결하고, [생김새] 꾸러미에서 **크기를 10만큼 바꾸기** 블록을 연결하여 크기를 '1'로 입력합니다. [▶ 시작하기] 버튼을 클릭하여 결과 화면을 확인합니다.

(2) 만일 참이라면, 아니면

만일 참이라면, 아니면 블록으로 엔트리봇이 마우스포인터에 닿았다면 계속해서 크기를 -1만큼씩 작게 바꾸고, 아니라면 1만큼씩 크게 만들어 봅니다.

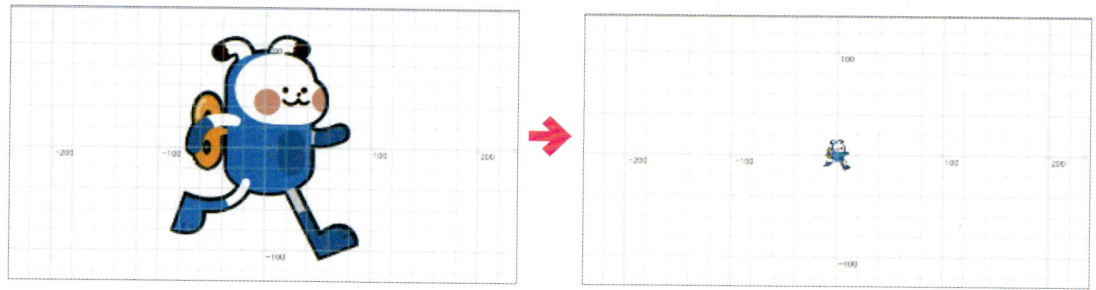

[시작] 꾸러미에서 **시작하기 버튼을 클릭했을 때** 블록을 드래그하고, [흐름] 꾸러미에서 **계속 반복하기** 블록을 연결하고, 조건을 주기 위해 **만일 참이라면, 아니면** 블록을 연결합니다. 〈참〉 부분에 [판단] 꾸러미의 **마우스포인터에 닿았는가?** 블록을 연결하고, 참이라면 [생김새] 꾸러미에서 **크기를 10만큼 바꾸기** 블록을 연결하여 크기를 '-1'로 입력하고, 아니면 **크기를 10만큼 바꾸기** 블록을 연결하여 크기를 '1'로 입력합니다. [▶ 시작하기] 버튼을 클릭하여 결과 화면을 확인합니다.

2. 다중 조건 처리 프로그래밍

만일 참이라면 블록으로 왼쪽, 오른쪽 화살표를 누르면 엔트리봇이 왼쪽과 오른쪽으로 움직이게 만들어 봅니다.

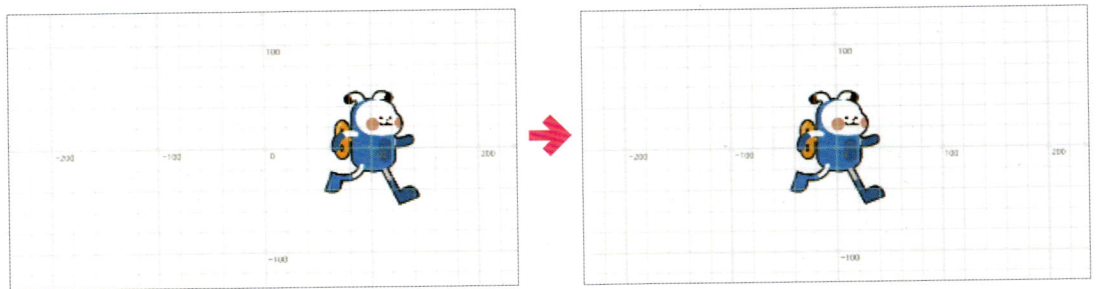

[시작] 꾸러미에서 **시작하기 버튼을 클릭했을 때** 블록을 드래그하고, [흐름] 꾸러미에서 **계속 반복하기** 블록을 연결하고, 조건을 주기 위해 **만일 참이라면** 블록을 연결합니다. 〈참〉 부분에 [판단] 꾸러미의 **q키가 눌러져 있는가?** 블록을 연결하고, **q**를 클릭하면 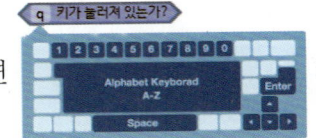 키를 선택할 수 있게 키보드 자판이 나오는데 실제 키보드에서 오른쪽 화살표 키를 누릅니다.

참이라면 [움직임] 꾸러미에서 **이동 방향으로 10만큼 움직이기** 블록을 연결하고, 아니라면 다른 조건을 주기 위해 [흐름] 꾸러미에서 **만일 참이라면** 블록을 연결하고, 〈참〉 부분에 [판단] 꾸러미의 **q키가 눌러져 있는가?** 블록을 연결하고, q를 클릭하면 실제 키보드에서 왼쪽 화살표 키를 누르고, [움직임] 꾸러미에서 **이동 방향으로 10만큼 움직이기** 블록을 연결하고, '-10'으로 입력합니다. [▶ 시작하기] 버튼을 클릭하여 결과 화면을 확인합니다.

04 프로그래밍 시작하기

1. 기본 예제 파일 열기

(1) [파일] 메뉴를 클릭하고, [오프라인 작품 불러오기]를 클릭합니다.

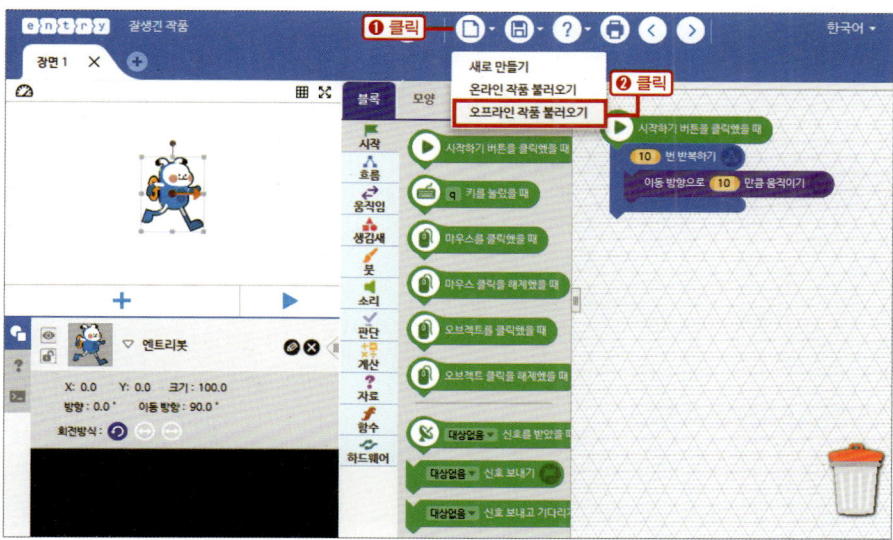

(2) 대화상자가 나타나면, '10강-인체 모형 맞추기_예제.ent' 파일을 선택하고, [열기]를 클릭합니다.

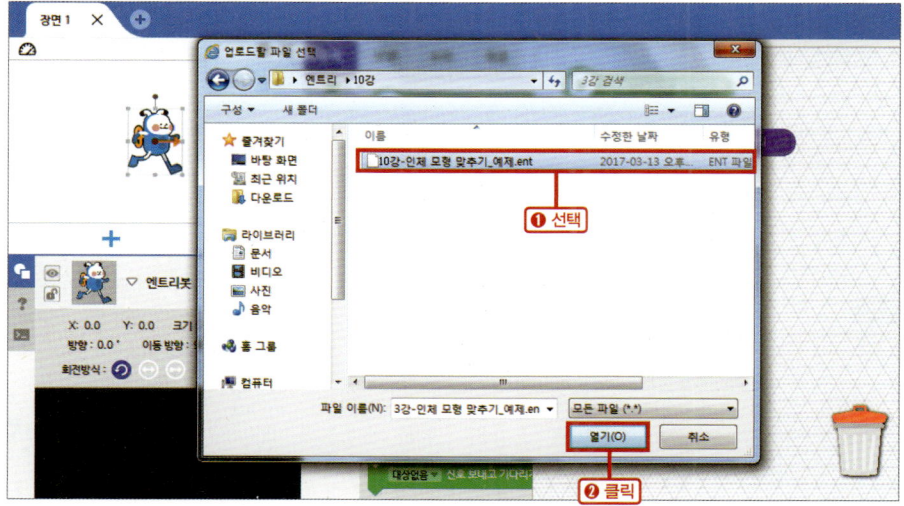

SECTION 10 인체 모형 맞추기 • 173

(3) 기본 예제 파일이 열립니다.

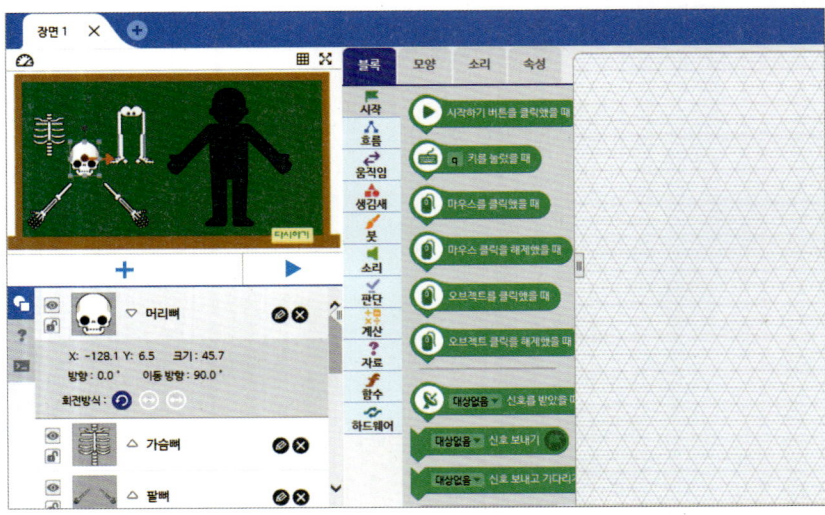

2. 머리에 닿을 때 이동하고 멈추기

(1) 머리뼈 오브젝트(💀)를 선택한 후 [블록] 탭을 클릭한 다음 [시작] 꾸러미에서 **시작하기 버튼을 클릭했을 때** 블록을 드래그하고, 시작하기 버튼을 클릭할 때마다 지정된 위치로 이동하기 위해 [움직임] 꾸러미에서 **x: 0, y: 0 위치로 이동하기** 블록 연결하여 'x: −130', 'y: 10'을 입력합니다.

(2) 머리뼈 오브젝트를 클릭했을 때 뼈의 이름을 말하기 위해 [시작] 꾸러미에서 **오브젝트를 클릭했을 때** 블록을 드래그하고, [생김새] 꾸러미에서 **안녕! 을(를) 4초 동안 말하기** 블록을 연결하여 '머리뼈', '1초'를 입력합니다.

(3) 머리뼈 오브젝트가 계속 마우스포인터 위치로 이동하기 위해 [흐름] 꾸러미에서 **계속 반복하기** 블록을 연결하고, 안으로 [움직임] 꾸러미에서 **마우스포인터 위치로 이동하기** 블록을 연결합니다.

(4) 조건을 주기 위해 **마우스포인터 위치로 이동하기** 블록 아래에 [흐름] 꾸러미의 **만일 참이라면** 블록을 연결합니다.

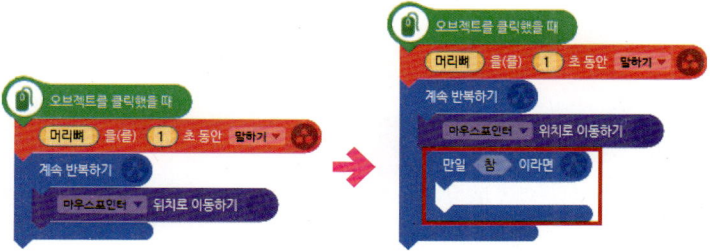

(5) 머리뼈 오브젝트가 머리에 닿았는지 조건을 주기 위해 〈참〉 부분에 [판단] 꾸러미의 **마우스포인터에 닿았는가?** 블록을 연결하고, ▼를 클릭하여 '머리'를 선택합니다.

(6) 머리뼈 오브젝트가 머리에 닿았다면 머리 오브젝트 위치로 이동하기 위해 [움직임] 꾸러미에서 **머리뼈 위치로 이동하기** 블록을 연결하고, ▼를 클릭하여 '머리'를 선택합니다.

(7) 머리뼈 오브젝트가 머리 오브젝트 위치로 이동한 후 멈추기 위해서 **머리뼈 위치로 이동하기** 블록 아래에 [흐름] 꾸러미에서 **모든 코드 멈추기** 블록을 연결하고, ▼를 클릭하여 '자신의'를 선택합니다.

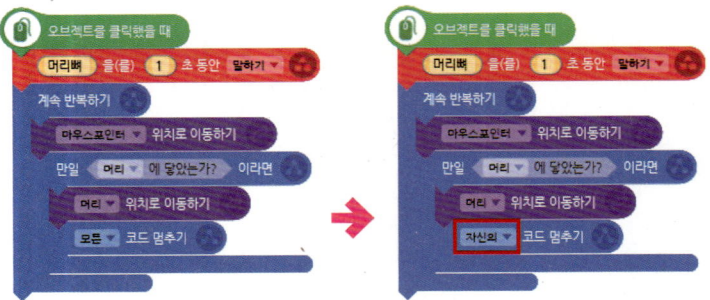

📊 TIP!
코드 멈추기
① 모든 코드 멈추기 : 파일에 속한 모든 오브젝트들이 즉시 실행을 멈춥니다.
② 자신의 모드 멈추기 : 현재 해당 오브젝트의 모든 블록들을 멈춥니다.
③ 이 코드 멈추기 : 이 블록이 포함된 코드가 즉시 실행을 멈춥니다.
④ 자신의 다른 코드 멈추기 : 해당 오브젝트 중 이 블록이 포함된 코드를 제외한 모든 코드가 즉시 실행을 멈춥니다.

3. 복사하고 수정하기

(1) 다른 뼈도 같은 기능을 적용하기 위해 머리뼈 오브젝트의 **시작하기 버튼을 클릭했을 때** 블록 위에서 마우스 오른쪽 버튼을 클릭한 후 [코드 복사]를 클릭합니다.

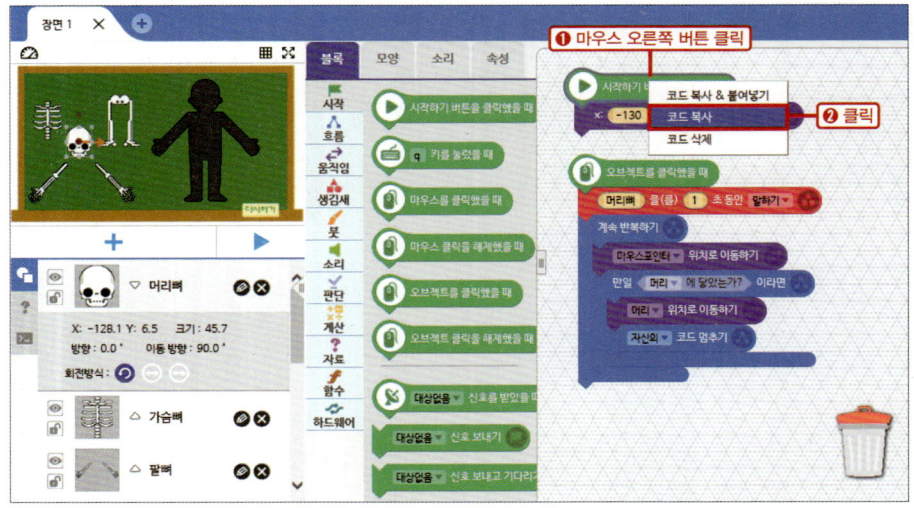

(2) 가슴뼈 오브젝트(🦴)를 선택한 후 [블록] 탭에서 마우스 오른쪽 버튼을 클릭한 후 [붙여넣기]를 클릭합니다.

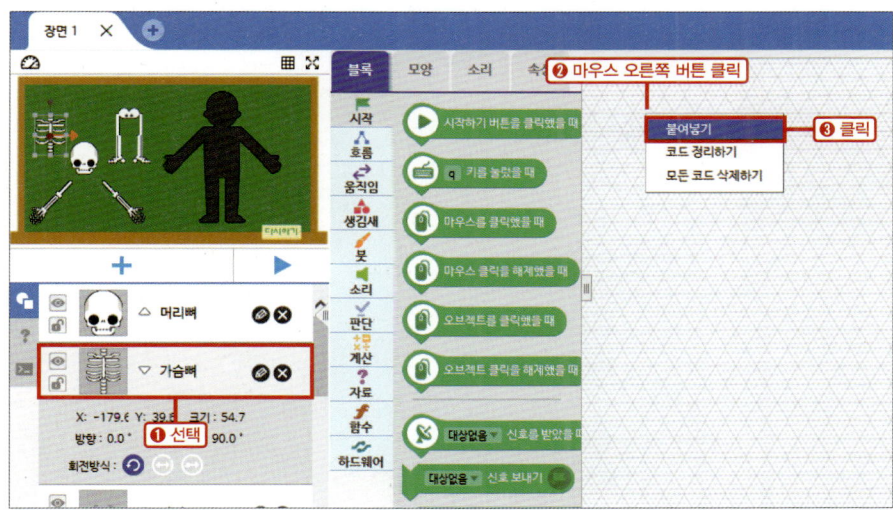

(3) 시작하기 버튼을 클릭할 때마다 가슴뼈의 지정된 위치로 수정하기 위해 **x: 0, y: 0 위치로 이동하기** 블록의 'x: -130', 'y: 10'을 'x: -180', 'y: 40'으로 수정합니다.

SECTION 10 인체 모형 맞추기 • **177**

(4) 오브젝트를 클릭했을 때 실행되는 코드를 복사하기 위해 머리뼈 오브젝트의 **오브젝트를 클릭했을 때** 블록 위에서 마우스 오른쪽 버튼을 클릭한 후 [코드 복사]를 클릭합니다.

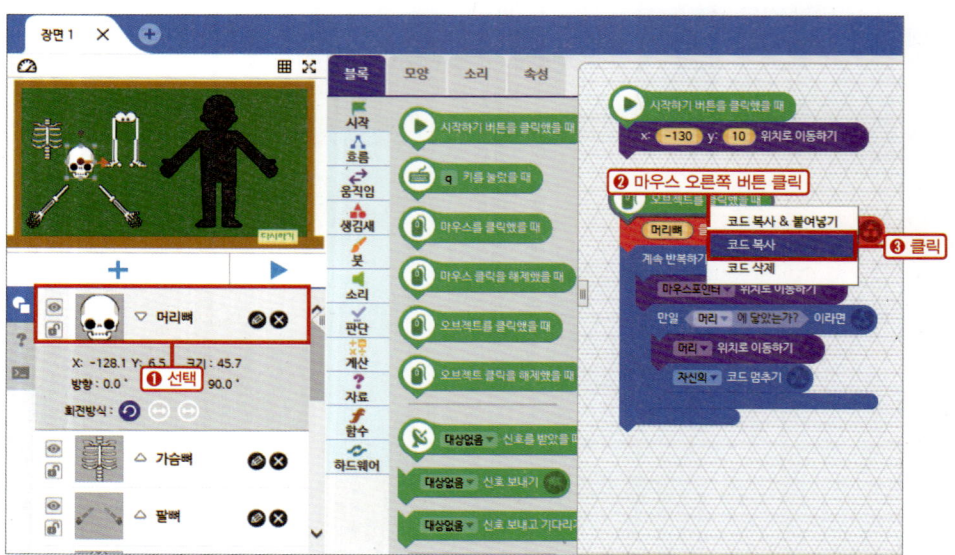

(5) 가슴뼈 오브젝트를 선택한 후 [블록] 탭에서 마우스 오른쪽 버튼을 클릭한 후 [붙여넣기]를 클릭합니다.

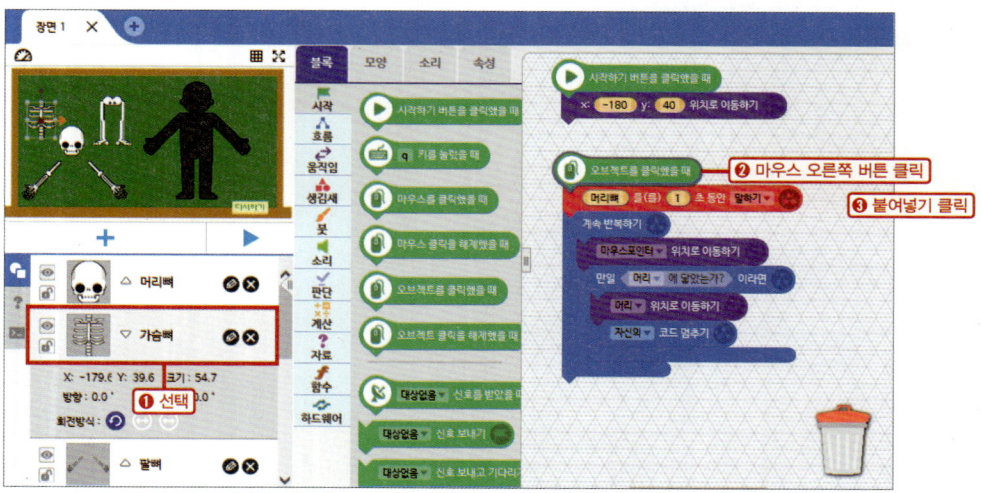

(6) 오브젝트를 클릭했을 때 [생김새] 꾸러미에서 **머리뼈 을(를) 1초 동안 말하기** 블록을 '가슴뼈'로 수정합니다. 가슴뼈 오브젝트가 가슴에 닿았는지 조건을 주기 위해 〈참〉 부분에 [판단] 꾸러미의 **머리에 닿았는가?** 블록의 ▼를 클릭하여 '가슴'을 선택하고, 가슴 위치로 이동하기 위해 [움직임] 꾸러미에서 **머리뼈 위치로 이동하기** 블록의 ▼를 클릭하여 가슴을 선택합니다.

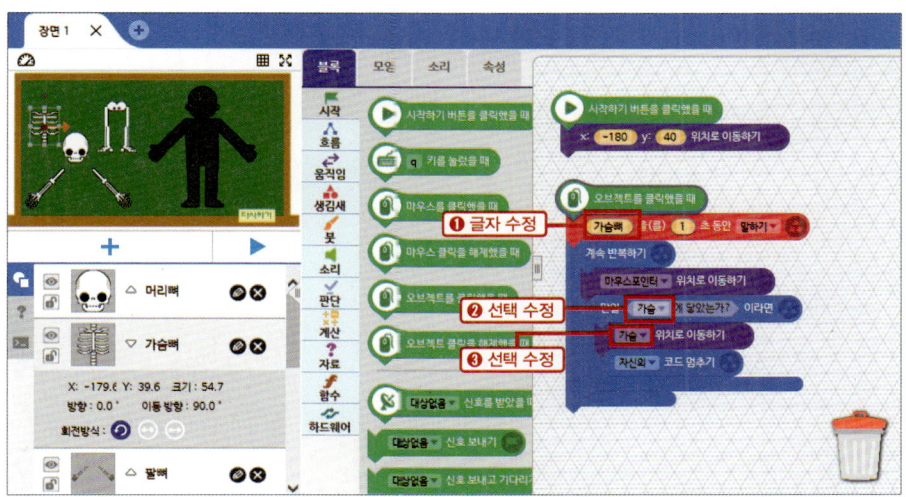

(7) 이와 같은 방법으로 팔뼈 오브젝트를 수정합니다.

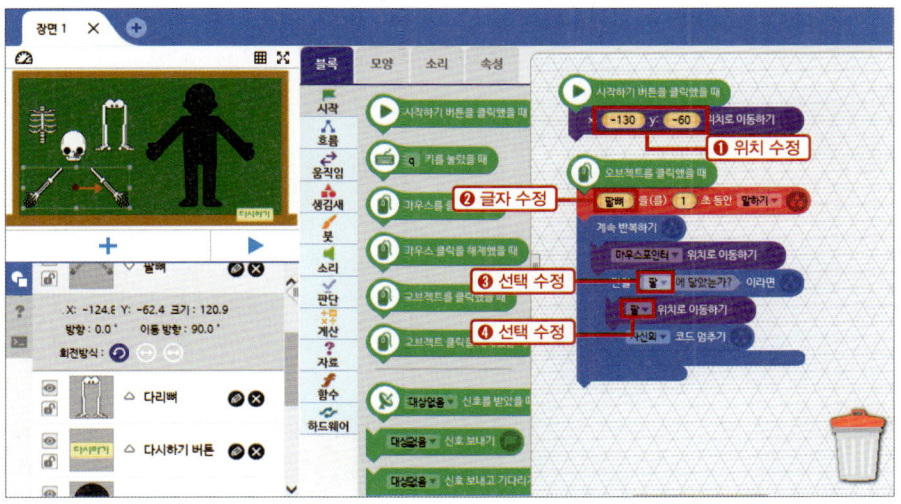

(8) 이와 같은 방법으로 다리뼈 오브젝트를 수정한 후 [▶ 시작하기] 버튼을 클릭하여 결과 화면을 확인합니다.

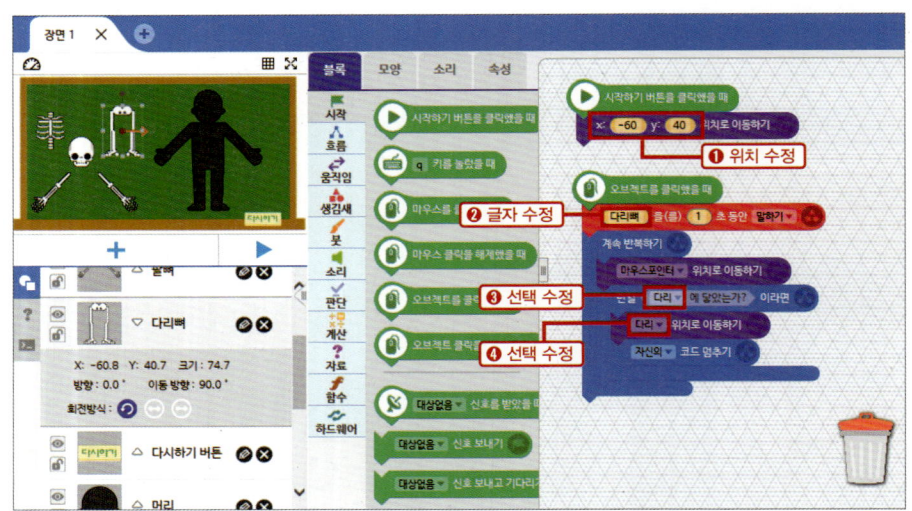

.... **요점정리**

❶ 조건 처리란 조건에 따라 〈참〉 또는 〈거짓〉을 판단하여 결과에 따라 다른 명령을 실행하는 방법입니다.

❷ 조건 블록의 종류

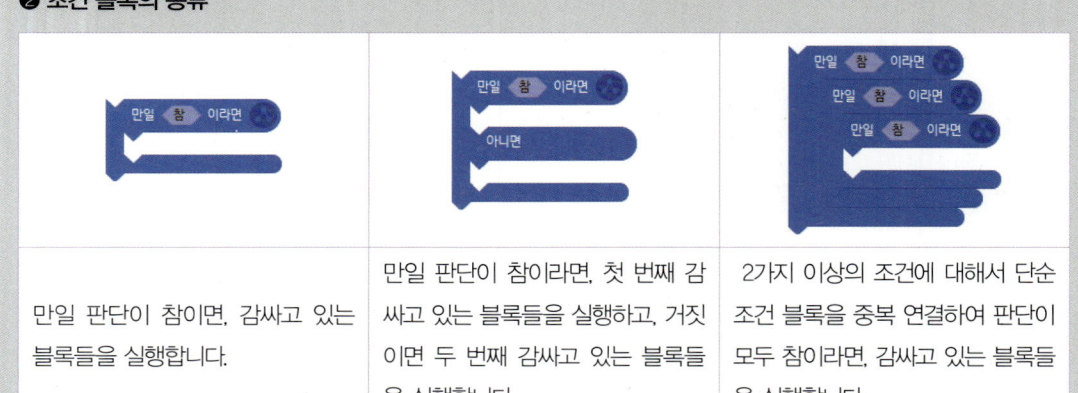

만일 판단이 참이면, 감싸고 있는 블록들을 실행합니다.	만일 판단이 참이라면, 첫 번째 감싸고 있는 블록들을 실행하고, 거짓이면 두 번째 감싸고 있는 블록들을 실행합니다.	2가지 이상의 조건에 대해서 단순 조건 블록을 중복 연결하여 판단이 모두 참이라면, 감싸고 있는 블록들을 실행합니다.

퀴즈 풀어보기

01. 뼈와 근육이 하는 일이 아닌 것은? (   )

① 다양한 자세로 움직일 수 있다.
② 음식물을 잘게 쪼개어 몸에 흡수될 수 있는 형태로 분해한다.
③ 달리기를 할 수 있다.
④ 물건을 들어 올릴 수 있다.

02. 다음 중 '조건 처리'에 대한 설명으로 옳지 않은 것은? (   )

① 조건 처리 블록에는 만일 참이라면 블록이 있다.
② 조건에 따라 참 또는 거짓을 판단하여 결과에 따라 다른 명령을 실행하는 방식이다.
③ 반복되는 명령어들을 묶어 처리하는 방식이다.
④ 조건 처리 블록에는 단순 조건 처리와 다중 조건 처리가 있다.

03. 만일 오른쪽 키를 누르면 이동 방향으로 10만큼 움직이려할 때 보기에서 〈참〉에 사용될 블록은? (   )

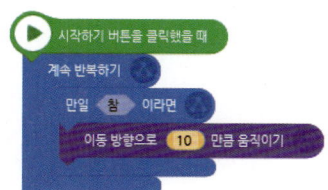

① 마우스를 클릭했는가?
② 마우스포인터 ▼ 에 닿았는가?
③ a 키가 눌러져 있는가?
④ 아래쪽 벽 ▼ 에 닿았는가?

정답 해설

01. ②

①, ③, ④번은 뼈와 근육의 할 수 있는 일로 몸의 움직임을 나타낸 것들입니다.

②번은 소화로 음식물을 잘게 쪼개어 몸에 흡수될 수 있는 형태로 분해하는 과정입니다.

02. ③

③번은 반복 처리로 순차 처리 방식에서 반복되는 명령어들을 묶어 처리하는 방식입니다.

조건 처리란 조건에 따라 〈참〉 또는 〈거짓〉을 판단하여 결과에 따라 다른 명령을 실행하는 방법으로 단순 조건 처리와 다중 조건 처리가 있습니다. 사용되는 블록으로는 **만일 참이라면, 아니면과 만일 참이라면, 중복 만일 참이라면** 블록이 있습니다.

03. ③

〈참〉 부분에 오른쪽 키를 누르면 이라는 조건을 넣어야 하므로 [판단] 꾸러미의 **q키가 눌러져 있는가?** 블록을 연결하고, **q**를 클릭

하면  키를 선택할 수 있게 키보드 자판이 나오는데 실제 키보드에서 오른쪽 화살표 키를 눌러 지정한다.

실습 문제

다시하기 버튼 오브젝트에 마우스포인터에 닿았다면 다시하기 버튼2로 모양이 바뀐 후 마우스를 클릭했다면 처음부터 다시 실행하고, 아니라면 다시하기 버튼1로 모양이 바뀌게 만들어 봅시다.

작품 주소 : https://goo.gl/jFgKLm

HINT!

(1) 다시하기 버튼 오브젝트를 선택한 후 [시작] 꾸러미에서 **시작하기 버튼을 클릭했을 때** 블록을 드래그하고, [흐름] 꾸러미에서 **계속 반복하기** 블록을 연결하고, 조건을 주기 위해 **만일 참이라면, 아니면** 블록을 연결합니다.

(2) 〈참〉 부분에 [판단] 꾸러미의 **마우스포인터에 닿았는가?** 블록을 연결하고, 참이라면 [생김새] 꾸러미에서 **다시하기 버튼2 모양으로 바꾸기** 블록을 연결합니다.

(3) 만약 마우스를 클릭했다면 조건을 주기 위해 [흐름] 꾸러미에서 **만일 참이라면** 블록을 연결하고, **처음부터 다시 실행하기** 블록을 연결합니다.

(4) 마우스포인터에 닿지 않았다면 [생김새] 꾸러미에서 **다시하기 버튼1 모양으로 바꾸기** 블록을 연결합니다.

SECTION 11 과학
세균의 비밀

- 세균의 특징을 알 수 있다.
- 복제 처리가 무엇인지 이해할 수 있다.
- 세균을 복제하고 물로 제거하는 오브젝트를 만들 수 있다.

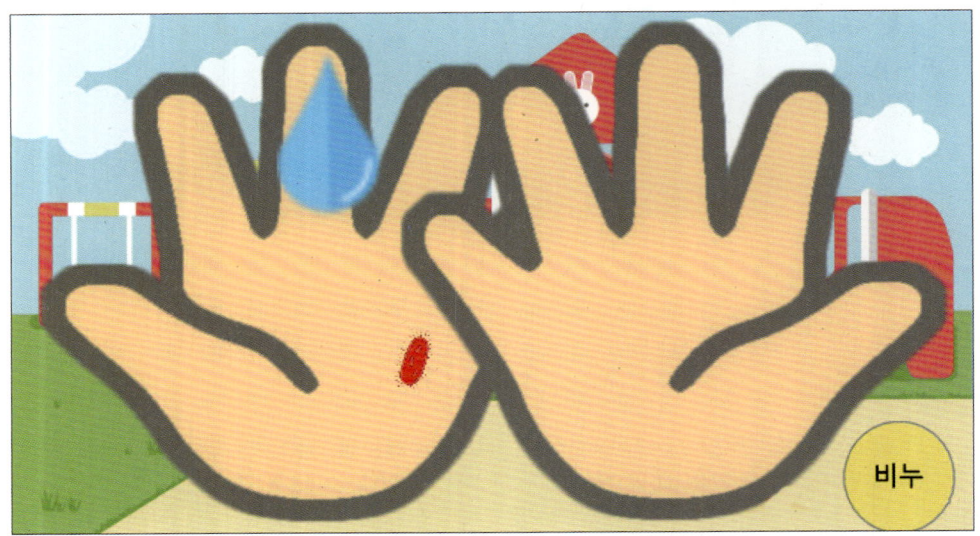

작품 주소 :
세균의 비밀 - goo.gl/lGu4k6

 # 세균

하나의 세포로 이루어져 있고, 종류가 원통 모양이나 공 모양 등 다양하며 크기가 매우 작아 맨눈으로 볼 수 없기에 살기 적절한 조건이 되면 짧은 시간 안에 많은 수로 늘어납니다.

세균은 사람을 비롯한 다른 생물에게 다양하고 전염성 질병을 일으키는 원인이기도 한데, 화장실, 거실, 공부방, 놀이터 등 우리 주변 어느 곳에나 있고, 다른 생물의 몸에서도 살아갑니다. 세균은 70%가 손을 통해 감염되기 때문에 손을 깨끗이 씻어 세균을 없앨 수 있습니다.

 # 프로그래밍 개념

복제 처리

복제 처리란 오브젝트를 복제하여 복제본을 만드는 방식으로 계속 복제하기는 되지 않고, 300개를 초과하면 더 이상 복제본을 만들지 않습니다. 복제본 또한 하나의 오브젝트처럼 동작하므로 복제본이 많을 경우 사용 시에 느려질 수 있습니다. 사용 후에는 **이 복제본 삭제하기** 블록을 이용해 삭제를 해주는 것이 좋습니다.

따라하며 익히기

1. 복제 처리 프로그래밍

복제 처리 프로그래밍으로 엔트리봇을 좌표 전체에 5개 복제하게 만들어 봅니다.

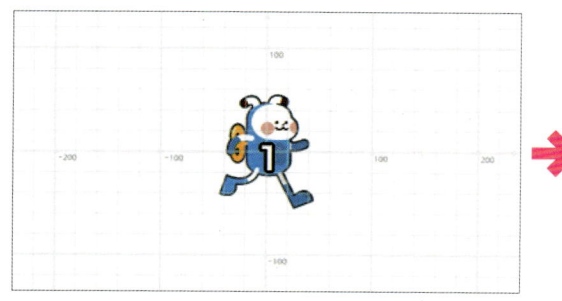 

(1) [시작] 꾸러미에서 **시작하기 버튼을 클릭했을 때** 블록을 드래그하고, 5번 복제하기 위해 [흐름] 꾸러미에서 **10번 반복하기** 블록을 연결하여 '5'번을 입력하고, **자신의 복제본 만들기** 블록을 연결합니다.

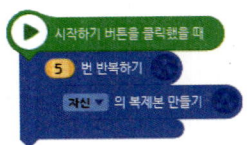

(2) 복제본이 처음 생성되었을 때 x, y축 전체에 복제본이 이동하기 위해 [흐름] 꾸러미에서 **복제본이 처음 생성되었을때** 블록을 드래그하고, [움직임] 꾸러미에서 **x: 0, y: 0 위치로 이동하기** 블록의 'x'는 [계산] 꾸러미의 **0 부터 10 사이의 무작위 수** 블록을 연결하고, 첫 번째 칸에는 '-240' 두 번째 칸에는 '240'을 입력한 후, 'y:'는 [계산] 꾸러미의 **0 부터 10 사이의 무작위 수** 블록을 연결하고, 첫 번째 칸에는 '-135' 두 번째 칸에는 '135'를 입력합니다. [▶ 시작하기] 버튼을 클릭하여 결과 화면을 확인합니다.

> **📊 TIP!**
> **좌표 알기**
> ▦[모눈종이]를 클릭하면 좌표를 확인할 수 있습니다. 좌표의 x축은 가로 방향으로 -240(왼쪽 끝)~240(오른쪽 끝)을 나타내며, y축은 세로 방향으로 -135(아래쪽 끝)~135(위쪽 끝)을 나타냅니다.
>
>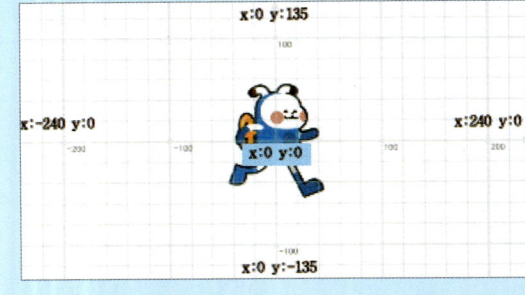

2. 복제 처리 삭제 프로그래밍

1초마다 계속 좌표 전체에 물을 복제하고, 마우스포인터 위치로 움직이는 엔트리봇과 닿으면 삭제하게 만들어 봅니다.

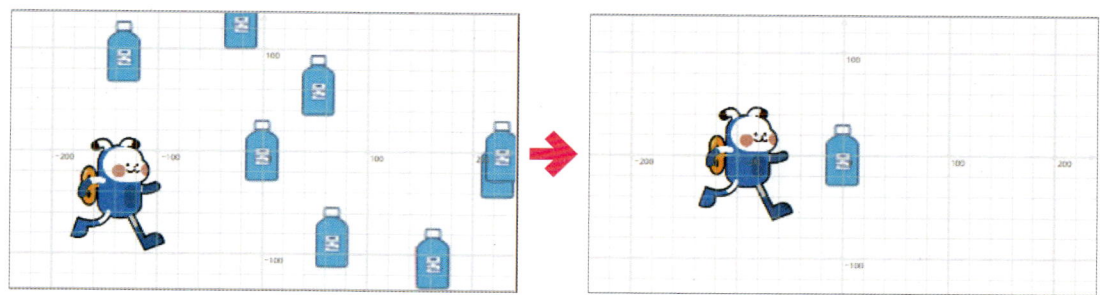

(1) 엔트리봇 오브젝트(🐕)를 선택한 후 [블록] 탭을 클릭한 다음 [시작] 꾸러미에서 **시작하기 버튼을 클릭했을 때** 블록을 드래그하고, 엔트리봇을 마우스포인터 위치로 움직이기 위해 [흐름] 꾸러미에서 **계속 반복하기** 블록을 연결한 후 안에 [움직임] 꾸러미에서 **세균 위치로 이동이기** 블록을 연결하고, ▼를 클릭하여 '마우스포인터'를 선택합니다.

(2) 물 오브젝트(🧴)를 선택한 후 [블록] 탭을 클릭한 다음 [시작] 꾸러미에서 **시작하기 버튼을 클릭했을 때** 블록을 드래그하고, 1초마다 계속 복제본을 만들기 위해 [흐름] 꾸러미에서 **계속 반복하기** 블록을 연결하고, **2초 기다리기** 블록을 연결한 후 '1'초로 입력하고, **자신의 복제본 만들기** 블록을 연결합니다.

(3) [흐름] 꾸러미에서 **복제본이 처음 생성되었을때** 블록을 드래그하고, 물을 좌표 전체에 나타나기 위해 [움직임] 꾸러미에서 **x: 0, y: 0 위치로 이동하기** 블록을 연결하고, 'x'는 [계산] 꾸러미의 **0 부터 10 사이의 무작위 수** 블록을 연결하고, 첫 번째 칸에는 '-240' 두 번째 칸에는 '240'을 입력한 후 , 'y'는 [계산] 꾸러미의 **0 부터 10 사이의 무작위 수** 블록을 연결하고, 첫 번째 칸에는 '-135' 두 번째 칸에는 '135'를 입력합니다.

(4) 물이 엔트리봇에 닿았다면 삭제하기 위해 [흐름] 꾸러미에서 **계속 반복하기** 블록을 연결하고, 〈참〉 부분에 [판단] 꾸러미의 **마우스포인터에 닿았는가?** 블록을 연결하여 ▼를 클릭한 후 '엔트리봇'을 선택하고, 안으로 [흐름] 꾸러미에서 **이 복제본 삭제하기** 블록을 연결한 후 [▶ 시작하기] 버튼을 클릭하여 결과 화면을 확인합니다.

3. 복제 처리 오브젝트 숨기기 프로그래밍

시작 시 물 오브젝트를 안보이게 한 후 복제본이 생성되었을때 모양을 보이게 만들어 봅니다.

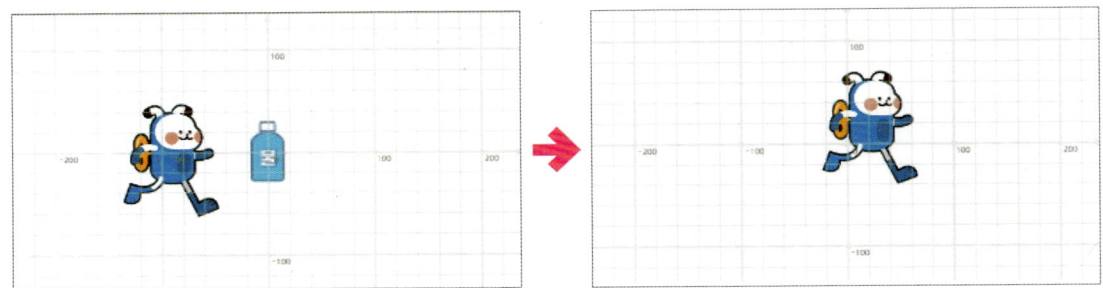

(1) 시작 시 모양을 숨기기 위해 물 오브젝트(🧴)에 **시작하기 버튼을 클릭했을 때** 블록 아래에 [생김새] 꾸러미의 **모양 숨기기** 블록을 추가하여 연결합니다.

(2) 복제본이 생성되었을 때 모양을 보이기 위해 **복제본이 처음 생성되었을 때** 블록 아래에 [생김새] 꾸러미의 **모양 보이기** 블록을 추가하여 연결합니다.

04 프로그래밍 시작하기

1. 크기 바꾸고, 조건 만족 시 코드 멈추기

(1) [파일] 메뉴를 클릭하고, [오프라인 작품 불러오기]를 클릭하여 '11강-세균의 비밀_예제.ent' 파일을 선택하고, [열기] 버튼을 클릭하면 기본 예제 파일이 열립니다.

(2) 손 오브젝트()를 선택한 후 [블록] 탭을 클릭한 다음 [시작] 꾸러미에서 **시작하기 버튼을 클릭했을 때** 블록을 드래그하고, [생김새] 꾸러미에서 **크기를 100(으)로 정하기** 블록을 연결하고, '50'으로 입력한 후 [흐름] 꾸러미에서 **2초 기다리기** 블록을 연결하고, '1'초로 입력합니다.

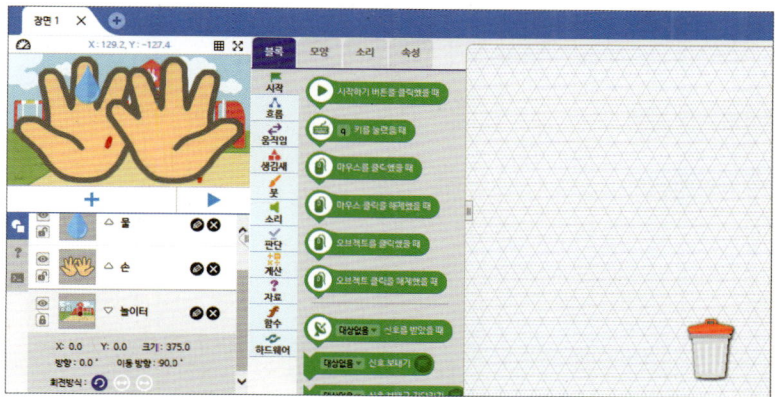

(3) 놀고 난 후 손을 확대하여 세균이 있는지를 나타내기 위해 [흐름] 꾸러미에서 **10번 반복하기** 블록을 연결하고, [생김새] 꾸러미에서 **크기를 100만큼 바꾸기** 블록을 연결하고, '30'으로 입력합니다.

```
시작하기 버튼을 클릭했을 때
크기를 50 (으)로 정하기
1 초 기다리기
10 번 반복하기
  크기를 30 만큼 바꾸기
```

(4) 손의 세균을 나타내기 위해 [흐름] 꾸러미에서 **2초 기다리기** 블록을 연결하고, 만일 세균이 손에 닿지 않았다면 모든 코드 멈추기 위해 **계속 반복하기** 블록을 연결한 후 **만일 참이라면** 블록을 연결하고, 〈참〉 부분에 [판단] 꾸러미의 **참(이)가 아니다** 블록을 연결한 후 〈참〉 부분에 **마우스포인터에 닿았는가?** 블록을 연결하고, ▼를 클릭하여 '세균'을 선택하고, **모든 코드 멈추기** 블록을 연결합니다.

```
시작하기 버튼을 클릭했을 때
크기를 50 (으)로 정하기
1 초 기다리기
10 번 반복하기
  크기를 30 만큼 바꾸기
2 초 기다리기
계속 반복하기
  만일 <세균 ▼ 에 닿았는가?> (이)가 아니다 이라면
    모든 ▼ 코드 멈추기
```

2. 복제본 만들고 삭제하기

(1) 세균 오브젝트( )를 선택한 후 [블록] 탭을 클릭한 다음 [시작] 꾸러미에서 **시작하기 버튼을 클릭했을 때** 블록을 드래그하고, 세균 오브젝트를 숨기기 위해 [생김새] 꾸러미에서 **모양 숨기기** 블록을 연결한 후 [흐름] 꾸러미에서 **2초 기다리기** 블록을 연결하고, '1'초로 입력합니다.

```
시작하기 버튼을 클릭했을 때
모양 숨기기
1 초 기다리기
```

(2) 세균이 많다는 것을 나타내기 위해 [흐름] 꾸러미에서 **10번 반복하기** 블록을 연결하여 '100'으로 입력하고, **자신의 복제본 만들기** 블록을 연결합니다.

(3) [흐름] 꾸러미에서 **복제본이 처음 생성되었을때** 블록을 드래그하고, 세균 오브젝트를 보이기 위해 [생김새] 꾸러미에서 **모양 보이기** 블록을 연결한 후 세균을 손 위치에 나타내기 위해 [움직임] 꾸러미에서 **x: 0, y: 0 위치로 이동하기** 블록을 연결하고, 'x:'는 [계산] 꾸러미의 **0 부터 10 사이의 무작위 수** 블록을 연결하고, 첫 번째 칸에는 '-100' 두 번째 칸에는 '100'을 입력한 후 , 'y:'는 [계산] 꾸러미의 **0 부터 10 사이의 무작위 수** 블록을 연결하고, 첫 번째 칸에는 '40' 두 번째 칸에는 '-80'을 입력합니다.

(4) 세균에 물이 닿았다면 세균을 삭제하기 위해 [흐름] 꾸러미에서 **계속 반복하기** 블록을 연결하고, 〈참〉 부분에 [판단] 꾸러미의 **마우스포인터에 닿았는가?** 블록을 연결한 후 ▼를 클릭하여 '물'을 선택하고, 안으로 [흐름] 꾸러미에서 **이 복제본 삭제하기** 블록을 연결합니다.

3. 아래로 이동하는 복제본 만들고 삭제하기

(1) 물 오브젝트(💧)를 선택한 후 [블록] 탭을 클릭한 다음 물 오브젝트를 숨기고 세균이 나타날때까지 기다리기 위해 [시작] 꾸러미에서 **시작하기 버튼을 클릭했을 때** 블록을 드래그하고, [생김새] 꾸러미에서 **모양 숨기기** 블록을 연결한 후 [흐름] 꾸러미에서 **2초 기다리기** 블록을 연결합니다.

(2) 1초씩 복제본을 만들기 위해 [흐름] 꾸러미에서 **계속 반복하기** 블록을 연결하고, **2초 기다리기** 블록을 연결하여 '1'초로 입력한 후 **자신의 복제본 만들기** 블록을 연결합니다.

(3) [흐름] 꾸러미에서 **복제본이 처음 생성되었을때** 블록을 드래그하고, 물을 손 위치에 나타내기 위해 [생김새] 꾸러미에서 **모양 보이기** 블록을 연결한 후 [움직임] 꾸러미에서 **x: 0, y: 0 위치로 이동하기** 블록을 연결하고, 'x:'는 [계산] 꾸러미의 **0 부터 10 사이의 무작위 수** 블록을 연결하고, 첫 번째 칸에는 '-100' 두 번째 칸에는 '100'을 입력한 후 'y:'는 '200'을 입력합니다.

(4) 물이 아래로 이동하기 위해 [흐름] 꾸러미에서 **계속 반복하기** 블록을 연결하고, 안에 [움직임] 꾸러미에서 **y 좌표를 10 만큼 바꾸기** 블록을 연결한 후 '-10'으로 입력합니다.

(5) 만일 벽에 닿았다면 복제본을 삭제하기 위해 **y 좌표를 10 만큼 바꾸기** 블록 아래에 [흐름] 꾸러미에서 **만일 참이라면** 블록을 연결하고, 〈참〉 부분에 [판단] 꾸러미의 **마우스포인터에 닿았는가?** 블록을 연결하고, ▼를 클릭하여 '아래쪽 벽'을 선택하고, 안으로 [흐름] 꾸러미에서 **이 복제본 삭제하기** 블록을 연결합니다.

(6) [▶ 시작하기] 버튼을 클릭하여 결과 화면을 확인합니다.

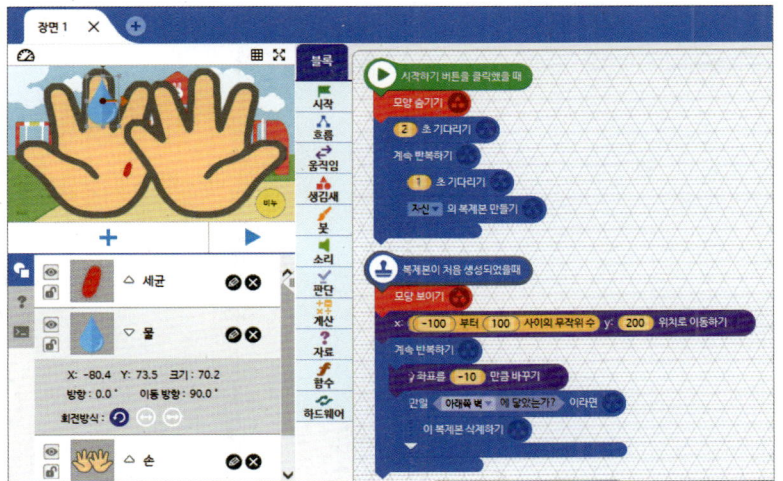

요점정리

❶ 복제 처리란 오브젝트를 복제하여 복제본을 만드는 방식으로 계속 복제하기는 되지 않고, 300개를 초과하면 더 이상 복제본을 만들지 않습니다. 복제본 또한 하나의 오브젝트처럼 동작하므로 복제본이 많을 경우 사용 시에 느려질 수 있습니다. 사용 후에는 꼭 **이 복제본 삭제하기** 블록을 이용해 삭제를 해주는 것이 좋습니다.

❷ 복제 블록의 종류

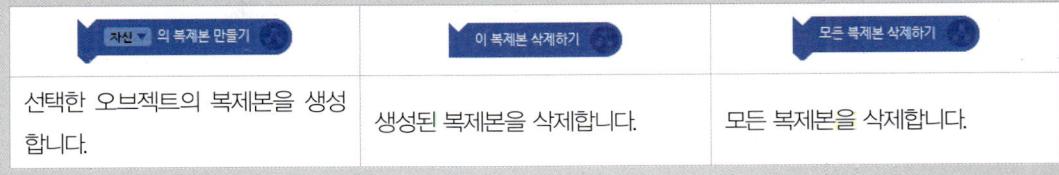

자신의 복제본 만들기	이 복제본 삭제하기	모든 복제본 삭제하기
선택한 오브젝트의 복제본을 생성합니다.	생성된 복제본을 삭제합니다.	모든 복제본을 삭제합니다.

퀴즈 풀어보기

01. 세균의 특징으로 옳지 <u>않은</u> 것은? (　　　)

① 하나의 세포로 이루어져 있다.
② 크기가 매우 작아 눈으로는 볼 수 없다.
③ 종류가 매우 적다.
④ 적절한 조건이면 짧은 시간 안에 많이 늘어난다.

02. 복제 처리로 틀린 것은? (　　　)

① 오브젝트를 복제하여 복제본을 만드는 방식이다.
② 프로그램이 대기하고 있다가 어떤 신호가 발생했을 때 명령을 처리하는 방식이다.
③ 300개를 초과하면 더 이상 복제본을 만들지 않는다.
④ 이 복제본 삭제하기 블록을 이용해 삭제를 해주는 것이 좋다.

03. 1초마다 자신의 복제본을 만드는 코드로 빈 칸에 들어 갈 블록은? (　　　)

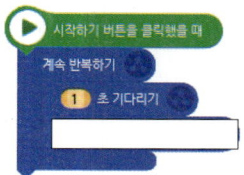

① 이 복제본 삭제하기
② 모든 복제본 삭제하기
③ 자신 ▼ 의 복제본 만들기
④ 모든 ▼ 코드 멈추기

정답 해설

01. ③
③번은 종류가 매우 적다라고 되어있는데 이와 달리 세균의 종류는 매우 많고, 공 모양이나 원통 모양 등 형태가 다양합니다.

02. ②
②번은 이벤트로 프로그램이 대기하고 있다가 어떤 신호가 발생했을 때 명령을 처리하는 방식입니다.
복제 처리란 오브젝트를 복제하여 복제본을 만드는 방식으로 계속 복제하기는 되지 않고, 300개를 초과하면 더 이상 복제본을 만들지 않습니다. 사용 후에는 꼭 이 **복제본 삭제하기** 블록을 이용해 삭제를 해주는 것이 좋습니다.

03. ③
③번은 선택한 오브젝트의 복제본을 생성합니다.
①번은 생성된 복제본을 삭제합니다.
②번은 오브젝트의 모든 복제본을 삭제합니다.
④번은 모든 오브젝트들이 실행을 멈춥니다.

실습 문제

비누 오브젝트를 마우스포인터 위치로 움직여 세균과 닿으면 삭제되도록 만들어 봅시다.

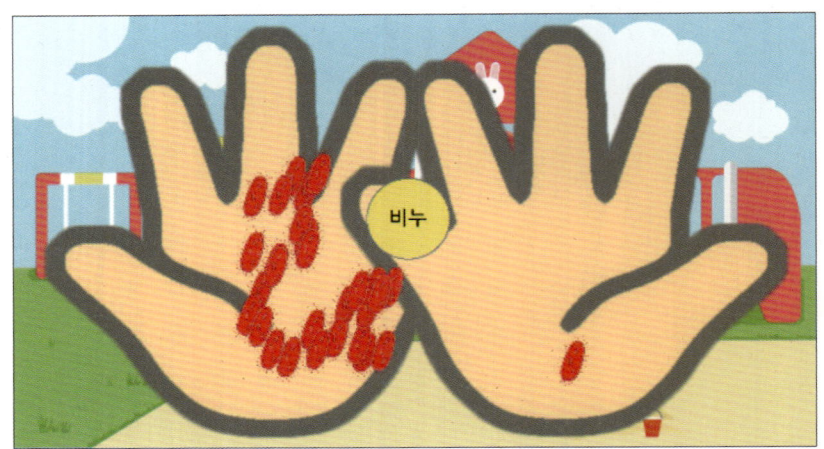

작품 주소 : https://goo.gl/U2yLy3

HINT!

(1) 비누 오브젝트(　)를 선택한 후 [시작] 꾸러미에서 **시작하기 버튼을 클릭했을 때** 블록을 드래그하고, [흐름] 꾸러미에서 **계속 반복하기** 블록을 연결한 후 안에 [움직임] 꾸러미에서 **세균 위치로 이동하기** 블록을 연결하고, ▼를 클릭하여 '마우스포인터'를 선택합니다.

(2) 세균 오브젝트(　)를 선택한 후 **만일 물에 닿았는가?** 이라면 블록 아래에 **만일 참이라면** 블록을 연결하고, 〈참〉 부분에 [판단] 꾸러미의 **마우스포인터에 닿았는가?** 블록을 연결한 후 ▼를 클릭하여 '비누'을 선택하고, 안으로 [흐름] 꾸러미에서 **이 복제본 삭제하기** 블록을 연결합니다.

SECTION 12 과학 태양계 골든벨

- 태양계의 구성원을 알수 있다.
- 연산 처리가 무엇인지 이해할 수 있다.
- 연산 처리를 이용하여 태양계 문제를 내고 답을 알아맞힐 수 있다.

작품 주소 :
태양계 골든벨 – goo.gl/FUPSC1

01 태양계의 구성원

태양계의 구성원은 무엇일까요?

태양의 영향을 받는 공간과 구성원으로 태양, 행성, 위성, 소행성, 혜성 뿐만 아니라 작은 알갱이와 가스 등을 포함한 공간 전체를 통틀어 태양계라고 합니다.

태양처럼 스스로 빛을 내는 천체를 별 또는 항성이라고 하고, 지구처럼 태양의 주위를 돌고 있는 천체를 행성이라고 합니다. 태양계 행성에는 수성, 금성, 지구, 화성, 목성, 토성, 천왕성, 해왕성이 있습니다.

02 프로그래밍 개념

연산 처리

(1) 비교 연산

비교 연산은 주어진 값들을 서로 비교하여 결과에 따라 명령어를 다르게 사용합니다.

비교 연산자로는 같다(=), 크다(>), 작다(<), 크거나 같다(>=), 작거나 같다(<=) 등이 있습니다.

(2) 논리 연산

논리 연산은 2개 이상의 조건을 참인지, 거짓인지 판단하여 결과에 따라 명령어를 다르게 사용합니다. 논리 연산자로는 그리고(AND), 또는(OR), ~아니다(NOT) 등이 있습니다.

03 따라하며 익히기

1. 비교 연산 프로그래밍

오른쪽 화살표 키를 눌렀을 때 10만큼씩 움직이다가 엔트리봇의 x좌푯값이 100보다 크거나 같을 때 색깔 효과를 10만큼 주게 만들어 봅니다.

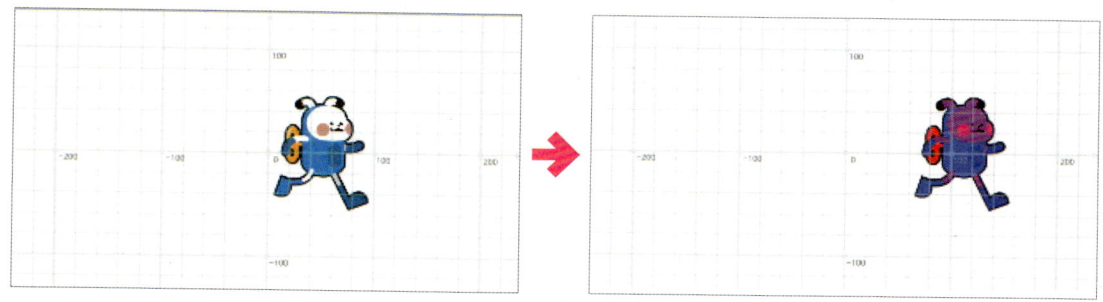

(1) 오른쪽 화살표 키를 눌렀을 때 10만큼씩 움직임을 주기 위해서 [시작] 꾸러미에서 **시작하기 버튼을 클릭했을 때** 블록을 드래그하고, [흐름] 꾸러미에서 **계속 반복하기** 블록을 연결하고, 조건을 주기 위해 **만일 참이라면** 블록을 연결합니다. 〈참〉 부분에 [판단] 꾸러미의 **q키가 눌러져 있는가?** 블록을 연결하고, q를 클릭하면 키를 선택할 수 있게 키보드 자판이 나오는데 실제 키보드에서 오른쪽 화살표 키를 눌러 지정하고, **만일 참이라면** 블록 안에 [움직임] 꾸러미의 **이동 방향으로 10만큼 움직이기** 블록을 연결합니다.

(2) 엔트리봇의 x좌푯값이 100보다 크거나 같을 때 색깔 효과를 10만큼 주는 조건을 주기 위해 [흐름] 꾸러미에서 **만일 참이라면** 블록을 연결합니다. 〈참〉 부분에 [판단] 꾸러미의 **10>=10** 블록을 연결하고, 첫 번째 칸에는 [계산] 꾸러미의 **엔트리봇의 x좌푯값** 블록을 연결하고, 두 번째 칸에는 '100'을 입력한 후 **만일 참이라면** 블록 안에 [생김새] 꾸러미의 **색깔 효과를 10만큼 주기** 블록을 연결합니다. [▶시작하기] 버튼을 클릭하여 결과 화면을 확인합니다.

2. 논리 연산 프로그래밍

참 그리고 참 블록으로 오른쪽 화살표 키를 눌렀을 때 10만큼씩 움직이다가 엔트리봇의 x좌푯값이 100보다 크거나 같고, 모양 번호가 1일 때 색깔 효과를 10만큼 주게 만들어 봅니다.

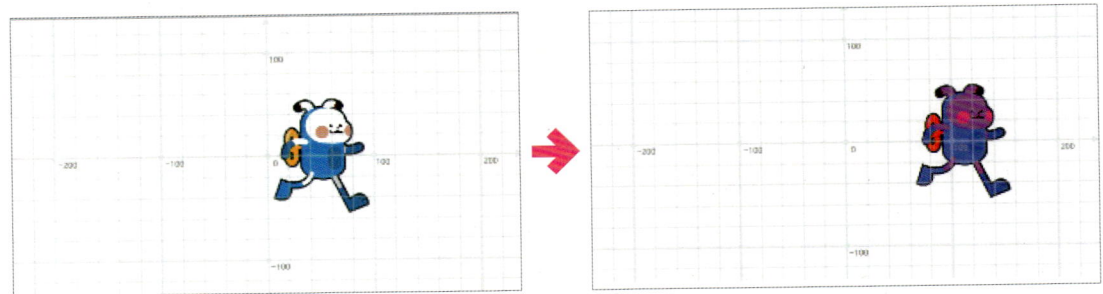

(1) 오른쪽 화살표 키를 눌렀을 때 10만큼씩 움직임을 주기 위해서 [시작] 꾸러미에서 **시작하기 버튼을 클릭했을 때** 블록을 드래그하고, [흐름] 꾸러미에서 **계속 반복하기** 블록을 연결하고, 조건을 주기 위해 **만일 참이라면** 블록을 연결합니다. 〈참〉 부분에 [판단] 꾸러미의 **q키가 눌러져 있는가?** 블록을 연결하고, q를 클릭하면 키를 선택할 수 있게 키보드 자판이 나오는데 실제 키보드에서 오른쪽 화살표 키를 눌러 지정하고, **만일 참이라면** 블록 안에 [움직임] 꾸러미의 **이동 방향으로 10만큼 움직이기** 블록을 연결합니다.

(2) 엔트리봇의 x좌푯값이 100보다 크거나 같으면서 엔트리봇의 모양 번호가 1이라면 색깔 효과를 10만큼 주는 조건을 주기 위해 [흐름] 꾸러미에서 **만일 참이라면** 블록을 연결하고, 〈참〉 부분에 [판단] 꾸러미의 **참 그리고 참** 블록을 연결한 후 첫 번째 참에는 **10>=10** 블록을 연결하여 첫 번째 칸에는 [계산] 꾸러미의 **엔트리봇의 x좌푯값** 블록을 연결하고, 두 번째 칸에는 '100'을 입력합니다. 두 번째 참에는 [판단] 꾸러미의 **10=10** 블록을 연결한 후 첫 번째 칸에는 [계산] 꾸러미의 **엔트리봇의 모양 번호** 블록을 연결하고, 두 번째 칸에는 '1'을 입력한 후 **만일 참이라면** 블록 안에 [생김새] 꾸러미의 **색깔 효과를 10만큼 주기** 블록을 연결합니다. [▶시작하기] 버튼을 클릭하여 결과 화면을 확인합니다.

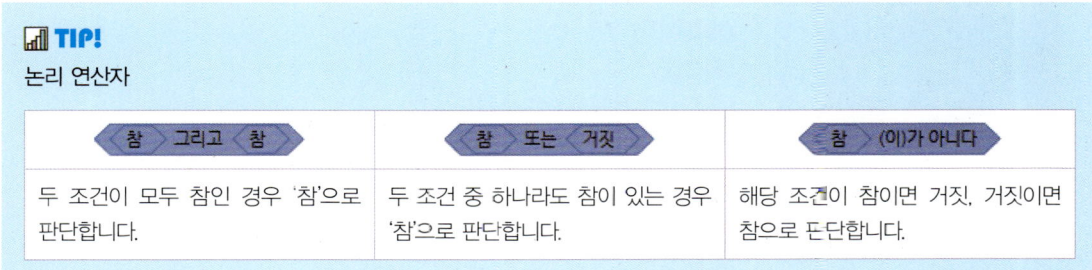

TIP!
논리 연산자

〈참〉 그리고 〈참〉	〈참〉 또는 〈거짓〉	〈참〉 (이)가 아니다
두 조건이 모두 참인 경우 '참'으로 판단합니다.	두 조건 중 하나라도 참이 있는 경우 '참'으로 판단합니다.	해당 조건이 참이면 거짓, 거짓이면 참으로 판단합니다.

3. 비교 연산 프로그래밍과 논리 연산 프로그래밍 한눈에 비교하기

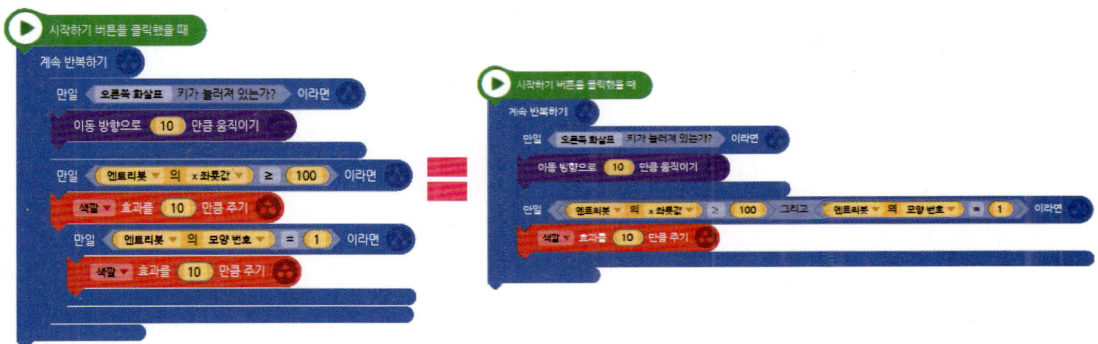

비교 연산 프로그래밍　　　　　　　　논리 연산 프로그래밍

논리 연산 프로그래밍은 비교 연산 프로그래밍에 비해 2개 이상의 조건식을 하나로 통합하기에 프로그래밍이 짧아집니다.

04 프로그래밍 시작하기

1. 시작을 알리는 말을 하고 회전하기

(1) [파일] 메뉴를 클릭하고, [오프라인 작품 불러오기]를 클릭하여 '12강-태양계 골든벨_예제.ent' 파일을 선택하고, [열기]를 클릭하면 기본 예제 파일이 열립니다.

(2) 우주인 오브젝트( )를 선택한 후 [블록] 탭을 클릭한 다음 시작을 알리는 말을 하고 숨기기 위해 [시작] 꾸러미에서 **시작하기 버튼을 클릭했을 때** 블록을 드래그하고, [생김새] 꾸러미에서 **안녕! 을(를) 4초 동안 말하기** 블록을 연결하여 '태양계 골든벨을 시작합니다.'와 '2'초를 입력하고, **모양 숨기기** 블록을 연결합니다.

(3) 시작하기 버튼을 클릭했을 때 회전했다가 제자리로 돌아오기 위해 [시작] 꾸러미에서 **시작하기 버튼을 클릭했을 때** 블록을 드래그하고, [흐름] 꾸러미에서 **10번 반복하기** 블록을 연결한 후 안에 [움직임] 꾸러미에서 **방향을 90°만큼 회전하기** 블록을 연결한 후 '3'로 입력합니다. **10번 반복하기** 블록의 마우스 오른쪽 버튼을 클릭한 후 [코드 복사 & 붙여넣기]를 선택하여 연결하고, **방향을 3°만큼 회전하기** 블록을 '-3'로 수정합니다.

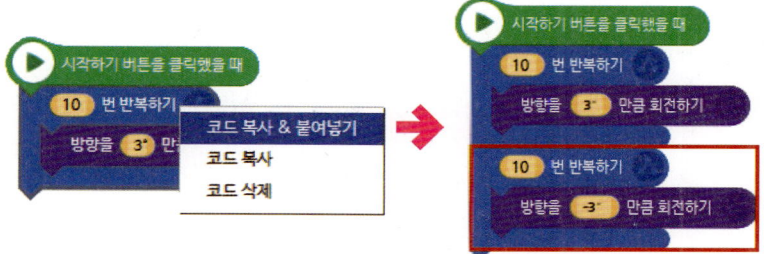

2. 지정된 영역만큼 움직이기

(1) 행성 오브젝트(🔴)를 선택한 후 모양을 지정된 위치에서 숨겼다 보이기 위해 [블록] 탭을 클릭한 다음, [시작] 꾸러미에서 **시작하기 버튼을 클릭했을 때** 블록을 드래그하고, 시작하기 버튼을 클릭할 때마다 지정된 위치로 이동하기 위해 [움직임] 꾸러미에서 **x: 0, y: 0 위치로 이동하기** 블록 연결하여 'x: -180', 'y: 80'을 입력한 후 [생김새] 꾸러미에서 **모양 숨기기** 블록을 연결합니다. [흐름] 꾸러미에서 **2초 기다리기** 블록을 연결하고, '3'초로 입력한 다음 [생김새] 꾸러미에서 **모양 보이기** 블록을 연결합니다.

(2) 움직임을 주기 위해 [흐름] 꾸러미에서 **계속 반복하기** 블록을 연결한 후 안에 [움직임] 꾸러미에서 **이동 방향으로 10만큼 움직이기** 블록을 연결한 후 '25'로 입력하고, [흐름] 꾸러미에서 **2초 기다리기** 블록을 연결하고, '1'초로 입력합니다.

(3) 지정된 영역을 설정하기 위해 [흐름] 꾸러미에서 **만일 참이라면** 블록을 연결하고, 〈참〉 부분에 [판단] 꾸러미의 **10>10** 블록을 연결합니다. 첫 번째 칸에는 [계산] 꾸러미의 **행성의 x좌푯값** 블록을 연결하고, 두 번째 칸에는 '120'을 입력한 후 안으로 [움직임] 꾸러미에서 **x: 0 위치로 이동하기** 블록 연결하여 'x: -120'을 입력합니다.

3. 문제를 내고 대답하기

(1) 시작하자마자 대답을 숨기기 위해 [시작] 꾸러미에서 **시작하기 버튼을 클릭했을 때** 블록을 드래그하고, [자료] 꾸러미에서 **대답 숨기기** 블록을 연결하고, [흐름] 꾸러미에서 **2초 기다리기** 블록을 연결하고, '3' 초로 입력합니다.

(2) 문제를 내기 위해 [자료] 꾸러미에서 **안녕! 을(를) 묻고 대답 기다리기** 블록을 연결하고, '지구처럼 태양 주위를 돌고 있는 천체는?'으로 입력합니다.

(3) 대답과 정답이 같다는 조건을 주기 위해 [흐름] 꾸러미 에서 **만일 참이라면, 아니면** 블록을 연결합니다. 〈참〉 부분에 [판단] 꾸러미의 **10=10** 블록을 연결하고, 첫 번째 칸에는 [자료] 꾸러미의 **대답** 블록을 연결하고, 두 번째 칸에는 '행성'을 입력합니다.

(4) 조건이 참이라면 정답이라 말하고, 거짓이라면 오답이라 말해주기 위해 **만일 참이라면, 아니면** 블록 안에 [생김새] 꾸러미에서 **안녕! 을(를) 4초 동안 말하기** 블록을 연결하여 '정답입니다.', '2'초를 입력합니다. 아니면 안에 [생김새] 꾸러미에서 **안녕! 을(를) 4초 동안 말하기** 블록을 연결하여 '오답입니다. 정답은 행성입니다.', '3'초를 입력합니다.

(5) 두 번째 문제를 내기 위해 '지구처럼 태양 주위를 돌고 있는 천체는?' 을(를) 묻고 대답 기다리기 블록 마우스 오른쪽 버튼을 클릭한 후 [코드 복사 & 붙여넣기]을 선택하여 연결합니다.

(6) 두 번째 문제를 수정하기 위해 '지구처럼 태양 주위를 돌고 있는 천체는?' 을(를) 묻고 대답 기다리기 블록을 '태양처럼 스스로 빛을 내는 천체는?'로 수정합니다.

(7) 정답이 2개일 때 하나라도 참인 경우 **만일 참이라면, 아니면** 블록의 〈참〉 부분에 [판단] 꾸러미의 **참 또는 거짓** 블록을 연결하여 참에는 [판단] 꾸러미의 10=10 블록을 연결한 후 첫 번째 칸에는 [자료] 꾸러미의 **대답** 블록을 연결하고, 두 번째 칸에는 '별'을 입력합니다. 거짓에는 [판단] 꾸러미의 10=10 블록을 연결한 후 첫 번째 칸에는 [자료] 꾸러미의 **대답** 블록을 연결하고, 두 번째 칸에는 '항성'을 입력합니다.

(8) 조건이 거짓일 때 답을 수정하기 위해 **오답입니다. 정답은 행성입니다.** 블록을 '오답입니다. 정답은 별 또는 항성입니다.'로 수정합니다.

(9) 문제가 끝나면 멈추도록 하기 위해 [흐름] 꾸러미에서 **모든 코드 멈추기** 블록을 연결합니다.

(10) [▶ 시작하기] 버튼을 클릭하여 결과 화면을 확인합니다.

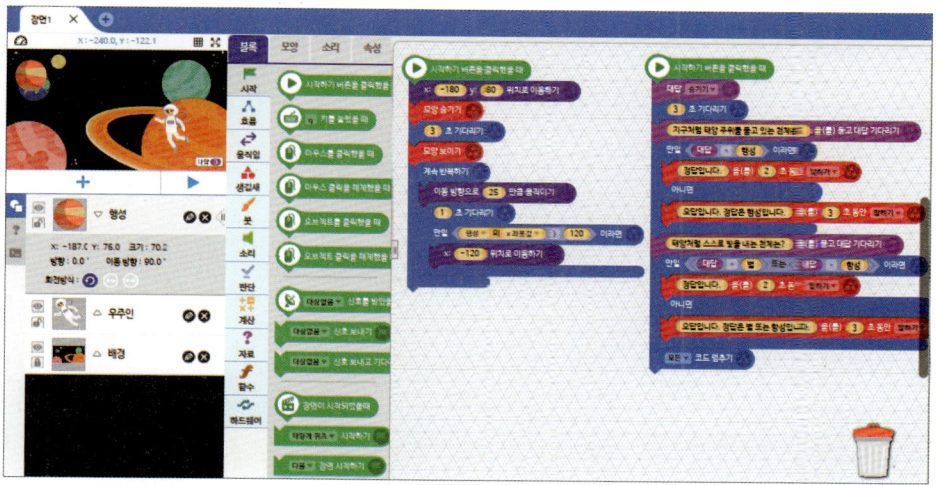

요점정리

❶ 연산 처리

(1) 비교 연산

비교 연산은 주어진 값들을 서로 비교하여 결과에 따라 명령어를 다르게 사용합니다.

(2) 논리 연산

논리 연산은 2개 이상의 조건을 참인지, 거짓인지 판단하여 결과에 따라 명령어를 다르게 사용합니다.

❷ 연산 블록의 종류

(1) 비교 연산자

10 = 10	10 > 10	10 < 10	10 ≥ 10	10 ≤ 10
왼쪽 값과 오른쪽 값이 같으면 '참'으로 판단합니다.	왼쪽 값이 오른쪽 값보다 크면 '참'으로 판단합니다.	왼쪽 값이 오른쪽 값보다 작으면 '참'으로 판단합니다.	왼쪽 값이 오른쪽 값보다 크거나 같으면 '참'으로 판단합니다.	왼쪽 값이 오른쪽 값보다 작거나 같으면 '참'으로 판단합니다.

(2) 논리 연산자

참 그리고 참	참 또는 거짓	참 (이)가 아니다
두 조건이 모두 참인 경우 '참'으로 판단합니다.	두 조건 중 하나라도 참이 있는 경우 '참'으로 판단합니다.	해당 조건이 참이면 거짓, 거짓이면 참으로 판단합니다.

퀴즈 풀어보기

01. 태양계 행성에 속하지 않는 것은? (   )

① 수성　　　　　　② 위성
③ 지구　　　　　　④ 목성

02. 다음 중 '논리 연산자'가 아닌 것은? (   )

① 〈 참 그리고 참 〉　　② 〈 참 또는 거짓 〉
③ 〈 참 (이)가 아니다 〉　④ 〈 10 ≤ 10 〉

03. 오른쪽 화살표 키를 눌렀을 때 10만큼씩 움직이다가 엔트리봇의 x좌푯값이 100보다 크거나 같고, 모양 번호가 1일 때 색깔 효과를 10만큼 줄때 빈 칸에 들어 갈 블록은? (   )

① 〈 참 그리고 참 〉　　② 〈 참 (이)가 아니다 〉
③ 〈 10 ≤ 10 〉　　　　④ 〈 참 또는 거짓 〉

정답 해설

01. ②
②번 위성은 태양, 행성, 위성, 소행성, 혜성뿐만 아니라 작은 알갱이와 가스와 같은 태양계의 구성원입니다.
태양계 행성에는 수성, 금성, 지구, 화성, 목성, 토성, 천왕성, 해왕성이 있습니다.

02. ④
④번은 비교 연산자로 작거나 같다 입니다.
비교 연산자로는 같다(=), 크다()), 작다((), 크거나 같다()=)등이 있습니다.

03. ①
①번은 두 조건이 모두 참인 경우 '참'으로 판단합니다.
엔트리봇의 x좌푯값이 100보다 크거나 같고, 모양 번호가 1일 때라는 조건이 모두 참이여야 하므로 **참 그리고 참** 블록을 사용합니다.
②번은 해당 조건이 참이면 거짓, 거짓이면 참으로 판단합니다.
③번은 비교 연산자로 작거나 같다 입니다.
④번은 두 조건 중 하나라도 참이 있는 경우 '참'으로 판단합니다.

실습 문제

배경 오브젝트에 60초가 지나면 시계는 정지하고, 모든 코드는 멈추게 만들어 봅시다.

작품 주소 : https://goo.gl/ysh3eF

HINT!
(1) 배경 오브젝트를 선택한 후 [시작] 꾸러미에서 **시작하기 버튼을 클릭했을 때** 블록을 드래그하고, [계산] 꾸러미에서 **초시계 시작하기** 블록을 연결합니다.
(2) [흐름] 꾸러미의 **계속 반복하기** 블록을 연결한 후 안에 **만일 참이라면** 블록의 〈참〉 부분에 [판단] 꾸러미의 **10>=10** 블록을 연결하고, 첫 번째 칸에는 [계산] 꾸러미의 **초시계 값** 블록을 연결하고, 두 번째 칸에는 '60'을 입력합니다.
(3) 만약 참이라면 [계산] 꾸러미에서 **초시계 시작하기** 블록을 연결한 후 ▼를 클릭하여 '정지하기'를 선택합니다.
(4) [흐름] 꾸러미에서 **모든 코드 멈추기** 블록을 연결합니다.

Chapter 04.
원리를 이해해보는 과학

순차, 반복, 조건, 연산과 같이 기본적인 개념을 이해했다면 좀 더 지능적인 개념인 신호, 변수, 리스트로 생활 속에서 우리가 어렵게만 느꼈던 많은 과학 문제들, 예를 들어 구름, 비, 눈은 어떻게 만들어 지는지, 용액은 무엇이고, 어떤 특징들이 있는지, 속력은 무엇이고, 어떻게 측정하는지에 대한 과학적 원리를 쉽게 이해하기 위해 시각적인 방법. 즉 게임이나 애니메이션, 시뮬레이션 형태로 자유롭게 표현해봄으로써 어려웠던 과학 문제에 쉽게 접근하여 실생활 문제를 해결할 수 있습니다.

SECTION 13 구름의 신호

과학

- 구름, 비, 눈은 어떻게 만들어지는지 이해할 수 있다.
- 신호가 무엇인지 이해할 수 있다.
- 신호를 이용하여 구름, 비, 눈이 어떻게 만들어지는지 오브젝트를 만들어 나타낼 수 있다.

작품 주소 :
구름의 신호 – goo.gl/V8MuQN

01 구름, 비, 눈

구름, 비, 눈은 어떻게 만들어질까요?

구름은 수증기가 높은 하늘에서 한 덩어리가 되면서 굳어져 작은 물방울이나 얼음 알갱이로 떠 있는 상태이고, 구름 속의 작은 물방울이나 얼음 알갱이가 커지고, 무거워질 때 기온이 높은 곳을 지나면서 물방울이 되어 떨어지는 것을 비라고 하고, 구름 속의 얼음 알갱이가 커지고 무거워져 땅에 떨어지는 것을 눈이라고 합니다.

02 프로그래밍 개념

1. 신호

신호 처리란 특정 오브젝트에서 다른 오브젝트로 신호를 보내고, 신호를 받은 오브젝트에서 기능의 명령을 실행할 수 있도록 도와주는 기능입니다.

2. 신호 블록 만들기

신호 처리 블록은 [속성] 탭-[신호]-[신호 추가]를 클릭한 다음 신호의 이름을 입력하여 만듭니다.

3. 신호 블록 사용하기

신호 처리 블록은 [블록] 탭의 [시작] 꾸러미에서 확인할 수 있습니다.

03 따라하며 익히기

신호 처리 프로그래밍

버튼을 이용하여 엔트리봇을 10번 반복하여 10만큼 움직이게 만들어 봅니다.

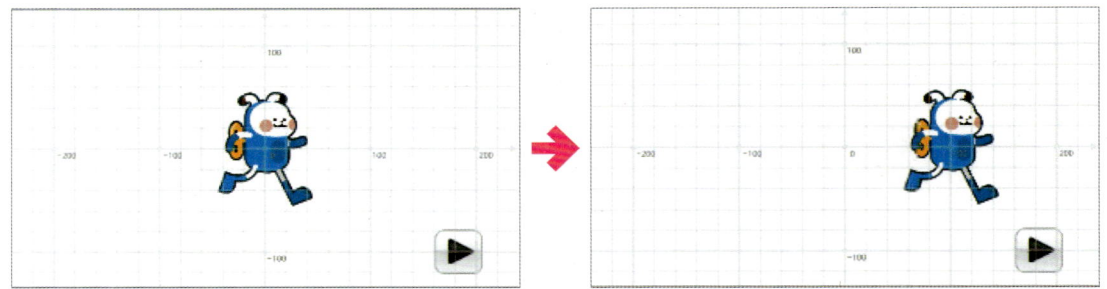

(1) [➕오브젝트 추가하기] 버튼을 클릭하여 대화상자의 [라이브러리 선택] 탭에서 [인터페이스] 그룹의 '음악버튼(재생)' 오브젝트를 선택하고, [적용하기] 버튼을 클릭합니다. 음악버튼(재생) 오브젝트(▶)를 선택한 후 버튼을 클릭할 때마다 엔트리봇이 움직이도록 하기 위해 [시작] 꾸러미에서 **오브젝트를 클릭했을 때** 블록을 드래그하고, 움직이기를 위한 신호를 보내기 위해서 [속성] 탭-[신호]-[신호 추가]를 클릭한 다음 신호의 이름을 '움직이기'로 입력합니다.

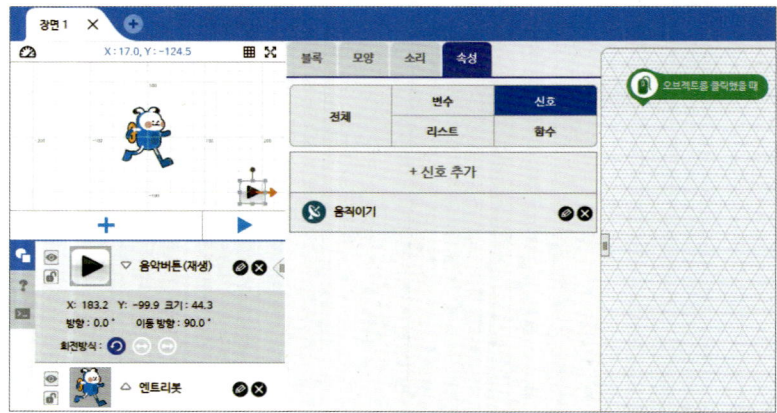

(2) [블록] 탭을 클릭한 후 [시작] 꾸러미에서 **움직이기 신호 보내기** 블록을 연결합니다.

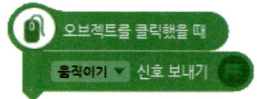

(3) 엔트리봇 오브젝트(🐶)를 선택한 후 [시작] 꾸러미에서 **움직이기 신호를 받았을 때** 블록을 드래그하고, 10번 반복하여 움직이게 하기 위해 [흐름] 꾸러미에서 **10번 반복하기** 블록을 연결한 후 [움직임] 꾸러미에서 **이동 방향으로 10만큼 움직이기** 블록을 연결합니다. [▶시작하기] 버튼을 클릭하여 결과 화면을 확인합니다.

📊 TIP!
신호 처리 블록 사용하기

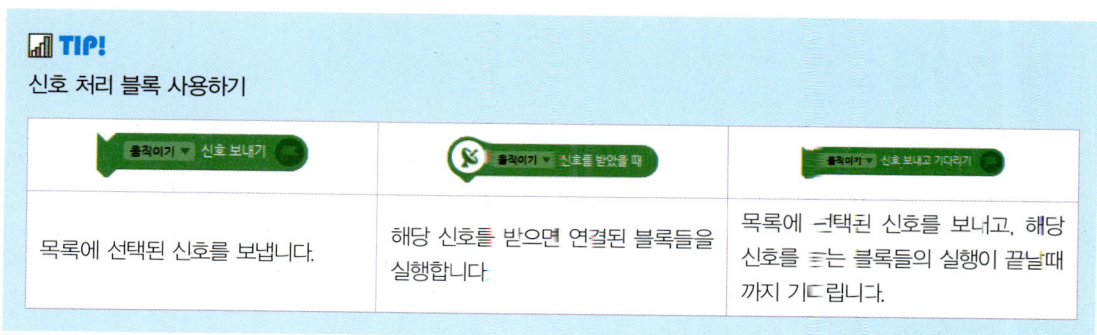

움직이기 ▼ 신호 보내기	움직이기 ▼ 신호를 받았을 때	움직이기 ▼ 신호 보내고 기다리기
목록에 선택된 신호를 보냅니다.	해당 신호를 받으면 연결된 블록들을 실행합니다	목록에 선택된 신호를 보내고, 해당 신호를 받는 블록들의 실행이 끝날때까지 기다립니다.

 프로그래밍 시작하기

1. 시작을 알리는 말을 하고, 날씨 신호 보내기

(1) [파일] 메뉴를 클릭하고, [오프라인 작품 불러오기]를 클릭하여 '13강-구름_신호_예제.ent' 파일을 선택하고, [열기]를 클릭하면 기본 예제 파일이 열립니다.

(2) 선생님 오브젝트(👧)를 선택한 후 [블록] 탭을 클릭한 다음, 시작하기 버튼을 클릭했을 때는 시작임을 말하고 숨기기 위해 [시작] 꾸러미에서 **시작하기 버튼을 클릭했을 때** 블록을 드래그하고, [생김새] 꾸러미에서 **안녕! 을(를) 4초 동안 말하기** 블록을 연결하여 '구름, 비, 눈은 어떻게 만들어질까요?'를 입력하고, **모양 숨기기** 블록을 연결합니다.

(3) 날씨를 나타내기 위한 신호를 보내기 위해서 [속성] 탭–[신호]–[신호 추가]를 클릭한 다음, 신호의 이름을 '날씨'로 입력합니다.

(4) [블록] 탭을 클릭한 후 [시작] 꾸러미에서 **날씨 신호 보내기** 블록을 연결합니다.

2. 신호를 받아 움직이고, 구름, 높은 기온 신호 보내기

(1) 물방울 오브젝트()를 선택한 후 [시작] 꾸러미에서 **시작하기 버튼을 클릭했을 때** 블록을 드래그하고, 시작하기 버튼을 클릭할 때 숨기기 위해 [생김새] 꾸러미에서 **모양 숨기기** 블록을 연결합니다.

(2) 날씨 오브젝트가 실행하기 위해 [시작] 꾸러미에서 **날씨 신호를 받았을 때** 블록을 드래그하고, 보이기 위해 [생김새] 꾸러미에서 **모양 보이기** 블록을 연결하고, 처음 크기를 정해주기 위해 **크기를 100 (으)로 정하기** 블록을 '70'으로 입력합니다.

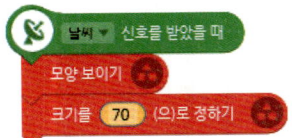

(3) 물방울 오브젝트가 공기 중에서 움직이는 것을 나타내기 위해 [흐름] 꾸러미에서 **10번 반복하기** 블록을 연결한 후 '3'으로 입력하고, 안에는 [움직임] 꾸러미에서 **x: 0, y: 0 위치로 이동하기** 블록 연결하여 'x: 60', 'y: -10'을 입력한 후 **2초 동안 x: 10, y: 10 위치로 이동하기** 블록 연결하여 '0.5초', 'x: 60', 'y: -15'로 입력합니다. 구름을 나타내기 위한 신호를 보내기 위해서 [속성] 탭-[신호]-[신호 추가]를 클릭한 다음 신호의 이름을 '구름'으로 입력하고, [블록] 탭을 클릭한 후 [시작] 꾸러미에서 **구름 신호 보내기** 블록을 연결합니다.

(4) 물방울 오브젝트가 점점 커지는 것을 나타내기 위해 [흐름] 꾸러미에서 **10번 반복하기** 블록을 연결한 후 '5'로 입력하고, **2초 기다리기** 블록을 연결하여 '1'초로 입력하고, [생김새] 꾸러미에서 **크기를 10 만큼 바꾸기** 블록을 연결한 후 '3'으로 입력합니다. 높은 기온을 나타내기 위한 신호를 보내기 위해서 [속성] 탭-[신호]-[신호 추가]를 클릭한 다음 신호의 이름을 '높은 기온'으로 입력하고, [블록] 탭을 클릭한 후 [시작] 꾸러미에서 **높은 기온 신호 보내기** 블록을 연결합니다.

(5) [시작] 꾸러미에서 **높은 기온 신호를 받았을 때** 블록을 드래그하고, [흐름] 꾸러미에서 **계속 반복하기** 블록을 연결합니다.

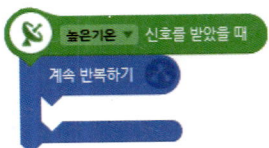

(6) 높은 기온에 닿으면 비에 대해 말하기 위해 [흐름] 꾸러미에서 **만일 참이라면** 블록을 연결하고, 〈참〉 부분에 [판단] 꾸러미의 **마우스포인터에 닿았는가?** 블록을 연결하고, ▼를 클릭하여 '높은 기온'을 선택합니다. 블록 안에는 **2초 기다리기** 블록을 연결하고, '0.2'초로 입력한 다음 [생김새] 꾸러미에서 **안녕! 을(를) 4초 동안 말하기** 블록을 연결하여 '비는 작은 물방울이 커지고 무거워져 높은 기온을 지나면서 떨어지는 것', '3'초로 입력합니다.

(7) 비에 대한 말하기가 끝나면 아래쪽 벽이 닿을 때까지 투명해지면서 떨어지게 나타내기 위해 [흐름] 꾸러미에서 **참이 될 때까지 반복하기** 블록을 연결합니다. 〈참〉 부분에 [판단] 꾸러미의 **마우스포인터에 닿았는가?** 블록을 연결하고, ▼를 클릭하여 '아래쪽 벽'을 선택하고, 안에 [움직임] 꾸러미에서 **y좌표를 10만큼 바꾸기** 블록 연결하여 '-10'을 입력하고, [생김새] 꾸러미에서 **색깔 효과를 10만큼 주기** 블록을 연결하고, ▼를 클릭하여 '투명도'를 선택합니다.

3. 오브젝트 복사하고, 수정하기

(1) 얼음 알갱이 오브젝트()에 물방울 오브젝트의 같은 기능을 적용하기 위해 물방울 오브젝트의 **시작하기 버튼을 클릭했을 때** 블록 위에서 마우스 오른쪽 버튼을 클릭한 후 **코드 복사**를 하고, 얼음 알갱이 오브젝트를 선택한 후 [블록] 탭에서 마우스 오른쪽 버튼을 클릭한 후 [붙여넣기]를 합니다.

(2) 물방울 오브젝트의 일부 기능을 적용하기 위해 물방울 오브젝트의 **날씨 신호를 받았을 때** 블록 위에서 마우스 오른쪽 버튼을 클릭한 후 [코드 복사]를 하고, 얼음 알갱이 오브젝트를 선택한 후 [블록] 탭에서 마우스 오른쪽 버튼을 클릭한 후 [붙여넣기]를 하고, x: 60, y: -10 위치로 이동하기 블록을 'x: 10, y: -25'을 수정한 후 **0.5초 동안 x: 60, y: -15 위치로 이동하기** 블록을 'x: 10, y: -30'로 수정합니다. **높은 기온 신호 보내기** 블록을 삭제하고, [흐름] 꾸러미에서 **2초 기다리기** 블록을 연결하고, '6초'로 입력합니다.

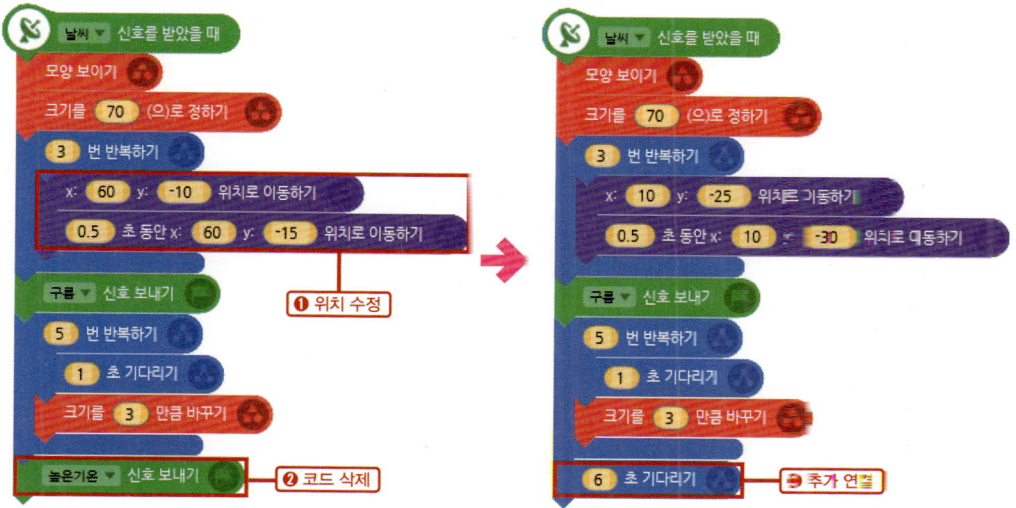

(3) 얼음 알갱이 오브젝트가 눈에 대한 말하기가 끝나면 아래쪽 벽이 닿을 때까지 투명해지면서 떨어지게 나타내기 위해 물방울 오브젝트의 **높은 기온 신호를 받았을 때** 블록 아래에 **비는 작은 물방울이 커지고 무거워져 높은 기온을 지나면서 떨어지는 것 을(를) 3초 동안 말하기** 블록에서 **투명도 효과를 10만큼 주기** 블록까지 복사하기 위해 마우스 오른쪽 버튼을 클릭한 후 [코드 복사]를 하고, 얼음 알갱이 오브젝트를 선택한 후 [블록] 탭에서 마우스 오른쪽 버튼을 클릭한 후 [붙여넣기]를 하고, **비는 작은 물방울이 커지고 무거워져 높은 기온을 지나면서 떨어지는 것 을(를) 3초 동안 말하기** 블록을 '눈은 얼음 알갱이가 커지고 무거워져 땅에 떨어지는 것'으로 수정합니다.

4. 신호 받았을 때 보이고, 말하기

(1) 구름 오브젝트()를 선택한 후 [시작] 꾸러미에서 **시작하기 버튼을 클릭했을 때** 블록을 드래그하고, 시작하기 버튼을 클릭할 때 숨기기 위해 [생김새] 꾸러미에서 **모양 숨기기** 블록을 연결합니다.

(2) 구름 신호를 받았을 때 구름 오브젝트가 실행하기 위해 [시작] 꾸러미에서 **날씨 신호를 받았을 때** 블록을 드래그하고, ▼를 클릭하여 '구름'을 선택하고, 신호를 받았을 때 보이기 위해 [생김새] 꾸러미에서 **모양 보이기** 블록을 연결하고, [생김새] 꾸러미에서 **안녕! 을(를) 4초 동안 말하기** 블록을 연결하여 '구름은 물방울, 얼음 알갱이가 떠 있는 것'를 입력하고, '3'초로 입력합니다.

5. 신호 받았을 때 이동하기

(1) 높은 기온 오브젝트(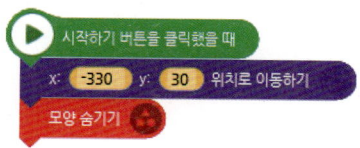)를 선택한 후 [시작] 꾸러미에서 **시작하기 버튼을 클릭했을 때** 블록을 드래그하고, 장면의 왼쪽 밖으로 이동하기 위해 [움직임] 꾸러미에서 **x: 0, y: 0 위치로 이동하기** 블록 연결하여 'x: -330', 'y: 30'을 입력한 후 시작하기 버튼을 클릭할 때 숨기기 위해 [생김새] 꾸러미에서 **모양 숨기기** 블록을 연결합니다.

(2) [시작] 꾸러미에서 **높은 기온 신호를 받았을 때** 블록을 드래그하고, 신호를 받은 후에 보이기 위해 [생김새] 꾸러미에서 **모양 보이기** 블록을 연결하고, 구름 앞으로 보여지기 위해 **앞으로 보내기** 블록을 연결한 후 장면의 오른쪽 밖까지 이동하기 위해 [움직임] 꾸러미에서 **2초 동안 x: 0, y: 10 위치로 이동하기** 블록을 연결하고, '5초', 'x: 330', 'y: 30'으로 입력합니다.

(3) [▶ 시작하기] 버튼을 클릭하여 결과 화면을 확인합니다.

요점정리

❶ 특정 신호 처리란 특정 오브젝트에서 다른 오브젝트로 신호를 보내고, 신호를 받은 오브젝트에서 기능의 명령을 실행할 수 있도록 도와주는 기능입니다.

❷ 신호 블록의 종류

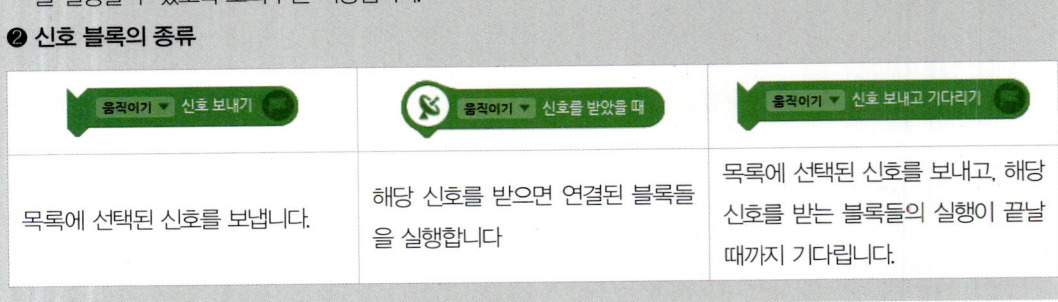

움직이기 ▼ 신호 보내기	움직이기 ▼ 신호를 받았을 때	움직이기 ▼ 신호 보내고 기다리기
목록에 선택된 신호를 보냅니다.	해당 신호를 받으면 연결된 블록들을 실행합니다	목록에 선택된 신호를 보내고, 해당 신호를 받는 블록들의 실행이 끝날 때까지 기다립니다.

퀴즈 풀어보기

01. 구름 속에 작은 물방울이 커지고 무거워져 내려올 때 기온이 높은 곳을 지나면서 물방울이 되어 떨어지는 것은? (   )

① 우박　　　② 비　　　③ 눈　　　④ 구름

02. 다음 중 '신호'에 대한 설명으로 옳은 것은? (   )

① 여러 명령어를 시간의 흐름에 따라 순서대로 처리하는 방식이다.
② 오브젝트에서 다른 오브젝트로 신호를 보내고, 특정 명령을 실행할 수 있도록 도와주는 기능이다.
③ 조건에 따라 참 또는 거짓을 판단하여 결과에 따라 다른 명령을 실행하는 방식이다.
④ 반복되는 명령어들을 묶어 처리하는 방식이다.

03. 다음 보기 블록과 같이 사용하는 블록으로 옳은 것은? (   )

① 　　②

③ 　　④

📋 정답 해설

01. ②
②번 비는 작은 물방울들이 커지고, 무거워질 때 기온이 높은 곳을 지나면서 물방울이 되어 떨어지는 것입니다.
①번 우박은 얼음 입자나 덩어리의 형태로 된 강수현상입니다.
③번 눈은 구름 속의 얼음 알갱이가 커지고 무거워져 땅에 떨어지는 것입니다.
④번 구름은 수증기가 높은 하늘에서 작은 물방울이나 얼음 알갱이로 떠 있는 것입니다.

02. ②
①번 순차 처리란 여러 명령어를 시간의 흐름에 따라 순서대로 처리하는 방식입니다.
③번 조건 처리는 조건에 따라 참인지 거짓인지 판단하여 결과에 따라 다른 명령을 실행해야 할 때 처리하는 방식입니다.
④번은 반복 처리로 순차 처리 방식에서 반복되는 명령어들을 묶어 처리하는 방식입니다.

03. ①
신호 처리는 특정 신호 처리란 특정 오브젝트에서 다른 오브젝트로 신호를 보내고, 신호를 받은 오브젝트에서 기능의 명령을 실행할 수 있도록 도와주는 기능인데, 신호 처리 [속성] 탭-[신호]-[신호 추가]를 클릭한 다음 신호의 이름을 입력합니다. **신호 보내기** 블록은 **신호를 받았을 때** 블록과 같이 사용됩니다.

실습 문제

낮은 기온 오브젝트가 지나가면 얼음 알갱이 오브젝트를 아래로 떨어지도록 만들어 봅시다.

작품 주소 : https://goo.gl/ze9Fop

HINT!

(1) 낮은 기온을 나타내기 위한 신호를 보내기 위해서 [속성] 탭-[신호]-[신호 추가]를 클릭한 다음 신호의 이름을 '낮은 기온'으로 입력합니다.

(2) 얼음 알갱이 오브젝트에서 **눈 얼음 알갱이가 커지고 무거워져 땅에 떨어지는 것을(를) 3초 동안 말하기** 블록 아래에 [시작] 꾸러미에서 **낮은 기온 신호 보내고 기다리기** 블록을 연결합니다.

(3) 높은 기온 오브젝트를 선택한 후 [블록] 탭에서 **시작하기 버튼을 클릭했을 때** 블록 위에서 마우스 오른쪽 버튼을 클릭한 후 [코드 복사]를 하고, 낮은 기온 오브젝트를 선택한 후 마우스 오른쪽 버튼을 클릭한 후 [붙여넣기]를 하고, **x: -330, y: 30 위치로 이동하기** 블록을 'x: 330', 'y: 30'으로 수정합니다.

(4) 높은 기온 오브젝트를 선택한 후 [블록] 탭에서 **높은 기온 신호를 받았을 때** 블록 위에서 마우스 오른쪽 버튼을 클릭한 후 [코드 복사]를 하고, 낮은 기온 오브젝트를 선택한 후 마우스 오른쪽 버튼을 클릭한 후 [붙여넣기]를 하고, **높은 기온 신호를 받았을 때** 블록의 ▼를 클릭하여 '낮은 기온'을 선택하고, **5초 동안 x: 330, y: 30 위치로 이동하기** 블록을 'x: -330', 'y: 30'으로 수정합니다.

SECTION 14 과학
용액을 찾아라

- 생활 속에서 용액이 어디에 사용되는지 이해할 수 있다.
- 변수가 무엇인지 이해할 수 있다.
- 변수를 이용하여 생활 속의 용액 찾기 게임을 만들 수 있다.

작품 주소 :
용액을 찾아라 – goo.gl/R2GFv4

 **용액**

소금이나 설탕처럼 다른 물질에 녹는 물질을 용질, 물처럼 다른 물질을 녹이는 물질을 용매라고 하며 소금이나 설탕이 물에 녹아 섞이는 현상을 용해라고 합니다.

소금물이나 설탕물처럼 두 가지 이상의 순수한 물질이 서로 섞이는 물질의 상태와 개수와는 상관없이 균등하게 섞여 있는 혼합물을 용액이라 하는데 용액은 오래 두어도 가라앉거나 뜨는 것이 없고, 물질의 섞여 있는 정도가 같으며, 거름 장치로 걸러도 거름종이에 남는 것이 없습니다.

생활 속에서 여러 종류의 용액을 사용하는데, 사과 식초(사과 과즙, 물, 주정 등), 사이다(물, 설탕, 탄산 가스 등), 이온 음료(물, 소금, 설탕 등) 등이 있습니다.

 프로그래밍 개념

변수

프로그램에 필요한 자료를 담을 수 있는 공간을 '변수'라고 합니다. 예를 들어 시간 기능을 변수를 이용하여 만든다면 시간이라는 변수 공간에 1초가 지날수록 1초, 2초, 3초 이렇게 1초씩 변하는데, 그 값을 '변수 값'이라고 합니다.

변수는 한 번에 한 가지 값만 저장할 수 있기 때문에 저장된 값이 바뀌면 그 전에 가지고 있던 데이터는 없어집니다.

03 따라하며 익히기

변수 프로그래밍

엔트리봇이 마우스포인터를 따라다니다가 10초가 되면 모든 코드를 멈추게 만들어 봅니다.

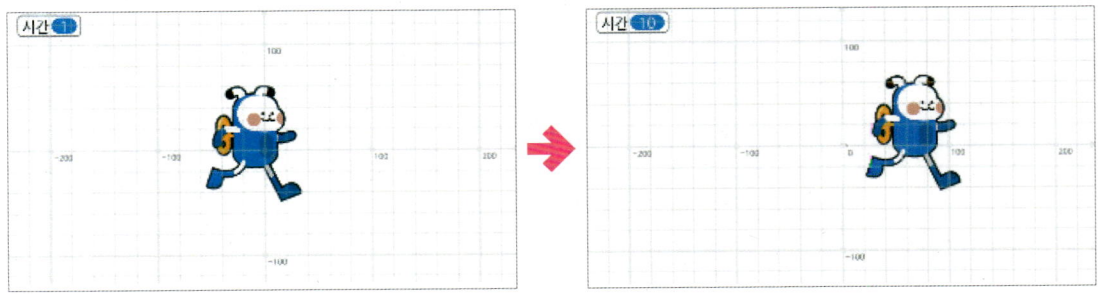

(1) 엔트리봇 오브젝트( )를 선택한 후 [블록] 탭을 클릭한 다음 [시작] 꾸러미에서 **시작하기 버튼을 클릭했을 때** 블록을 드래그하고, 엔트리봇을 마우스포인터 위치로 움직이기 위해 [흐름] 꾸러미에서 **계속 반복하기** 블록을 연결한 후 안에 [움직임] 꾸러미서 **엔트리봇 위치로 이동하기** 블록을 연결하고, ▼를 클릭하여 '마우스포인터'를 선택합니다.

(2) 시간 기능을 추가하기 위해 [속성] 탭-[변수]-[변수 추가]를 클릭한 다음 변수의 이름을 '시간'으로 입력합니다.

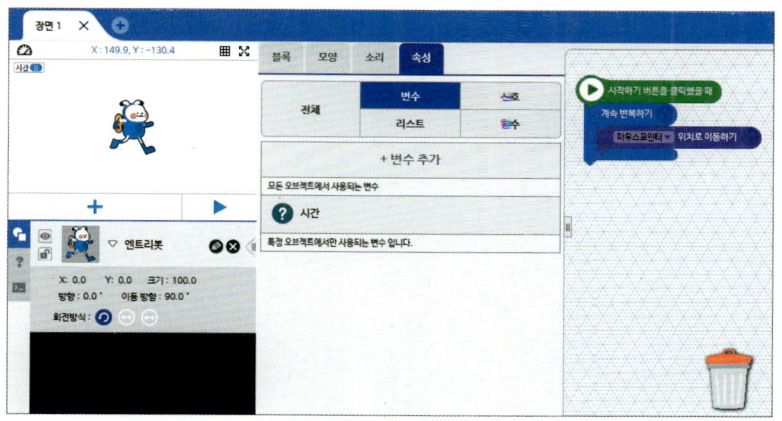

(3) [블록] 탭을 클릭한 후 [시작] 꾸러미에서 **시작하기 버튼을 클릭했을 때** 블록을 드래그하고, 시간을 1초마다 계속 반복하여 1초씩 바꾸기 위해서 [흐름] 꾸러미의 **계속 반복하기** 블록을 연결하고, **2초 기다리기** 블록을 연결한 후 '1'초로 입력한 다음 [자료] 꾸러미에서 **시간에 10만큼 더하기** 블록을 연결하고, '1'로 입력합니다. 만약 10초라면 멈추기 위해 [흐름] 꾸러미의 **만일 참이라면** 블록을 연결하고, 〈참〉 부분에 [판단] 꾸러미의 **10>=10** 블록을 연결한 후 첫 번째 칸에 [자료] 꾸러미의 **시간 값** 블록을 연결하고, 안에는 [흐름] 꾸러미의 **모든 코드 멈추기** 블록을 연결합니다. ▶시작하기] 버튼을 클릭하여 결과 화면을 확인합니다.

 ## 04 프로그래밍 시작하기

1. 변수 추가하고 정답 나타내기

(1) [파일] 메뉴를 클릭하고, [오프라인 작품 불러오기]를 클릭하여 '14강-용액을 찾아라_예제.ent' 파일을 선택하고, [열기]를 클릭합니다. 필요한 변수들을 만들기 위해 [속성] 탭-[변수]-[변수 추가]를 클릭한 다음 변수의 이름을 '시간'으로 입력합니다. 이와 같이 '개수1', '개수2', '찾은 개수' 변수를 만듭니다.

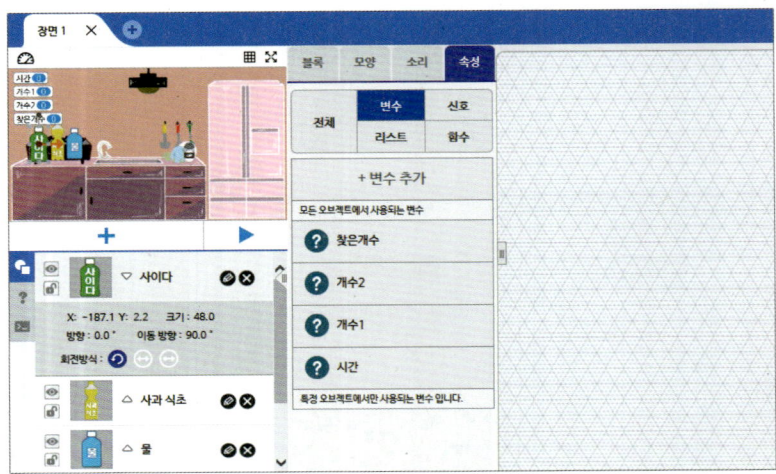

> **TIP!**
>
> **각 변수들의 역할**
> 시간: 1초마다 시간을 알려줍니다.
> 개수1: 사이다 오브젝트를 클릭했는지를 값으로 나타냅니다.
> 개수2: 사과 식초 오브젝트를 클릭했는지를 값으로 나타냅니다.
> 찾은 개수: 클릭한 값인 개수1의 변수 값과 개수2의 변수 값을 합하여 찾은 개수를 나타냅니다.

(2) 사이다 오브젝트( )를 선택한 후 [블록] 탭을 클릭한 다음 [시작] 꾸러미에서 **시작하기 버튼을 클릭했을 때** 블록을 드래그하고, 시작하기 버튼을 클릭했을 때마다 처음 이미지로 바꾸기 위해 [생김새] 꾸러미에서 **사이다1 모양으로 바꾸기** 블록을 연결합니다.

(3) 오브젝트를 클릭했을 때마다 실행하기 위해 [시작] 꾸러미에서 **오브젝트를 클릭했을 때** 블록을 드래그하고, 시간이 10초 이상이라면 조건을 주기 위해 [흐름] 꾸러미에서 **만일 참이라면, 아니면** 블록을 연결합니다. 〈참〉 부분에 [판단] 꾸러미의 **10>=10** 블록을 연결하고, 첫 번째 칸에는 [자료] 꾸러미의 **찾은 개수**

값 블록을 연결하고, ▼를 클릭하여 '시간'을 선택합니다.

(4) 10초 이후 클릭했다면 처음 이미지 그대로 나타내기 위해 [생김새] 꾸러미에서 **사이다1 모양으로 바꾸기** 블록을 연결합니다. 10초 이전에 클릭했다면 같은 표시를 한 이미지로 나타낸 후 부연 설명을 하기 위해 [생김새] 꾸러미에서 **사이다1 모양으로 바꾸기** 블록을 연결하고, ▼를 클릭하여 '사이다2'로 선택하고, **안녕! 을(를) 4초 동안 말하기** 블록을 연결하여 '사이다는 물, 설탕, 탄산가스 등이 섞인 용액입니다.', '2초'를 입력합니다.

(5) 오브젝트를 클릭했을 때 개수1의 값을 1로 정해 클릭한 표시로 나타내기 위해 [자료] 꾸러미의 **개수1를 10로 정하기** 블록을 연결하여 '1'로 입력합니다. 클릭한 값을 합하여 찾은 개수를 나타내기 위해 **개수1를 10로 정하기** 블록을 연결한 후 ▼를 클릭하여 '찾은 개수'로 선택하고, [계산] 꾸러미의 **10+10** 블록을 연결하여 첫 번째 칸에는 [자료] 꾸러미의 **개수1** 블록을 연결하고, 두 번째 칸에는 **개수1** 블록을 연결하고, ▼를 클릭하여 '개수2'을 선택합니다.

2. 사이다 오브젝트 복사하여 수정하기

(1) 사이다 오브젝트의 같은 기능을 적용하기 위해 사이다 오브젝트의 **시작하기 버튼을 클릭했을 때** 블록 위에서 마우스 오른쪽 버튼을 클릭한 후 [코드 복사]를 하고, 사과 식초 오브젝트()를 선택한 후 [블록] 탭에서 마우스 오른쪽 버튼을 클릭한 후 [붙여넣기]를 합니다. **대상없음 모양으로 바꾸기** 블록의 ▼를 클릭하여 '사과 식초1'로 선택합니다.

(2) 사이다 오브젝트의 **오브젝트를 클릭했을 때** 블록 위에서 마우스 오른쪽 버튼을 클릭한 후 [코드 복사]를 하고, 사과 식초 오브젝트를 선택한 후 [블록] 탭에서 마우스 오른쪽 버튼을 클릭한 후 [붙여넣기]를 합니다.

(3) **대상없음 모양으로 바꾸기** 블록의 ▼를 클릭하여 [사과 식초1]로 선택하고, **대상없음 모양으로 바꾸기** 블록을 ▼를 클릭하여 '사과 식초2'로 선택한 후 **사이다는 물, 설탕, 탄산 가스 등이 섞인 용액입니다. 을(를) 2초 동안 말하기** 블록을 '사과 식초는 사과 과즙, 물, 주정 등이 섞인 용액입니다.'로 수정합니다. **개수1 를 1로 정하기** 블록의 ▼를 클릭하여 '개수2'로 선택합니다.

3. 오답 나타내기

(1) 시작하기 버튼을 클릭했을 때는 사이다 오브젝트와 같은 기능을 적용하기 위해 사이다 오브젝트의 **시작하기 버튼을 클릭했을 때** 블록 위에서 마우스 오른쪽 버튼을 클릭한 후 [코드 복사]를 하고, 물 오브젝트( )를 선택한 후 [블록] 탭에서 마우스 오른쪽 버튼을 클릭한 후 [붙여넣기]를 합니다. **대상없음 바꾸기** 블록의 ▼를 클릭하여 '물1'로 선택합니다.

(2) 사이다 오브젝트의 일부 기능을 적용하기 위해 사이다 오브젝트의 **오브젝트를 클릭했을 때** 블록 위에서 마우스 오른쪽 버튼을 클릭한 후 [코드 복사]를 합니다. 물 오브젝트를 선택한 후 [블록] 탭에서 마우스 오른쪽 버튼을 클릭한 후 [붙여넣기]를 하고, **대상없음 바꾸기** 블록의 ▼를 클릭하여 '물1'로 선택하고, **대상없음** 블록을 ▼를 클릭하여 '물2'로 선택한 후 **사이다는 물, 설탕, 탄산가스 등이 섞인 용액입니다. 을(를) 2초 동안 말하기** 블록을 '물은 용매입니다.'로 수정하고, **개수1를 1로 정하기** 블록 아래 전체를 마우스 오른쪽 버튼을 클릭한 후 [코드 삭제]합니다.

4. 물 오브젝트 복사하여 수정하기

(1) 물 오브젝트와 같은 기능을 적용하기 위해 물 오브젝트의 **시작하기 버튼을 클릭했을 때** 블록 위에서 마우스 오른쪽 버튼을 클릭한 후 [코드 복사]를 하고, 소금 오브젝트(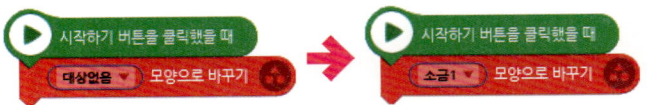)를 선택한 후 [블록] 탭에서 마우스 오른쪽 버튼을 클릭한 후 [붙여넣기]를 합니다. **대상없음 바꾸기** 블록의 ▼를 클릭하여 '소금1'로 선택합니다.

(2) 물 오브젝트의 **오브젝트를 클릭했을 때** 블록 위에서 마우스 오른쪽 버튼을 클릭한 후 [코드 복사]를 하고, 소금 오브젝트를 선택한 후 [블록] 탭에서 마우스 오른쪽 버튼을 클릭한 후 [붙여넣기]를 합니다. **대상없음 바꾸기** 블록의 ▼를 클릭하여 '소금1'로 선택하고, 대상없음 블록을 ▼를 클릭하여 [소금2]로 선택한 후 **물은 용매입니다. 을(를) 2초 동안 말하기** 블록을 '소금은 용질입니다.'로 수정합니다.

5. 정해진 시간에 신호 보내기

(1) 1초마다 1초씩 시간을 바꾸기 위해 주방 오브젝트( )를 선택한 후 [시작] 꾸러미에서 **시작하기 버튼을 클릭했을 때** 블록을 드래그하고, [흐름] 꾸러미의 **계속 반복하기** 블록을 연결하고, **2초 기다리기** 블록을 연결한 후 '1'초로 입력합니다. [자료] 꾸러미에서 **찾은 개수에 10만큼 더하기** 블록을 연결하고, ▼를 클릭하여 '시간'을 선택하고, '1'로 입력합니다.

(2) 정해진 시간을 주기 위해 [흐름] 꾸러미의 **만일 참이라면** 블록을 연결하고, 〈참〉 부분에 [판단] 꾸러미의 **10>=10** 블록을 연결하고, 첫 번째 칸에는 [자료] 꾸러미의 **찾은 개수 값** 블록을 연결하고, ▼를 클릭하여 '시간'을 선택합니다. 10초 이상이 되면 **결과 신호를 보내기** 위해서 [속성] 탭-[신호]-[신호 추가]를 클릭한 다음 신호의 이름을 '결과'로 입력합니다. [블록] 탭을 클릭한 후 [시작] 꾸러미에서 **결과 신호 보내기** 블록을 연결하고, 결과를 나타낼 시간을 주기 위해 [흐름] 꾸러미의 **2초 기다리기** 블록을 연결한 후 '1'초로 입력한 후 모든 코드를 멈추기 위해 **모든 코드 멈추기** 블록을 연결합니다.

(3) [시작] 꾸러미에서 **결과 신호를 받았을 때** 블록을 드래그하고, 클릭한 개수의 변수 값과 개수2의 변수 값의 합인 찾은 개수가 정답 개수인 2와 같다면 [흐름] 꾸러미의 〈참〉 부분에 [판단] 꾸러미의 **10>=10** 블록을 연결하고, 첫 번째 칸에는 [자료] 꾸러미의 **찾은 개수 값** 블록을 연결하고, 두 번째 칸에는 '2'로 입력합니다. 만일 정답 2개를 맞혔다면 '잘했어요' 신호를 보내기 위해서 [속성] 탭-[신호]-[신호 추가]를 클릭한 다음 신호의 이름을 '잘했어요'로 입력하고 [블록] 탭을 클릭한 후 [시작] 꾸러미에서 **결과 신호 보내기** 블록을 연결한 후 ▼를 클릭하여 '잘했어요'를 선택합니다. 만일 정답 2개를 못맞혔다면 '노력하세요' 신호를 보내기 위해서 [속성] 탭-[신호]-[신호 추가]를 클릭한 다음 신호의 이름을 '노력하세요'로 입력하고, [블록] 탭을 클릭한 후 [시작] 꾸러미에서 **결과 신호 보내기** 블록을 아니면에 연결한 후 ▼를 클릭하여 '노력하세요'를 선택합니다.

6. 글상자 오브젝트 나타내기

(1) 잘했어요 오브젝트를 글상자로 추가하기 위해 [➕오브젝트 추가하기] 버튼을 클릭합니다. [오브젝트 추가하기] 대화상자의 [글상자] 탭에서 '잘했어요'를 입력하고, 글꼴을 고딕체로 변경하고, 글자 배경색( )을 투명( )으로 지정한 후 [적용하기] 버튼을 클릭합니다. 잘했어요 오브젝트가 추가되던 오브젝트 목록의 '글상자'에서 정보 수정( )을 클릭한 후 이름을 '잘했어요'로 수정합니다.

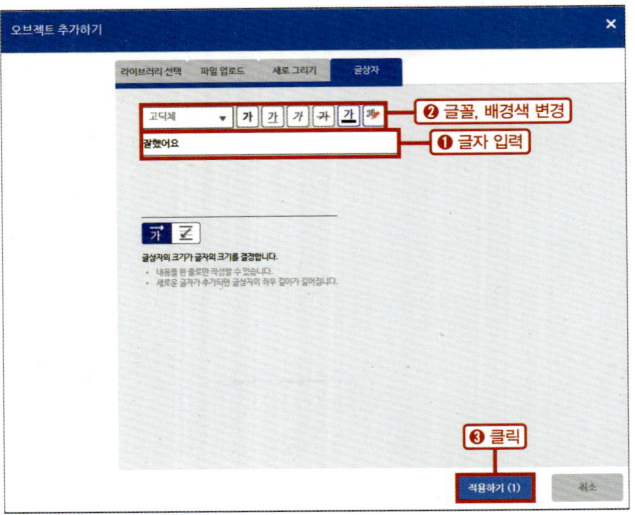

(2) 시작할 때는 나타내지 않기 위해 잘했어요 오브젝트를 선택한 후 [블록] 탭을 클릭한 다음 [시작] 꾸러미에서 **시작하기 버튼을 클릭했을 때** 블록을 드래그하고, [생김새] 꾸러미의 **모양 숨기기** 블록을 연결합니다.

(3) 잘했어요 신호를 받으면 나타내기 위해 [시작] 꾸러미에서 **결과 신호를 받았을 때** 블록을 드래그하고, ▼을 클릭하여 [잘했어요]를 선택한 다음 [생김새] 꾸러미의 **모양 보이기** 블록을 연결합니다.

(4) 이와 같은 방법으로 노력하세요 오브젝트를 추가한 후 이름을 '노력하세요'로 수정하고, [블록] 탭을 클릭한 다음 [시작] 꾸러미에서 **시작하기 버튼을 클릭했을 때** 블록을 드래그하고, [생김새] 꾸러미의 **모양 숨기기** 블록을 연결합니다.

(5) [시작] 꾸러미에서 **결과 신호를 받았을 때** 블록을 드래그하고, ▼을 클릭하여 '노력하세요'를 선택한 다음 [생김새] 꾸러미의 **모양 보이기** 블록을 연결합니다.

(6) 개수1과 개수2을 [속성] 탭에서 변수 보이기를 해제한 후 시간과 찾은 개수 변수 상자를 왼쪽 위에 배치하고, [▶ 시작하기] 버튼을 클릭하여 결과 화면을 확인합니다.

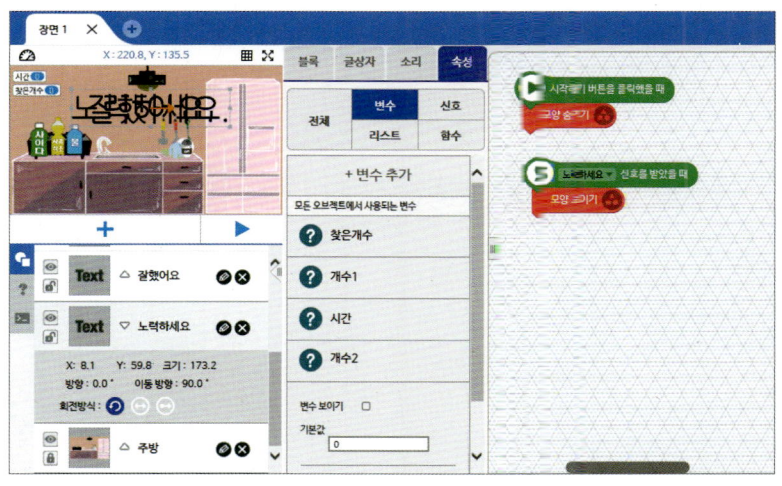

······ 요점정리

❶ 변수란 프로그램에 필요한 자료를 담을 수 있는 공간입니다.

❷ 신호 블록의 종류

시간 ▼ 값	시간 ▼ 에 10 만큼 더하기	시간 ▼ 를 10 로 정하기
선택된 변수에 저장된 값입니다.	선택한 변수에 입력한 값을 더합니다.	선택한 변수의 값을 입력한 값으로 정합니다.

퀴즈 풀어보기

01. 용액의 특징이 아닌 것은? (   )

① 용액은 오래 두어도 뜨는 것이 없다.
② 물질의 섞여 있는 정도가 같다.
③ 거름 장치로 걸러도 거름종이에 남는 것이 없다.
④ 용액은 오래 두면 가라앉는 것이 있다.

02. 다음 중 '변수'에 대한 설명으로 옳지 않은 것은? (   )

① 프로그램에 필요한 자료를 담을 수 있는 공간이다.
② 한 번에 한 가지 값만 저장할 수 있다.
③ 저장된 값이 바뀌어도 그 전에 가지고 있던 데이터는 존재한다.
④ 시간, 점수를 나타낼 때 사용할 수 있다.

03. 1초마다 1초씩 시간을 바꾸기 위해 빈칸의 블록으로 옳은 것은? (   )

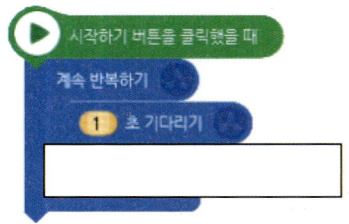

① 시간▼ 를 1 로 정하기
② 시간▼ 에 1 만큼 더하기
③ 시간▼ 에 5 만큼 더하기
④ 변수 시간▼ 보이기

정답 해설

01. ④

④번 용액은 오래 두어도 가라앉는 것이 없습니다.

용액의 특징은 오래 두어도 뜨는 것이 없고, 물질의 섞여 있는 정도가 같으며 거름 장치로 걸러도 거름종이에 남는 것이 없습니다.

02. ③

프로그램에 필요한 자료를 담을 수 있는 공간을 '변수'라고 합니다.

변수는 한 번에 한 가지 값만 저장할 수 있기 때문에 저장된 값이 바뀌면 그 전에 가지고 있던 데이터는 옳어지므로 시간, 점수 등을 나타낼 때 사용됩니다.

03. ②

시간을 바꾸기 위해서 시간 변수를 만들고, [흐름] 꾸러미의 **계속 반복하기** 블록을 연결하고, 1초다 1초씩 시간을 바꾸어야 하므로 **2초 기다리기** 블록을 연결하여 '1'초로 입력하고, [자료] 꾸러미에서 **시간에 10만큼 더하기** 블록을 연결하여 '1'로 입력합니다.

실습 문제

시작 변수를 이용하여 과학자1 오브젝트가 '용액을 찾아보세요'라고 말하도록 만들어 봅시다.

작품 주소 : https://goo.gl/jNVYqV

> **HINT!**
> (1) 과학자1 오브젝트를 추가하기 위해 [➕ 오브젝트 추가하기]를 클릭합니다. [오브젝트 추가하기] 대화상자의 [라이브러리 선택] 탭에서 [사람] 그룹의 과학자1 오브젝트를 선택하고, [적용하기] 버튼을 클릭합니다.
> (2) '시작' 변수를 주기 위해 [속성] 탭–[변수]–[변수 추가]를 클릭한 다음 변수의 이름을 '시작'으로 입력합니다.
> (3) 과학자1 오브젝트를 선택한 후 [블록] 탭을 클릭한 다음 [시작] 꾸러미에서 **시작하기 버튼을 클릭했을 때** 블록을 드래그하고, [자료] 꾸러미의 **시작을 10로 정하기** 블록을 연결하여 '용액을 찾아보세요'로 입력합니다.
> (4) [생김새] 꾸러미에서 **안녕! 을(를) 4초 동안 말하기** 블록을 연결하고, [자료] 꾸러미의 **시작 값** 블록을 연결한 후 '1'초를 입력하고, [속성] 탭에서 변수 보이기를 해제합니다.

SECTION 15 과학 나의 속력 순위는

- 생활 속에서 속력은 어떻게 측정하는지 이해할 수 있다.
- 리스트가 무엇인지 이해할 수 있다.
- 달리기 선수의 속력 순위 리스트를 만들 수 있다.

동영상 주소:
나의 속력 순위는 – goo.gl/nAjDQ4

 ## 속력

도로를 달리는 자동차나 걷는 사람은 시간에 따라 속력이 계속 변합니다. 이처럼 순간 변하는 물체의 운동에서 아주 짧은 시간 동안에 움직인 거리를 그 이동 시간으로 나눈 값을 순간 속력이라고 합니다. 그러나 매 순간 달라질 수 있으므로 생활 속에서는 물체가 이동하는 동안 속력이 일정하지 않을 때 이동한 전체 거리를 이동한 시간으로 나눈 값인 평균속력을 대부분 사용합니다.

이처럼 속력이란 단위 시간 동안에 물체가 이동한 거리로 물체의 이동 거리를 걸린 시간으로 나누어 계산하고, 나타내는 단위로 m/s, km/h 등이 있습니다.

 ## 프로그래밍 개념

리스트

리스트는 하나의 값만을 저장하는 변수와는 달리 여러 개의 값을 저장할 수 있는데, 숫자 뿐 아니라 문자로 된 값을 추가하거나 삭제, 바꾸기도 할 수 있어 값을 비교하여 순위를 나타내거나 퀴즈 문제를 낼 때에 사용합니다.

따라하며 익히기

1. 리스트 추가 프로그래밍

[▶ 시작하기] 버튼을 클릭하면 1부터 10사이의 숫자 중 5개만 무작위로 숫자 리스트에 나타나도록 만들어 봅니다.

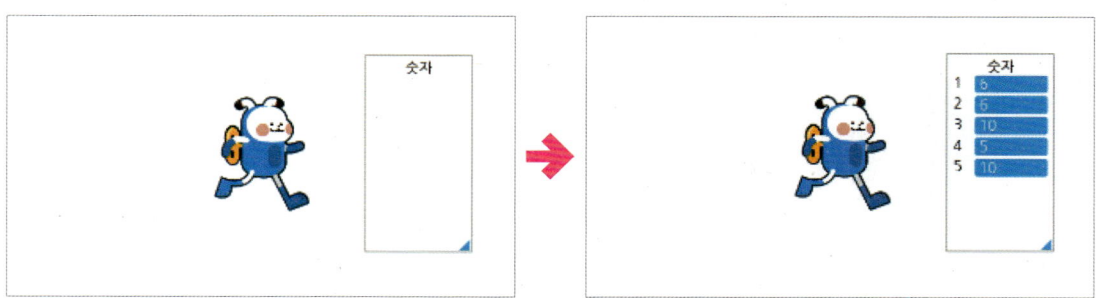

(1) 엔트리봇 오브젝트(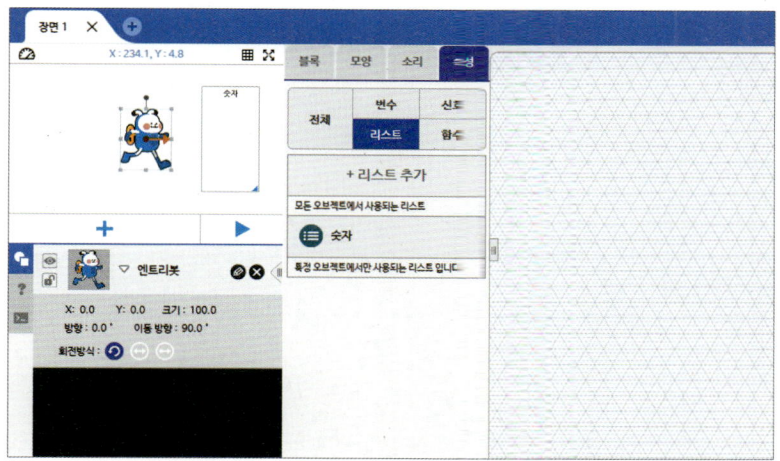)를 선택한 후 [블록] 탭의 코드를 삭제하고, 여러 개의 숫자 값들 저장할 수 있게 리스트를 만들기 위해 [속성] 탭-[리스트]-[리스트 추가]를 클릭한 다음 리스트의 이름을 숫자로 입력합니다.

(2) [블록] 탭을 클릭한 다음 [시작] 꾸러미에서 시작하기 버튼을 클릭했을 때 블록을 드래그하고, 1부터 10 사이의 숫자 중 5개만 무작위로 숫자 리스트에 나타도록 하기 위해 [흐름] 꾸러미에서 10번 반복하기 블록을 연결한 후 '5'번을 입력하고, 안에는 [자료] 꾸러미에서 10항목을 숫자에 추가하기 블록을 연결하고, [계산] 꾸러미에서 1부터 10사이의 무작위 수 블록을 연결합니다. [▶시작하기] 버튼을 클릭하여 결과 화면을 확인합니다.

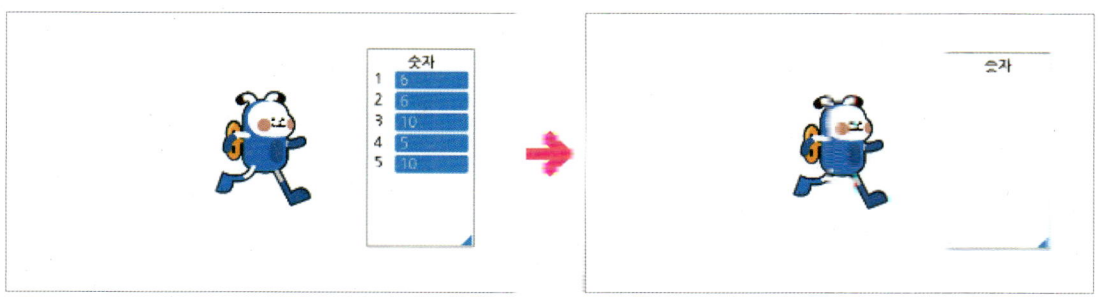

2. 리스트 삭제 프로그래밍

엔트리봇을 클릭할때마다 1번째 항목을 숫자 리스트에서 삭제 하도록 만들어 줍니다.

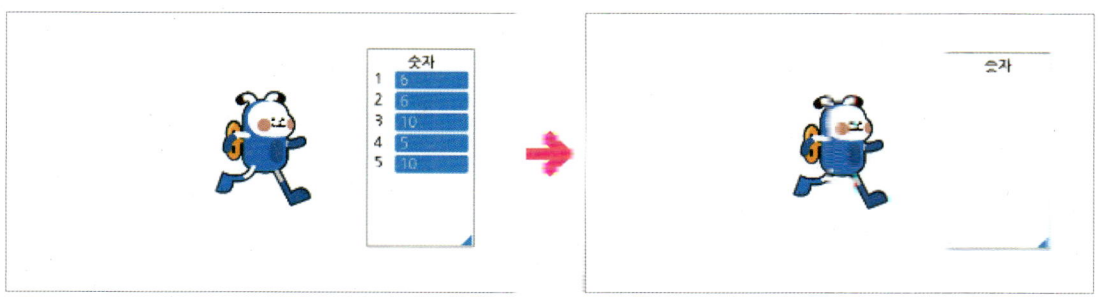

[시작] 꾸러미에서 **오브젝트를 클릭했을 때** 블록을 드래그하고, [자료] 꾸러미에서 **1번째 항목을 숫자에서 삭제하기** 블록을 연결한 후 [흐름] 꾸러미의 **모든 코드 멈추기** 블록을 연결합니다. [▶ 시작하기] 버튼을 클릭하여 결과 화면을 확인합니다.

04 프로그래밍 시작하기

1. 변수와 리스트 만들기

(1) [파일] 메뉴를 클릭하고, [오프라인 작품 불러오기]를 클릭하여 '15강-나의 속력 순위는_예제.ent' 파일을 선택한 후 [열기]를 클릭합니다. 필요한 변수들을 만들기 위해 [속성] 탭–[변수]–[변수 추가]를 클릭한 다음 변수의 이름을 '거리'로 입력합니다. 이와 같이 '평균속력', '항목순서' 변수를 만듭니다.

> **TIP!**
> 각 변수들의 역할
> • 거리: 이동한 거리 값입니다.
> • 평균속력: 이동한 거리를 걸린 시간으로 나눈 값입니다.(속력=이동 거리/걸린 시간)
> • 항목순서: 속력순위 (m/s) 리스트의 항목 순서를 나타냅니다.

(2) 필요한 리스트를 만들기 위해 [속성] 탭-[리스트]-리스트 추가]를 클릭한 다음 리스트의 이름을 '속력순위 (m/s)'로 입력하고, 리스트가 많은 공간을 차지하여 다른 장면이 안보이기 때문에 [속성] 탭에서 리스트 보이기를 해제합니다.

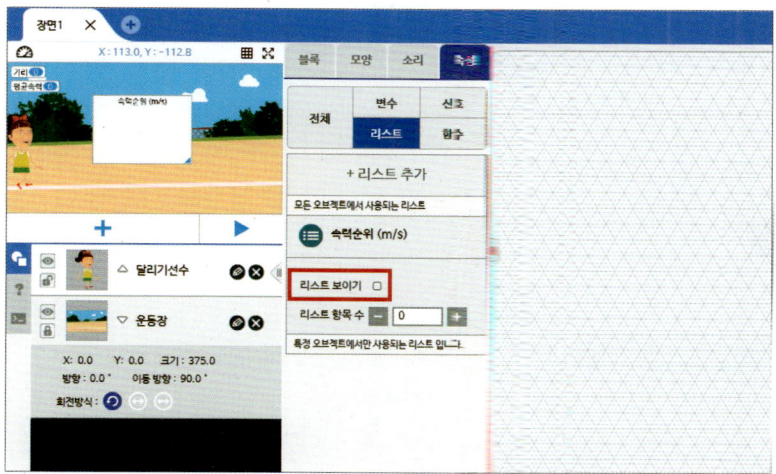

2. 평균속력 구하기

(1) 달리기 선수 오브젝트(🏃)를 선택한 후 [블록] 탭을 클릭한 다음 [시작] 꾸러미에서 **시작하기 버튼을 클릭했을 때** 블록을 드래그하고, 이동 거리 값을 정하기 위해 [자료] 꾸러미에서 **거리를 10으로 정하기** 블록을 연결한 후 '100'을 입력합니다. **변수 거리 숨기기** 블록을 연결한 후 ▼를 클릭하여 **항목순서**도 선택하고, [계산] 꾸러미에서 **초시계 시작하기** 블록을 연결합니다.

(2) 오른쪽 벽에 닿을 때까지 모양이 바뀌며 움직이게 하기 위해 [흐름] 꾸러미에서 **참이 될 때까지 반복하기** 블록을 연결하고, 〈참〉 부분에 [판단] 꾸러미의 **마우스포인터에 닿았는가?** 블록을 연결한 후 ▼를 클릭하여 '오른쪽 벽'으로 선택하고, 0.2초마다 다음 모양으로 바꾸기 위해 [흐름] 꾸러미에서 **2초 기다리기** 블록을 연결하고, '0.2'초로 입력한 후 [생김새] 꾸러미에서 **다음 모양으로 바꾸기** 블록을 연결합니다.

시작할 때마다 움직임을 다르게 주기 위해 [움직임] 꾸러미에서 **이동 방향으로 10만큼 움직이기** 블록을 연결한 후 [계산] 꾸러미에서 **1부터 10사이의 무작위 수** 블록을 연결하고, 첫 번째 칸에 '5'로 입력합니다.

(3) 오른쪽 벽에 닿으면 초시계를 정지하기 위해 [흐름] 꾸러미에서 **만일 참이라면** 블록을 연결하고, 〈참〉 부분에 [판단] 꾸러미의 **마우스포인터에 닿았는가?** 블록을 연결한 후 ▼를 클릭하여 '오른쪽 벽'으로 선택하고, 안에는 [계산] 꾸러미에서 **초시계 시작하기** 블록을 연결한 후 ▼를 클릭하여 '정지하기'로 선택합니다.

(4) 평균속력(평균속력=거리/시간)을 구하기 위해 [자료] 꾸러미에서 **거리를 10으로 정하기** 블록을 연결한 후 ▼를 클릭하여 '평균속력'을 선택하고, [판단] 꾸러미의 **10/10** 블록을 연결한 후 첫 번째 칸에는 [자료] 꾸러미에서 **거리 값** 블록을 연결하고, 두 번째 칸에는 [계산] 꾸러미에서 **초시계 값**을 연결합니다.

(5) 평균속력 값이 정해져 도착 신호를 보내기 위해서 [속성] 탭-[신호]-[신호 추가]를 클릭한 다음 신호의 이름을 '도착'으로 입력하고, [블록] 탭을 클릭한 후 [시작] 꾸러미에서 **도착 신호 보내기** 블록을 연결합니다.

3. 리스트 항목 지정하기

(1) [시작] 꾸러미에서 **도착 신호를 받았을 때** 블록을 드래그하고, 속력순위 (m/s) 리스트를 나타내기 위해 [자료] 꾸러미에서 **리스트 속력순위 (m/s) 보이기** 블록을 연결하고, 1번째 항목을 속력 12m/s로 지정하기 위해 **10 을(를) 속력순위 (m/s)의 1번째에 넣기** 블록을 연결한 후 첫 번째 칸에 '12'를 입력합니다.

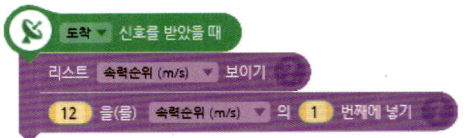

(2) 2번째부터 5번째 항목을 지정하기 위해 **12 을(를) 속력순위 (m/s)의 1번째에 넣기** 블록에서 마우스 오른쪽 버튼을 클릭한 후 [코드 복사 & 붙여넣기]를 4번 반복하여 연결한 후 복사한 첫 번째 블록 첫 번째 칸에 '10', 두 번째 칸에는 '2'번째로 수정합니다. 이와 같이 복사한 두 번째 블록의 첫 번째 칸에 '8', 두 번째 칸에는 '3'번째, 복사한 세 번째 블록의 첫 번째 칸에 '6', 두 번째 칸에는 '4'번째, 복사한 네 번째 블록의 첫 번째 칸에 '4', 두 번째 칸에는 '5'번째로 수정합니다.

(3) 지정된 속력 값과 입력된 속력 값을 비교하여 갱신하는 갱신 신호를 보내기 위해서 [속성] 탭-[신호]-[신호 추가]를 클릭한 다음 신호의 이름을 '갱신'으로 입력하고, [블록] 탭을 클릭한 후 [시작] 꾸러미에서 **갱신 신호 보내기** 블록을 연결합니다.

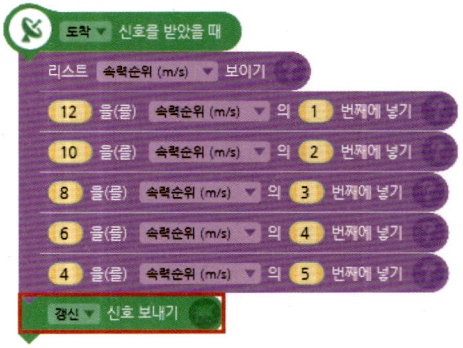

4. 속력 값 비교하기

(1) [시작] 꾸러미에서 **갱신 신호를 받았을 때** 블록을 드래그하고, 입력된 속력 값과 지정한 속력 값을 항목 순서대로 비교하기 위해 [자료] 꾸러미에서 **거리를 10으로 정하기** 블록을 연결한 후 ▼를 클릭하여 '항목순서'로 선택하고, '1'로 입력합니다.

(2) [흐름] 꾸러미에서 **10번 반복하기** 블록을 연결하고, 속력순위 (m/s) 리스트에 지정한 항목 수, 즉 5번 반복하여 비교하기 위해 [자료] 꾸러미에서 **속력순위 (m/s) 항목 수** 블록을 연결합니다.

(3) 입력된 속력 값이 지정한 속력 값보다 큰지 비교하기 위해 [흐름] 꾸러미에서 **만일 참이라면** 블록을 연결하고, 〈참〉 부분에 [판단] 꾸러미의 **10>10** 블록을 연결한 후 첫 번째 칸에는 [자료] 꾸러미서 **거리 값** 블록을 연결하고, ▼를 클릭하여 '평균속력'으로 선택하고, 두 번째 칸에는 **속력순위 (m/s)의 1번째 항목** 블록을 연결한 후 **거리 값** 블록을 연결하고, ▼를 클릭하여 '항목순서'로 선택합니다.

(4) 입력된 속력 값이 크다면 비교한 항목 순서 번째에 입력된 속력 값을 넣기 위해 [자료] 꾸러미에서 **10 을(를) 속력순위 (m/s)의 1번째에 넣기** 블록을 연결한 후 첫 번째 칸에 **거리 값** 블록을 연결하고, ▼를 클릭하여 '평균속력'으로 선택하고, 두 번째 칸에는 **속력순위 (m/s)의 1번째 항목** 블록을 연결한 후 거리 값 블록을 연결하고, ▼를 클릭하여 '항목순서'로 선택합니다. **10 을(를) 속력순위 (m/s)의 1번째에 넣기** 블록으로 추가된 항목 수, 즉 6번째 항목을 삭제하기 위해 **1번째 항목을 속력순위 (m/s) 에서 삭제하기** 블록을 연결하고, [자료] 꾸러미에서 **속력순위 (m/s) 항목 수** 블록을 연결하고, [흐름] 꾸러미의 **모든 코드 멈추기** 블록을 연결합니다.

(5) 입력된 속력 값이 지정한 1번째 속력 값보다 크지 않다면 항목 순서대로 비교하기 위해 [자료] 꾸러미에서 **거리에 10만큼 더하기** 블록을 연결하고, ▼를 클릭하여 '항목순서'로 선택하고, '1'로 입력합니다.

(6) [속성] 탭에서 항목순서 변수 보이기를 해제한 후 거리와 평균속력 변수 상자와 초시계를 배치하고, 속력 변수 값이 속력순위 (m/s) 리스트에 몇 번째에 추가되는지 [▶ 시작하기] 버튼을 클릭하여 결과 화면을 확인합니다.

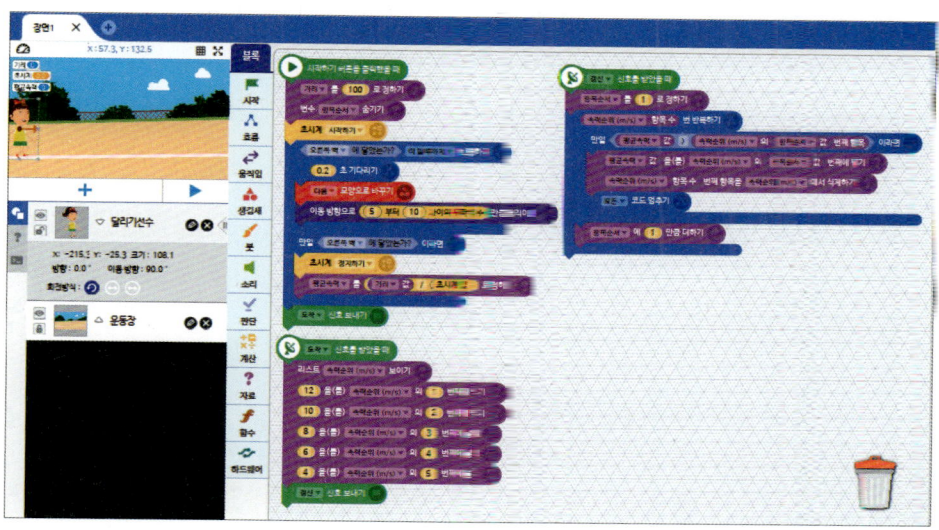

오답정리

❶ 리스트는 여러 개의 값을 저장할 수 있는 공간입니다.

❷ 신호 블록의 종류

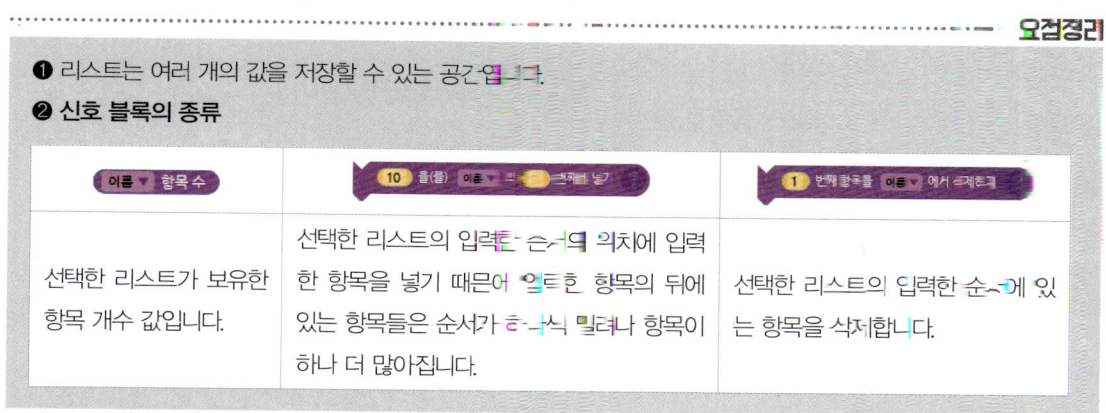

이름▼ 항목 수	10 을(를) 이름▼ 에 몇째 넣기	1 번째 항목을 이름▼ 에서 삭제하기
선택한 리스트가 보유한 항목 개수 값입니다.	선택한 리스트의 입력한 순서의 위치에 입력한 항목을 넣기 때문에 입력한 항목의 뒤에 있는 항목들은 순서가 하나씩 밀려나 항목이 하나 더 많아집니다.	선택한 리스트의 입력한 순서에 있는 항목을 삭제합니다.

퀴즈 풀어보기

01. 속력에 대한 설명이 아닌 것은? (   )

① 단위 시간 동안에 물체가 이동한 거리이다.
② 속력을 나타내는 단위로 m/s, km/h 등이 있다.
③ 생활 속에서 주로 순간 속력을 사용한다.
④ 속력은 물체의 이동 거리를 걸린 시간으로 나누어 계산한다.

02. 다음 중 리스트에 대한 설명으로 옳은 것은? (   )

① 여러 개의 값을 저장할 수 있다.
② 숫자만 추가할 수 있다.
③ 삭제는 할 수 없다.
④ 한가지 값만 저장할 수 있다.

03. 1부터 10사이의 숫자 중 5개만 무작위로 리스트에 나타내고, 엔트리봇을 클릭하면 1번째 항목을 20으로 바꾸기 위해 필요한 블록으로 옳은 것은? (   )

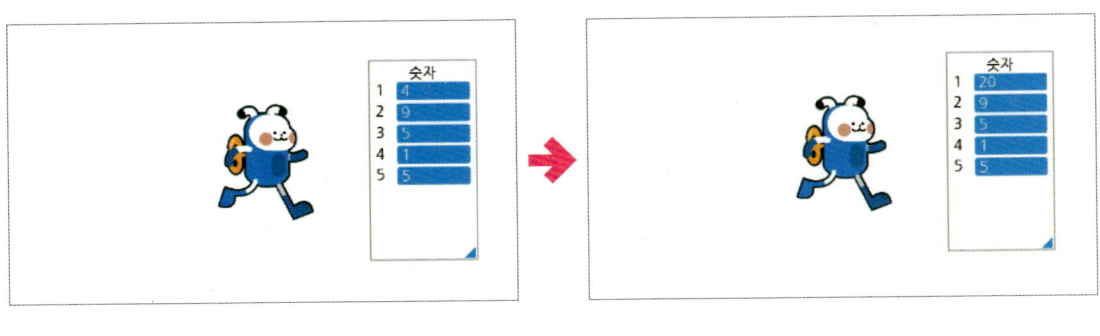

정답 해설

01. ③

속력이란 단위 시간 동안에 물체가 이동한 거리인데, 둘레의 이동 거리를 걸린 시간으로 나누어 계산하는데, 속력을 나타내는 단위로 m/s, km/h 등이 있고, 생활 속에서는 물체가 이동하는 동안 속력이 일정하지 않을 때 이동한 전체 거리를 이동한 시간으로 나눈 값인 평균속력을 대부분 사용합니다.

02. ①

리스트는 하나의 값만을 저장하는 변수와는 달리 여러 개의 값을 저장할 수 있는데, 숫자 뿐 아니라 문자로 된 값을 추가하거나 삭제, 바꾸기도 할 수 있어 값을 비교하여 순위를 나타내거나 퀴즈 문제를 낼 때에 사용합니다.

03. ①

②번은 입력한 값이 선택한 리스트의 마지막 항목으로 추가됩니다.
③번은 선택한 리스트의 입력한 순서에 있는 항목을 삭제합니다.
④번은 선택한 리스트의 입력한 순서의 위치에 입력한 항목을 넣기 때문에 입력한 항목의 뒤에 있는 항목들은 순서가 하나씩 밀려나 항목이 하나 더 많아집니다.

실습 문제

도착 신호를 받았을 때 이름 리스트를 추가하여 넣고, 갱신 신호를 받았을 때 묻고 대답 기다리기로 이름을 입력하여 속력순위에 따라 이름을 리스트에 나타나게 만들어 봅시다.

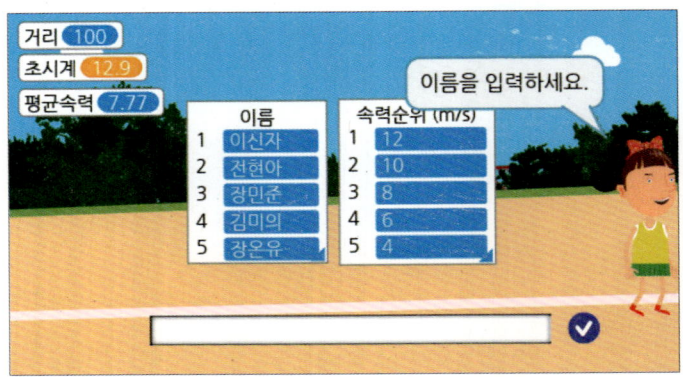

작품 주소 : https://goo.gl/x53f5U

HINT!

(1) 필요한 리스트를 만들기 위해 [속성] 탭-[리스트]-[리스트 추가]를 클릭한 다음 리스트의 이름을 '이름'으로 입력합니다.

(2) 도착 신호를 받았을 때 **리스트 속력순위 (m/s) 보이기** 블록 아래에 [자료] 꾸러미의 **리스트 이름 보이기** 블록을 연결하고, **4 을(를) 속력순위 (m/s)의 5번째에 넣기** 블록에서 마우스 오른쪽 버튼을 클릭한 후 [코드 복사 & 붙여넣기]를 5번 반복하여 연결한 후 복사한 첫 번째 블록 첫 번째 칸에 '이신자'를 입력하고, ▼를 클릭하여 '이름'으로 선택합니다. 이와 같이 복사한 블록을 두 번째부터 다섯 번째 블록까지 수정합니다.

(3) 갱신 신호를 받았을 때 **만일 참이라면** 블록 아래에 **안녕! 을(를) 묻고 대답 기다리기** 블록을 연결하고, [자료] 꾸러미에서 **10 을(를) 속력순위 (m/s)의 1번째에 넣기** 블록을 연결한 후 첫 번째 칸에 **대답** 블록을 연결하고, ▼를 클릭하여 '이름'으로 선택한 후 두 번째 칸에는 **거리 값** 블록을 연결하고, ▼를 클릭하여 '항목순 값'으로 선택하고, **1번째 속력 순위 (m/s) 에서 삭제하기** 블록을 연결한 후 **이름 항목 수** 블록을 연결합니다.

(4) [▶ 시작하기] 버튼을 클릭했을 때 대답을 숨기기 위해 [자료] 꾸러미의 **대답 숨기기** 블록을 연결합니다.

(5) 리스트가 많은 공간을 차지하여 다른 장면이 안보이기 때문에 배치 후 [속성] 탭에서 리스트 보이기를 해제합니다.

YoungJin.com Y.
영진닷컴

수학, 과학이 더 재미있어지는
엔트리 코딩

1판 1쇄 발행 2017년 8월 10일

저　　자	문택주, 김미의, 정동임
발 행 인	김길수
발 행 처	(주)영진닷컴
주　　소	(우)08505 서울시 금천구 가산디지털2로 123 월드메르디앙벤처센터2차 10층 1016호 (주)영진닷컴 기획1팀

대표전화 1588-0789
대표팩스 (02)2105-2207
등　　록 2007. 4. 27. 제16-4189호

ⓒ2017. (주)영진닷컴

ISBN 978-89-314-5647-9

* 이 책에 실린 내용의 무단 전재 및 무단 복제를 금합니다.